日本人の ための

韓国語文法

任瑚彬・洪璟杓・張淑仁・共著

蔡洙靜　訳

延世大學校 出版部

はしがき

美しい地球村を作るために何か少しでも役に立ちたくて、 苗木を一株ずつ植える気持ちで『韓国語文法Ⅰ，Ⅱ』を発行したのが1987年であった。今日、世界各国の人々はとても身近になり、相手の歴史や文化を理解し、互いに思いやりながら生きている。

相手のことを良く知るため、 母国語と同じくらい他の言語を愛する学習法をよく目にするようになった。とりわけ、世界中で韓国語を学ぼうとする熱意が感じられるようになり、韓国語を知り、学び、教えるすべての人々の喜びもひとしおである。このような背景の中で、今回、本書がより充実した内容で皆様のお目にかかれる喜びは、私どもだけのものではないだろう。

本書は、 韓国語学習の初級者から上級者まで誰もが参考にできるように作った。そして学習者がより学びやすいように辞典式に編集した教材である。

今回の改訂版では、 古語や方言などの特殊なものを除き、 学習者が学んでおくべきほぼすべての文法を網羅しようと試みた。さらに少しでも読みやすいように配列の問題にも配慮した。そして付録に練習問題を加えた。

私どもは、『韓国語文法』という苗木を30年余りにも及ぶ教育現場から得た経験と情熱により植えることができた。しかし、この木はこれまで、決して私どもの愛情だけで育ったわけではない。その葉一枚一枚は、多くの方々の激励と叱責を滋養分として摂取し育ってきたことをお伝えしたい。その間、本書を常用しながら、 問題点や間違いを指摘してくださった方々の誠意を決して忘れることはできないだろう。

本書の出版を引き受けてくださった延世大学校出版部に感謝の意を表したい。

本書の日本語翻訳作業を見事に遂行してくださった蔡洙静さんにも深甚なる謝意を表したい。

最後に、この文法書が韓国語を学ぼうとする地球村のすべての皆さんのよき友になることを願っている。今後とも、私どものたゆまぬ努力と皆さんの愛情が一つになって、一層、充実したものになることを期待しつつ本書をお届けしたい。

2007年　2月

筆　者

訳者のことば

韓国語教育 に携わりながらことばの難しさを常に感じていたが、　この度『외국인을 위한 한국어 문법』を翻訳して改めてその難しさを痛感した。

韓国語は日本語によく似ていて、 学び易いことばであると言われている。確かに同じ漢字語も多く、 そう感じる人も多いとは思うが、 韓国語に適した日本語の表現がない場合も多く、　正確に表現するためには似ている点が却って邪魔になる場合さえある。

文法書となると、文章一つ一つ、単語一つ一つを丁寧に訳する必要があり、意訳をすると別の表現になってしまう場合が多い。そこで本書では、このよう場合、原文の意味が分かる範囲で直訳をし、やむを得ない場合は意訳をすることにした。したがって、すっきりしない日本語訳が多々あると思うが、韓国語ではこのような表現を用いるんだなと感じ取ることができれば幸いである。　特に韓国語の勉強のためには韓国語の文法用語をそのまま覚えておいたがいと思い、韓国語の文法用語をなるべくそのまま用いることにした。例えば、本書の「動詞」は動詞、形容詞などの総称であり、「動作動詞」は動詞、「状態動詞」は形容詞のことである。また「動詞」には「있다動詞」(ある、いる)、「이다動詞」(～である、～だ) などもある。遊学

この機会に、国際基督教大学の恩師である飛田良先生、古藤友子先生からいただいた学恩に心から感謝申しげる。 著者である任瑚彬先生からは延世大学に入学して以来、いろいろとご指導をいただいた。改めて深く感謝したい。本書の翻訳にあたっては、外務省研修所富留宮ユカさん、福本拓也氏をはじめとして多くの方々からたくさんの教えをいただいた。　厚くお礼申しげる。

かなり長い時間をかけて、周りの方々の意見を参考にしながら、できるだけ充実した翻訳になるように努めたつもりではあるが、 また不十分な点もあ

ると思う。このような点の改善は将来の課題としたい。

　最近日韓文化交流が盛んになっており、非常に喜ばしいことである。本書が日韓の様々な交流に関わっている方々、 並びに韓国ないしは韓国語に関心をもっている方々の韓国語の勉強に少しでも役立ち、日韓親善に寄与することができれば、訳者としてはこの上ない光栄である。

2007年　2月

蔡　洙　静

はじめに

1. 文法教育の必要性及び重要性

外国語として韓国語教育を行うとき、韓国語の文法体系を教えるべきか、教えるとしたらどのようにすべきかという問題は、 常に重要かつ難しい課題である。一つの理由として、母国語の教育と外国語教育との間には、かなりの違いがあるからである。

韓国語の文法体系を教えることは、 言語習得の体系化の面において不可欠である。なぜならすべての単語は語彙的な側面と文法的な側面を持っているので、言語に対する体系的な研究と記述が完全であればあるほど言語の現実と言語の規範との間の差が少なくなるからである。

教師の立場から考えるときにも韓国語の文法体系を知っていれば、学習上、困難な点が何かを知り、それを集中的に教育することができる。その結果、より効率的な教育、意味のある教育を行うことができ、さらに学習の達成度を高めることができるであろう。また、教師は学習者が間違えたとき、その原因を突き止め、自らの文法知識を動員して構造的な観点から指導することができる。

文法教育のための教授方法は別の機会に記述するべきであるが、 本書では従来の文法注入または翻訳を主とした方法ではなく、実際の状況の提示を中心とした方法を念頭において執筆した。そのような教育を通じてこそ、言語の中に内在している深層構造の理解と活用論的な理解が可能になると信じているからである。

2.『韓国語文法』の特徴

本書を発行するに当たり、いくつかの点に留意した。

第一：言語学者たちの規範文法の限界を超えた一般文法の性格を帯びている学校文法を基盤として記述することによって、 外国人の学習者が容易に習得できるようにした。

第二：はじめに韓国語の文法を体系化し、次に外国人が第2言語として韓国語を学習する場合にぶつか難易点を予想する。 最後にそれを実際の教育経験を通じて検証し、本書を記述した。特に例文を作るとき、新しくて実用的な語彙をふんだんに用いて活用しやすくした。

第三：付録として準備した『練習問題集と解答』は、科学的な方法による共同誤謬の検証を通じ難易度を調べた後に、学習段階法及び学習過程を念頭において記述した。このような作業は、外国人のための段階的かつ効率的な教育に役立つからである。

3.『韓国語文法』の構成

『韓国語文法』の構成は、次の通りである。

第一：『韓国語文法』は17章から成り立っており、各章は難易度により基礎的なものから始まって段階的に記述した。

第二：この本は最後に索引を設けて、 学習者が調べたい事項を가나다順で調べることができるようにした。

第三：付録として『練習問題集』を作って、学習者が学んだことを自ら練習できるようにした。

第四：最後に解答欄を設けて、正しい解答を確認できるようにした。

第五：参考文献を紹介して、 より専門的な研究をすることができるようにした。

目　次

はしがき / i
訳者のことば / iii
はじめに / v

第1章　韓国語文法の特徴と文章構造

1. 韓国語の品詞 / 2
2. 韓国語の文法的特徴 / 4
3. 韓国語文章の基本構造 / 6
   1) 基本文章の形式 / 6
   2) 文章の構成成分の材料 / 7
   3) 韓国語の文章構造の形態 / 14

第2章　名 詞

1. 名詞の機能 / 20
2. 名詞の種類 / 21
3. 依存名詞 / 22
   1) 常に依存的に用いられる名詞 / 22
   2) 形態は自立名詞であるが依存的に用いられる名詞 / 65

第 3 章　代名詞

1. 人称代名詞 / 84

2. 指示代名詞 / 86

第 4 章　数　詞

1. 量数詞 / 90

　1）固有語の量数詞 / 91

　2）漢字語の量数詞 / 94

2. 序数詞 / 94

　1）固有語の序数詞 / 94

　2）漢字語の序数詞 / 95

第 5 章　動　詞

1. 動作動詞 / 98

2. 状態動詞 / 99

3. '－이다' 動詞 / 100

4. '있다' 動詞 / 103

5. 動詞の活用 / 104

　1）活用の方法 / 104

　2）活用の種類 / 104

　3）活用と接尾辞 / 105

　4）不規則動詞 / 106

第6章　冠形詞

1. 指示冠形詞 / 116
2. 数冠形詞 / 117
3. 性状冠形詞 / 117

第7章　副　詞

1. 意味による分類 / 121
  1）時間副詞 / 121
  2）頻度副詞 / 122
  3）一般副詞 / 122
  4）程度副詞 / 123
2. 単語の形成方法による分類 / 124
  1）本来の副詞 / 124
  2）派生副詞 / 125
  3）未知称副詞 / 128
  4）接続副詞 / 129
  5）擬声副詞と擬態副詞 / 136
3. 語尾の活用による動詞の副詞形 / 137
4. 副詞の位置 / 138

第8章　感嘆詞

1. 話し手の本能的な驚きや感じを表す / 140
2. 他人を呼ぶか、答える場合に用いる / 141
3. 話すとき、口癖のように出る単語がある / 141

第 9 章　助　詞

1. 格助詞 / 145
　1）主格助詞 / 145
　2）目的格助詞 / 147
　3）補格助詞 / 149
　4）冠形格助詞 / 149
　5）副詞格助詞 / 150
　6）呼格助詞 / 160
2. 接続助詞 / 161
3. 補助詞 / 164

第 10 章　時　制

1. 終結形の活用語尾による表現 / 194
　1）現在形 / 194
　2）過去形 / 196
　3）未来形 / 200
　4）進行形 / 202

第 11 章　敬語法

1. 主体敬語法 / 204
2. 対者敬語法 / 207
　1）格式体 / 209
　2）非格式体 / 212
3. 語彙による高低の表現 / 215

第 12 章　否　定

1. 叙述文と疑問文の否定 / 221
2. 命令文と勧誘文の否定 / 223
3. 単語による否定 / 224
4. 確認の疑問文に用いられる否定 / 225

第 13 章　活用語尾による特殊表現

1. 終結語尾 / 228
　1）終結語尾と対者敬語法 / 230
　2）特別な用法の終結語尾 / 230
2. 連結語尾 / 244
3. 冠形詞形語尾 / 318
4. 名詞形語尾 / 322

第 14 章　補助用言

1. 進行の補助用言 / 343
2. 終結の補助用言 / 346
3. 奉仕の補助用言 / 350
4. 試みの補助用言 / 352
5. 反復の補助用言 / 355
6. 保有の補助用言 / 356
7. 希望の補助用言 / 358
8. 状態の補助用言 / 361
9. 否定の補助用言 / 363
10. 不能の補助用言 / 365

第 15 章　受身と使役

1. 受身 / 369
　1）短形受身 / 369
　2）長形受身 / 369
2. 使役 / 370
　1）短形使役 / 370
　2）長形使役 / 372

第 16 章　話　法

1. 直接話法 / 377
2. 間接話法 / 378
　1）間接話法の特徴 / 378
　2）引用助詞と形式動詞の省略 / 387

第 17 章　接頭辞と接尾辞

1. 接頭辞 / 406
2. 接尾辞 / 416

参考　文章符号 / 423
索引 / 425

第一章

韓国語文法の特徴と文章構造

제 1 장

韓国語文法の特徴と文章構造

文章は、一つ以上の単語が結合して成り立ち、文章の中には必ず一つに統一された考えや想いが含まれている。そのような考えや想いが、筋の通るように、文章の構造に合うように、あるべきところにあってこそ文章としての役割を果たすことができる。

言語には、 社会現象や自然現象に存在するような一定の規則と構造があり、これらは互いに有機的な関係を結んでいる。このような有機的な関係を体系化し、秩序づけるものを文法という。

『外国人のための韓国語文法』の第1章では、韓国語文法の全体的な枠を扱うことにより、韓国語文法の基本的な知識を学習者に伝えたいと考えている。

1. 韓国語の品詞

文章は単語の集合で成り立っているといえる。すべての単語を文法的に分類する作業は、それほど簡単なものではない。品詞とは、単語を性質によって分類したものをいうが、 韓国語の品詞は九つに分けられる。これは、

1963年の学校文法統一審議会での決定を根拠にしたものであるが、次の〈表 1〉に 9品詞の簡単な例を挙げてみる。

〈表 1〉 品 詞

品詞数	品詞名	例
1	名詞	사람, 개, 지하철, 사과, 나무
2	代名詞	나, 우리, 여기, 철수
3	数詞	하나, 둘, 일, 이
4	動作動詞	가다, 보다, 일하다
5	状態動詞	비싸다, 좋다, 아름답다
6	冠形詞	새, 헌, 한, 두
7	副詞	참, 대단히, 많이
8	感嘆詞	아!, 참!, 어머나!
9	助詞	-이/가, -을/를, -와/과, -에, -에서, -(으)로

〈表 1〉で列挙した九つの品詞はさらに次のとおり分類される。

1 **実辞と虚辞**：実質的な意味を持っている単語を実辞といい、意味が無く文法的な役割のみを果たす単語を虚辞というが、助詞がこれに属する。

2 **形態変化の有無による分類**：文章の中で単語の形態が変わるものと変わらないものがあるが、用言は前者に属し、体言と修飾語は後者に属する。

形態が変わる単語：가다 → 가고, 가니, 가서
아름답다 → 아름답고, 아름다운, 아름다워
変わらない単語：꽃, 사람, 개, 비둘기

3 **単語の機能による分類**：文章の中で、ある単語はその機能がいくつもあるのに、ある単語は機能が一つしかないものもある。前者を体言といい、後者を修飾語という。名詞、代名詞、数詞は体言に属し、冠形詞、副詞は修飾語に属する。

4 **意味による分類**：下位分類として、意味により9品詞が設定される。ただし、感嘆詞は、冠形詞、副詞とは機能が異なるため独立語という。

以上の内容を基にさらに体系的に分かりやすくするため、〈表２〉で整理する。

〈表２〉 品詞の分類

単　語	実　辞					虚辞
分類基準	機能			修飾語		
	形態	体言	用言			
	意味	名詞 代名詞 数詞	動詞 形容詞	冠形詞 副詞	感嘆詞	助詞

＊コヨンクン・ナムキシム・パクキョンジョ(1985)、「高等学校文法」、トップ出版社

2. 韓国語の文法的特徴

韓国語は形態上では添加語に、系統上ではウラル-アルタイ語族に属しているが、このような観点から見た韓国語の文法的特徴は、概ね次のとおりである。

1 韓国語の正常な語順に従って文章の成分を配列すると、**主語**、**目的語**、**動詞**の順になる。このような語順が持っている特徴がいくつかある。

（1）**自由語順である。すなわち、叙述語を文章の最後に置けば、残った成分の**

位置は比較的自由である。

例文 선생님이 학생에게 숙제를 주셨다.
(先生が学生に宿題を出された。)

학생에게 선생님이 숙제를 주셨다.
(学生に先生が宿題を出された。)

숙제를 선생님이 학생에게 주셨다.
(宿題を先生が学生に出された。)

숙제를 학생에게 선생님이 주셨다.
(宿題を学生に先生が出された。)

(2) **助詞や語尾の発達が著しい。**

例文 할머니가 좋다. → 할머님께서는 좋으셨겠습니다
(おばあさんが好きだ。→おばあさまは良かったでしょう。)

(3) **修飾語は被修飾語の前にくるのが原則である。**

例文 제 친구는 아주 예쁜 차를 샀어요.
(私の友達はとてもかわいい車を買いました。)

(4) **疑問文で語順が変わらず、疑問詞を必ず文章の前に置かなければならないという制約もない。**

例文 이 가방은 누구의 가방입니까?
(このカバンは誰のカバンですか。)

2 韓国語は、敬語(尊待法、丁寧法、謙譲法)が体系的で精巧に発達した言語である。

3 韓国語は、主語、目的語、補語、叙述語などを容易に省略できる特徴を持つ言語である。状況や文脈により意味が明らかであると認められるときは省略が可能である。

例文 선생님은 어디에 가십니까?→어디 가십니까?
(先生はどこに行かれますか。→どこに行かれますか。)

4 単数と複数の概念がはっきりしているのでも厳格なものでもない。

5 単語に性の区別が無く、冠詞や関係代名詞がない。

3. 韓国語文章の基本構造

1 基本文章の形式

いくら短い文章でも主語と叙述語がなければ文章が成立しない。韓国語の文章は、叙述語によって五つの形式に分類することができる。これらをもう少し分かりやすく整理してみると、次の<表３>のとおりである。

〈表３〉 文章形式

	基本文章	叙述語の性質による文章形式	例文
Ⅰ	무엇이 어찌한다. (何がどうする。)		영수가 잔다. (ヨンスが寝る。)
		무엇이 무엇을 어찌한다. (何が何をどうする。)	영수가 책을 읽는다. (ヨンスが本を読む。)
		무엇이 무엇이 된다. (何が何になる。)	비가 눈이 된다. (雨が雪になる。)
Ⅱ	무엇이 어떠하다. (何がどうである。)		산이 푸르다. (山が青い。)
Ⅲ	무엇이 무엇이다. (何が何である。)		그는 한국사람이다. (彼は韓国人である。)
		무엇이 무엇이 아니다. (何が何ではない。)	그는 한국사람이 아니다. (彼は韓国人ではない。)

＊コヨンクン・ナムキシム・パクキョンジョ(1985)、「高等学校文法」、トップ出版社

2 文章の構成成分の材料

文章を構成する成分の材料としては、助詞を除くすべての品詞(参照：〈表１〉)が用いられ、文章の成分は主成分、付属成分、独立成分に分かれる。

(1) **主成分**

文章を作る必須成分として、主語、叙述語、目的語、補語が主成分になる。

① **主語**：文章の主体になるもので、主に体言や名詞がこれに属する。次の〈表４〉を参照されたい。

〈表４〉 文章構成の成分

主語	例文
① 体言＋主格助詞	철수**가** 옵니다. (チョルスが来ます。)
	어머니**께서** 불고기를 만드셨어요. (お母さんが焼肉を作られました。)
	철수**는** 머리가 좋습니다. (チョルスは頭が良いです。)
	영희**도** 머리가 좋아요. (ヨンヒも頭が良いです。)
	우리 집**에서** 잔치를 했어요. (私の家で祝宴を開きました。)
② 用言の名詞形＋主格助詞	한국말을 배우**기가** 힘들죠. (韓国語を習うことは大変ですよ。)
	쓰**기가** 어렵습니다. (書くことが難しいです。)
③ 名詞節＋主格助詞	**아침마다 일찍 일어나기가** 어려워요. (毎朝早く起きることは大変です。)
	문장을 만드는 것이 힘들죠. (文章を作ることは難しいですよ。)

② **叙述語**：叙述語は、主語を説明するもので、基本的な叙述語は、動作動詞、状態動詞、そして叙述格助詞の終止形 '－이다'である。

例文 순이가 놀아요.(動作動詞)
(スニが遊びます。)

산이 파랗습니다.(状態動詞)
(山が青いです。)

존은 미국 사람입니다.(叙述格助詞の終止形)
(ジョンはアメリカ人です。)

参照 ①：そのほかにも体言、名詞句、名詞節に叙述格助詞を付けて叙述語として用いる。

例文 제가 한국에 온 것은 지난 월요일입니다.(名詞節)
(私が韓国に来たのは先週の月曜日です。)

また、本用言に補助用言を連結させたものや叙述節が叙述語として用いられることもある。

例文 김 선생님은 키가 커요.(叙述節)
(金先生は背が高いです。)

담배를 피우지 말아요.(補助用言)
(タバコを吸わないでください。)

参照②：叙述語として用いられる用言の特性により、必要とする文章成分の数が異なる。すなわち、自動詞は主語だけでも文章が成り立つが、他動詞は目的語が必要であり、また'되다'、'아니다'のような動詞は補語を必要とする。

例文 꽃이 피었습니다.(自動詞)
(花が咲きました。)

애기가 우유를 먹습니다.(他動詞)
(赤ん坊が牛乳を飲みます。)

죤은 한국 사람이 아닙니다.(補語)
(ジョンは韓国人ではありません。)

물이 얼음이 되었습니다.(補語)
(水が氷になりました。)

③ **目的語**：目的語は、体言や名詞的性格の句、節に目的格助詞 '−을/를'を付けて用いる。また、目的語を必要とする動詞は他動詞であり、目的語は他動詞の前にくるのが原則である。

例文 김 선생님이 한국말을 가르치십니다.(体言)
(金先生が韓国語を教えられます。)

죤은 한국 음식 먹기를 좋아해요.(名詞句)
(ジョンは韓国料理を食べるのが好きです。)

그가 친절한 사람임을 알아요.(名詞節)
(彼が親切な人であることを知っています。)

目的格助詞は、口語体では省略されることもある。また、目的格助詞の代わりに補助詞が用いられることもあり、 これらが一緒に用いられることもある。

例文 죤은 한국말 잘 해요.
(ジョンは韓国語が上手です。)

전 아직 김치는 못 먹어요.
(私はまだキムチは食べられません。)

그 아이는 말도 잘 합니다.
(その子は話も上手です。)

한국 사람은 밥만을 먹습니다.
(韓国人はご飯だけを食べます。)

一つの文章の中に目的語が二つ用いられることもあり、時には方向や場所を表すことばに目的格助詞を付けて強調することもある。

例文 어머니가 아이에게 사탕을 한 알 더 주셨어요.
(お母さんが子どもに飴をもう一つあげました。)

지금 어딜 가니?
(今どこに行くの。)

④ **補語**：完全な文章を作るための必須的成分のうちの一つが補語であり、'되다'、'아니다'のような用言に付く。

例文 물이 얼음이 되었습니다.
(水が氷になりました。)

그는 선생님이 아닙니다.
(彼は先生ではありません。)

그 분은 결국 대통령이 되었어요.
(その方は結局、大統領になりました。)

벌써 여름이 된 것 같습니다.
(もう夏になったようです。)

전 천사는 아니에요.
(私は天使ではありません。)

(2) **付属成分(修飾成分)**

付属成分としては、冠形語と副詞がある。

① **冠形語**：体言の前に置かれ、体言の性質や状態を修飾する役割をする。冠形語は副詞語とは異なり、単独で用いることができず、必ず体言の前に置かれるのが特徴である。また、一つの文章の中に二つ以上の冠形語が用いられることがあるが、この場合は指示冠形語、数冠形語、性状冠形語の順になるのが原則である。

例文 백화점에서 예쁜 옷을 샀어요.(冠形語)
(デパートでかわいい服を買いました。)

이 두 젊은 남녀는 서로 사랑하는 사이입니다.
(指示冠形語＋数冠形語＋性状冠形語)
(この二人の若い男女はお互いに愛し合っている間柄です。)

冠形語の材料を次の〈表5〉に列挙する。

〈表5〉 冠形語

冠形語の材料	例文
・すべての冠形詞は冠形語として用いることができる。	철수가 **새** 모자를 샀습니다. (チョルスが新しい帽子を買いました。)
・体言に冠形格助詞'－의'が付き、冠形語として用いることができる。	이것이 **철수의** 책입니다. (これがチョルスの本です。) **선생님의** 책을 보았습니다. (先生の本を見ました。)
・体言＋'－이다'の冠形詞形	**학자인** 김 박사님을 존경해요. (学者である金博士を尊敬します。) **외국인인** 존슨씨를 아세요? (外国人であるジョンソンさんを知っていますか。)
・体言＋助詞＋'－의'	학생**과의** 만남이 즐거웠어요. (学生との出会いが楽しかったです。) 학교**에서의** 생활이 유익합니다. (学校での生活が有益です。)
・体言＋'－이다'の名詞形＋'－의'	한국인**임의** 긍지를 가지세요. (韓国人であることの誇りを持ちなさい。)
・用言の冠形詞形	**좋은** 선생입니다. (良い先生です。)
・用言の名詞形＋'－의'	**말하기의** 방법을 알려 드리죠. (話し方を教えて差し上げましょう。)

用言の冠形詞形が冠形語の役割をする場合がある。すなわち、冠形詞形の語尾'−는'、'−(으)ㄴ'、'−(으)ㄹ'、'−던'を用いて時制を表す(参照318頁)。

例文 저기 가는 분이 이 선생입니다.
(あそこを行く方が李先生です。)

이 편지를 보낸 사람이 제 친구입니다.
(この手紙を送った人が私の友達です。)

내일 만날 친구는 대학 동창입니다.
(明日会う友達は大学の同窓生です。)

여기 살던 사람이 이사를 갔습니다.
(ここに住んでいた人が引越しをしました。)

지난 주에 먹었던 음식은 참 맛이 있었어요.
(先週食べた料理は本当においしかったです。)

② **副詞語**：文章の構成上、付属成分である副詞語は、特定の成分を修飾する成分副詞語と文章の全体を修飾する文章副詞語がある。

成分副詞語：어서 갑시다.
(早く行きましょう。)

너무 아파서 못 갔습니다.
(あまり痛いので行けませんでした。)

겨우 한 시간 잤어요.
(やっと1時間寝ました。)

文章副詞語：과연 한국은 아름답습니다.
(やはり韓国は美しいです。)

역시 겨울에는 눈이 많이 와야 제격이에요.
(やはり冬には雪がたくさん降らなければ冬らしくありません。)

副詞語には補助詞が比較的付きやすく、 冠形語とは異なり副詞語の位置を自由に変えられるという特徴がある。

例文 시간은 빨리도 가는군요!
(時間は早く過ぎますね。)

김 선생님에게는 예쁜 딸이 있습니다.
(金先生にはかわいい娘がいます。)

과연 그는 머리가 좋은 사람입니다.
(さすがに彼は頭が良い人です。)

그는 과연 머리가 좋은 사람입니다.
(彼はさすがに頭が良い人です。)

그는 머리가 과연 좋은 사람입니다.
(彼は頭がさすがに良い人です。)

그는 머리가 좋은 사람입니다. 과연.
(彼は頭が良い人です。さすがに。)

注意：ただし、副詞語が副詞語、冠形語、体言を修飾する場合と否定副詞である場合は例外である。

(3) 独立語

文章の中で独立的でありながらも文章全体に作用する成分がある。独立語の特性は文章から独立語を除いてもその文章は完全な文章になるということである。

야! 빨리 가자!
(おい、早く行こう。)

자! 갑시다.
(さあ、行きましょう。)

独立語の材料を次の〈表 6〉に列挙する。

〈表 6〉 独立語

独立語の材料	例　文
・感嘆詞	**어머나!** 꽃이 피었네. （あらまあ、花が咲いたね。）
・応答語	**예**, 알겠습니다. （はい、分かりました。）
・提示語、表題語	**젊음**, 얼마나 활기찬 시간인가? （若さ、どんなに活気に満ちた時間なんだろう。）
・体言＋呼格助詞	**숙아**, 나 좀 도와줘. （スク、私をちょっと手伝ってちょうだい。）
・文章の接続副詞*	비가 온다. **그러나** 난 갔다. （雨が降る。しかし私は行った。）

* 文章の接続副詞 ‘그러나, 그리고, 그런데, 그러므로, 그래서’などは独立語であるが、接続副詞である。

3 韓国語の文章構造の形態

韓国語の文章構造の形態は、大きく二つに分かれる。単文と複文の形態である。

（1）単文

ここでいう単文とは、文章の中に主語と叙述語がそれぞれ一つだけあり、これらの関係が一回限りで成り立つ文章をいう。

例文 그 분은 선생님이십니다.
(その方は先生でいらっしゃいます。)

하늘이 푸릅니다.
(空が青いです。)

자동차가 잘 달립니다.
(車がよく走ります。)

철수가 책을 읽습니다.

(チョルスが本を読みます。)

날씨가 좋지 않습니다.
(天気が良くありません。)

(2) 複文

複文の文章構造はさらに二つに分かれる。

① 単文が名詞節、叙述節、冠形節、副詞節、引用節などの埋め込み文形態に変わって、他の文章に入る場合を複文という。この場合、埋め込み文の数は一つ以上であり、母型文と埋め込み文の中で成分が同じものは省略することができる。

例文 우리는 존이 미국으로 귀국했다는 사실을 알았다.(冠形詞節)
(私たちは、ジョンがアメリカに帰国したという事実を知った。)

그 선거에 부정이 있었음이 밝혀졌다.(名詞節)
(その選挙に不正があったことが明らかになった。)

그 아이가 그 대학에 입학하기를 기도했다.(名詞節)
(その子がその大学に入学することを祈った。)

나는 (내가) 그에게 돈을 꿔 준 기억이 없다.(冠形詞節)
(私は(私が)彼にお金を貸した記憶がない。)

이 책은 내용이 너무 좋다.(叙述節)
(この本は、内容が非常に良い。)

그는 부모님의 도움 없이 대학을 졸업했다.(副詞節)
(彼は親御様の助けなしに大学を卒業した。)

이 집은 돈이 많이 들었다.(叙述節)
(この家にはお金がたくさんかかった。)

나는 그의 결심이 옳았다고 생각한다.(引用節)
(私は彼の決心が正しかったと思う。)

그의 눈에선 눈물이 비 오듯이 흘렀다.(副詞節)
(彼の目からは涙がとめどもなくこぼれた。)

나는 "여행을 좋아 하십니까?"라고 물었다.(引用節)
(私は、「旅行が好きですか」と尋ねた。)

② 対等的連結語尾'－고'、'－(으)며'などや従属的連結語尾'－도록'、'－게'、'－(으)니'、'－(으)면'などにより短文が連結される文章をいう。この場合にも重複する成分は省略することが可能であり、 連結される文章の数が二つ以上になることもある。

対等的関係の複文

영수는 고향으로 내려갔고 철이는 군대에 들어갔다.
(ヨンスは故郷に下り、チョルは軍隊に入った。)

그는 늘 성격이 명랑하며 남과도 잘 어울린다.
(彼は常に性格が明るくて、他人ともうまく付き合う。)

봄에는 꽃이 피고 새가 운다.
(春には花が咲き、鳥が鳴く。)

여름에는 비가 오고 겨울에는 눈이 온다.
(夏には雨が降り、冬には雪が降る。)

従属的関係の複文

빗물이 들어오지 않도록 창문을 닫았다.
(雨水が入らないように窓を閉めた。)
소화가 잘 되게 꼭꼭 씹어 먹었다.
(消化に良いように、よく噛んで食べた。)

봄이 되면, 날씨도 따뜻해지겠군요!
(春になると、天気も温かくなるでしょうね。)

지금은 피곤하니, 내일 만났으면 좋겠어요.
(今は疲れているので、明日会えばと思います。)

시간이 없어서 택시를 탔지만 늦었습니다.
(時間がなくてタクシーに乗りましたが遅れました。)

注意：対等的複文と従属的複文を区別することはそれほど容易ではない。 客観的な基準が弱いためである。しかし、 前後の節が位置を替えても意味が変わらなければ、それは対等的複文である。

例文 여름에는 비가 오고 겨울에는 눈이 온다.
(夏には雨が降り、冬には雪が降る)

↓

겨울에는 눈이 오고 여름에는 비가 온다.
(冬には雪が降り、夏には雨が降る。)

単語が接続助詞 '－와/과'で連結されて、主語や、目的語、副詞語の役割をする場合があるが、この場合、接続助詞に代えてコンマを打つこともできる。

例文 인천과 부산은 항구도시이다.
(仁川と釜山は港湾都市だ。)

인천, 부산은 항구도시이다.
(仁川、釜山は港湾都市だ。)

그는 영어와 일어와 불어를 잘 한다.
(彼は英語と日本語とフランス語が上手だ。)

그는 영어, 일어, 불어를 잘 한다.
(彼は英語、日本語、フランス語が上手だ。)

第二章

名 詞

제 2 장

名　詞

1. 名詞の機能

名詞の機能は四つであるが、例示すれば次のとおりである。

1 名詞は文の中で主語になることができる。

例文 철수는 학생입니다.
主語
(チョルスは学生です。)

2 名詞は冠形語の修飾を受ける。

例文 김 선생님은 좋은 분입니다.
冠形語 名詞
(金先生は良い方です。)

3 名詞に助詞を付け、格を変化させることができる。

例文 선생님이 나의 책을 친구에게 보여 주셨어요.
主格助詞 冠形格助詞 目的格助詞 副詞格助詞
(先生が私の本を友達にお見せになりました。)

4 名詞に複数の接尾辞を付けることができる。

例文 우리들은 어제 친구네 집에서 놀았습니다.
　　　複数接尾辞　　複数接尾辞
　　　(私たちは昨日友達の家で遊びました。)

2. 名詞の種類

人や事物の名称を表す単語を名詞という。名詞は用いられる範囲により固有名詞と普通名詞に、自立性の有無により自立名詞と依存名詞に分けることができる。これをまとめると次のとおりである。

〈表7〉 名詞の種類

	名詞の種類	性格および定義	例
用いられる範囲により	固有名詞	特定の人や事物に付けられる名前	동대문, 김영수, 대한민국, 한라산
	普通名詞	事物に用いられるもの	지하철, 학교, 집
自立性の有無により	自立名詞	他のことばの助けなしに用いられる名詞	하늘, 사람, 문, 제주도, 서류, 가방
	依存名詞	他のことばに依存しなければ機能を発揮することができない名詞	-분, -것, -만

3. 依存名詞

名詞の性格を持っていながら、単独で用いることができず、常に冠形語の修飾を受け依存的に用いられる名詞をいう。不完全名詞ともいう。

친구가 온 것을 몰랐어요.
冠形語　依存名詞
(友達が来たのを知りませんでした。)

例文 *그것은 내가 바라는 바가 아니에요.
(それは私が望むところではありません。)

단지 그 사람을 믿을 뿐이다.
(ただ、その人を信じるのみだ。)

옷을 입은 채로 물 속에 뛰어들었어요.
(服を着たまま水中に飛び込みました。)

＊ ‘그것’は、代名詞として扱った(参照86頁)。

一方、形態は自立名詞のように見えるものの、依存的に用いられる名詞がある。このような名詞は、韓国語を学ぶ外国人に混乱を与えるため、別の章で説明することにする。

1 常に依存的に用いられる名詞

(1) 것

‘-것’は、事物や現象または事実などを広く表す。特別な制約を受けず、すべての助詞や‘-이다’ ‘-같다’とも共に用いることができる。母音の前で終声の ‘ㅅ’が省略され、‘-거’としても用いられる。

Vst(으) ㄴ/는 / (으) ㄹ 것

冠形詞形語尾と共に用いられ、文の中で先行文の内容を一つにまとめ、後続文につなぐ関係代名詞の役割をする。

例文 그가 일생 동안 쓴 것은 시 한 편뿐이었어요.
(彼が一生の間に書いたのは、一篇の詩だけでした。)

장미꽃이 아름다운 것은 사실이지요.
(バラが綺麗なのは事実ですよ。)

남을 설득한다는 건* 쉬운 일이 아닙니다.
(人を説得するということは簡単なことではありません。)

그 사람이 어려움을 겪고 있는 걸* 아셨습니까?
(その人が困っているのをご存知でしたか。)

요즈음은 객지 생활에 불편한 게* 별로 없어요.
(この頃は、他郷での生活に不便なことはそれほどありません。)

* '것은'は短縮されて'－건'、'것을'は'－걸'、'것이'は'－게'となる。

Vst(으)ㄴ/는 / (으)ㄹ 것이다

'－것'が'－이다'と共に文の中で叙述語として用いられたものである。 状態動詞には'－(으)ㄴ 것이다'、動作動詞の過去形には'－(으)ㄴ 것이다'、現在形には'－는 것이다'、未来形には'－(으)ㄹ 것이다'を用いる。

例文 그 물건은 어제 시장에서 산 것입니다.
(その品物は、昨日市場で買ったものです。)

이 옷은 제가 동생에게 선물한 거에요.
(この服は、私が弟にプレゼントしたものです。)

이 약은 머리가 아플 때 필요한 거에요?
(この薬は、頭が痛いときに必要なものですか。)

이 소설책은 누가 읽는 거에요?
(この小説は、誰が読んでいるものですか。)

그 일은 마땅히 우리가 해야 할 것입니다.
(その仕事は、当然私たちがしなければならないものです。)

Vst(으)ㄹ 것이다

ある状態またはこれからの行動に対する話し手の推測を表す。

例文 그 친구는 약속을 꼭 지킬 것입니다.
(その友達は約束を必ず守るでしょう。)

이번 주에 저는 부산에 출장갈 거에요.
(今週私は釜山に出張するでしょう。)

이제 한국을 잘 이해하실 수 있을 거에요.
(もう韓国を良く理解なさることができるでしょう。)

그 책은 별로 어렵지 않았을 것입니다.
(その本はあまり難しくなかったでしょう。)

그 음식은 외국인에게는 좀 매울 거에요.
(その料理は外国人にはちょっと辛いでしょう。)

A Vst(으)ㄹ 건가요?

'-(으)ㄹ 것인가요?'の短縮形で、動作動詞の語幹に付いて用いられ、これからの行動に対する聞き手の意思を尋ねることばである。したがって、過去形や状態動詞は用いられない。

例文 일찍 집에 갈 건가요?
(早く家に帰るのですか。)

고향에 편지를 보낼 건가요?
(故郷に手紙を送るのですか。)

몇 시에 저한테 전화하실 건가요?
(何時に私に電話なさるのですか。)

이번 주말에는 어디로 여행가실 건가요?
(今度の週末にはどこに旅行されるのですか。)

약도도 없이 그 분 댁을 어떻게 찾으실 건가요?
(略図もなしにその方のお宅をどのようにお探しになるのですか。)

Vst(으)ㄹ 걸(요)

この類型は二つの意味を表す。

① 疑問の形式で話者の意見や推測を表す。

例文 김 선생님은 댁에 안 계실걸요?
(金先生はお宅にいらっしゃらないでしょう。)

지금쯤 이 선생이 고향에 도착했을걸요?
(今頃李先生は故郷に到着したでしょう。)

그 소설은 꽤 재미있을걸요?
(その小説はかなり面白いでしょう。)

신호등을 보지 않고 건너면 위험할걸?
(信号を見ないで渡ると危険だろう。)

가을에는 호텔마다 만원일걸?
(秋にはホテルが皆満室だろう。)

② 過去にできなかったことを後悔する意味を表す。大体、後に '그랬어요'を用いる。

例文 배가 아픈데, 점심을 굶을걸 그랬어요.
(お腹が痛いのに、昼食を抜くべきでした。)

등산 계획을 세우기 전에 미리 일기 예보를 들어 둘걸.
(登山計画を立てる前に天気予報を聞いておくべきものを。)

미리 시험 준비를 했더라면 좋았을걸.
(前もって試験準備をしていたらよかったものを。)

친구들이 오는 줄 알았으면, 외출하지 않았을걸.
(友達が来ると分かっていれば、外出しなかったものを。)

오늘부터 연휴인 줄 알았더라면, 여행이라도 할걸.
(今日から連休だと分かっていたなら、旅行でもしようものを。)

Vst(으)ㄹ 것 없다

必要ないという意味で用いられるか、禁止を表す。'−(으)ㄹ 것이 있다'は、反語的な疑問文として用いられる。

例文 너무 걱정할 것 없어요.
(あまり心配することはありません。)

그렇게 일찍 떠날 거 없잖아. 아직 시간이 있는데….
(そんなに早く出発することないじゃない。まだ時間があるのに…)

괜히 불평할 거 없고, 열심히 해 봅시다.
(いたずらに不平を言うんじゃなく、一生懸命やってみましょう。)

큰 소리만 칠 것 없이 직접 만나 보세요.
(大口ばかりたたかないで直接会ってみてください。)

말이 통하지 않는 사람에게 뭐 말할 것이 있겠어요?
(話の通じない人に何を話すことがありましょうか。)

Vst(으)ㄴ/는/(으)ㄹ 것 같다

動詞'같다'と共に用いられ、 ある事実や状態に対する話し手の強い推測を表す。動作動詞を用いる場合、過去は'−(으)ㄴ 것 같다'、現在は'−는 것 같다'、未来は'− (으)ㄹ 것 같다'のように用いられる。

例文 비가 올 것 같아요.
(雨が降りそうです。)

그 음식은 매우 맛이 있을 것 같군요.
(その料理はとてもおいしそうですね。)

그 집엔 아무도 살고 있는 것 같지 않아요.
(その家には誰も住んでいないようです。)

수업이 벌써 끝난 것 같습니다.
(授業がもう終わったみたいです。)

저 두 사람은 꽤 오랫동안 사귄 것 같아요.
(あの二人は、かなり長い付き合いのようです。)

Vst(으)ㄹ 것 같으면

話し手の強い推測を表す'－(으)ㄹ 것 같다'に仮定を表す'－(으)면'が連結されて、先行文が後続文の動作や状態に対する前提条件になることを表す。

例文 비가 올 것 같으면 우산을 가지고 나가시죠.
(雨が降りそうであれば、傘を持ってお出かけください。)

그 여자가 괜찮을 것 같으면 한 번 더 만나보세요.
(その女性がよさそうであれば、もう一度会ってみてください。)

어젯밤 꿈이 좋을 것 같으면 복권을 사십시오.
(昨夜の夢がよさそうであれば、宝くじをお買いください。)

잠이 안 올 것 같으면 우리 얘기나 합시다.
(眠れなさそうなら、一緒にお話でもしましょう。)

별 도움이 될 것 같지 않으면, 더 만나지 마세요.
(あまり役に立ちそうでなければ、もう会わないでください。)

Vst(으)ㄴ/는 것 같던데요

'－(으)ㄴ/는 것 같다'に回想を表す終結語尾'－던데요'が連結された形態である。過去に完了したか、進行中であったか、またはまだ成し遂げられていない事実に対する強い推定を話し手が回想しながら聞き手に報告してい

ることを表す。

例文 그 사람은 늘 버스나 지하철을 이용하는 것 같던데요.
(その人は、いつもバスか地下鉄を利用しているようでしたが。)

손님이 오신 것 같던데 왜 이렇게 조용하지요?
(お客様がいらっしゃったようでしたが、なぜこんなに静かなんですか。)

벌써 비행기가 떠난 것 같던데요.
(もう飛行機が出発したようでしたが。)

도둑놈을 잡은 것 같던데, 아직 물건을 못 찾으셨어요?
(泥棒を捕まえたようでしたが、まだ品物を見つけられませんか。)

눈은 왔어도 다 녹아서 길은 미끄럽지 않은 것 같던데요.
(雪は降っても全部溶けて、道は滑らないようでしたが。)

Vst(으)ㄴ/는 걸 보니

'-(으)ㄴ/는 것을 보다'と理由を表す'-(으)니'が連結された形態である。先行文の状況を基に後続文を推定・推量することができることを表す。

例文 저 사람의 코가 빨간 걸 보니 술을 꽤 좋아하는 것 같아요.
(あの人の鼻が赤いところを見ると、お酒がかなり好きなようです。)

목이 자꾸 마른 걸 보니 점심을 짜게 먹었나봐요.
(喉がしきりに乾くところを見ると、お昼に食べた物が塩辛かったようです。)

문이 잠긴 걸 보니 집안에 아무도 안 계시는 것 같군요.
(ドアが閉まっているところからすると、家の中に誰もいらっしゃらないようですね。)

무슨 좋은 일이 있는 것 같아요. 흥얼거리는 걸 보니……
(何かいいことがあるようです。鼻歌を歌っているところからすると…。)

낮에는 요즘 늘 집에 있는 걸 보니 회사를 그만두었나 봐요.

(この頃いつも昼間家にいるところからすると、会社を辞めたようです。)

(2) 겸

二つ以上の行為や動作を同時に行う場合に用いられるが、 名詞の間で'N 겸N'の形で用いられ、その前に出てくるものが同時的であることを意味する。

例文 이곳은 **강당 겸 실내** 체육관으로 쓰입니다.
(ここは講堂兼室内体育館として使われます。)

수상 겸 국방장관인 그는 인품이 그만이랍니다.
(首相兼国防長官である彼は人柄が申し分ないそうです。)

외딸이라 **아들 겸 딸** 노릇을 하지요.
(一人娘なので、息子兼娘の役割をしていますよ。)

이걸 **책상 겸 밥상**으로 샀어요.
(これを机兼食卓として買いました。)

아침 겸 점심으로 11시쯤 밥을 먹었습니다.
(朝食兼昼食として11時頃ご飯を食べました。)

AVst(으)ㄹ 겸

一つの具体的な動作を通じて二つ以上の行為やその動作の目的が重なって起きることを意味する。時には'-(으)ㄹ 겸 -(으)ㄹ 겸 해서'または、'-(으)ㄹ 겸 겸사겸사해서'などとしても用いられ、動作動詞にのみ用いられる。

例文 **손자도 볼 겸 딸도 만날 겸** 해서 왔습니다.
(孫にも会い、娘にも会いに来ました。)

전보도 칠 겸 편지도 부칠 겸 해서 우체국에 들렀습니다.
(電報も打ち、手紙も送りに郵便局に寄りました。)

살도 뺄 겸 건강을 위해서 운동을 시작했습니다.
(ダイエットも兼ねて健康のために運動を始めました。)

친구도 볼 겸 고향소식도 들을 겸 겸사겸사해서 왔어.
(友達にも会い、故郷の便りも聞きに来たよ。)

구경도 할 겸 기분전환도 할 겸 여행을 떠나려고 합니다.
(見物と気分転換を兼ねて旅行に出かけようと思います。)

(3) 김

ある事をする機会が生じ、 その機会を利用してそれと関連する他の事を兼ねてすることを意味する。大体、動作動詞と共に用いられ、助詞'－에'が後に付く。

Vst(으)ㄴ/는 김에

先行文に提示された機会を利用し、後続文の動作が行われることを意味する。したがって、先行文には後続文の事が起きる契機や機会を提示する。
＊動作動詞にのみ用いられる。

例文 떡 본 김에 제사를 지내지요.
(お餅を見たついでに祭祀を執り行いましょう。)

여기에 온 김에 그 분을 만나고 가겠어요.
(ここに来たついでにその方に会って行きます。)

말이 나온 김에 내 입장도 좀 설명하고 싶습니다.
(話が出たついでに私の立場もちょっと説明したいです。)

생각난 김에 박 선생님께 전화를 거십시오.
(思いついたついでに朴先生に電話をかけてください。)

이왕 쓰는 김에 한 장만 더 써 주세요.
(どうせ書くのならついでにもう一枚書いてください。)

＊'－는 길에'は、'오다'、'가다'など移動を意味する動詞とよく共に用いられ、その意味も完全に異なる(参照66頁)。

例文 한국에 **가는 길에** 일본에도 들를 계획입니다.
(韓国に行く途中で日本にも立ち寄る計画です。)

시내에 **나가는 길에** 양복도 한 벌 맞추고 싶어요.
(市内に出かける途中で洋服も一着仕立てたいです。)

김 선생을 만나러 **가는 길에** 제 사무실에도 좀 들르세요.
(金先生に会いに行く途中で私の事務所にもちょっと寄ってください。)

(4) 나름

名詞や動作動詞の語幹に付いて用いられ、 その出来具合や内容によって結果が異なって現れ得ることを意味する。

N 나름이다
AVst기 나름이다

例文 사람도 **사람 나름이지** 모두가 나쁜 것은 아닐세.
(人も人それぞれで、皆が悪い訳ではないよ。)

사랑받는 것은 자기가 **하기 나름입니다.**
(愛されるのは自分の行い次第です。)

칭찬도 **칭찬 나름이지** 그런 칭찬은 안 하느니만 못해요.
(称賛も称賛によりけりでそんな称賛はしないほうがましです。)

백화점 물건이라고 다 좋은 것은 아니야. **물건 나름이지.**
(デパートの品物だからといって全部いい訳ではない。品物によりけりだ。)

먹기 나름이지만 음식이 모자라지는 않을 거예요.
(食べ方次第ですが、料理が足りなくはないでしょう。)

(5) 나위

さらにできる余裕や余地、またはさらに行うべき必要性を意味する。

AVst(으)ㄹ 나위가 없다

動作動詞の語幹に付いて、先行文の動作をそれ以上行う必要がないか、余地がないと推定する場合に用いられる。

例文 기쁘기는 더 말할 나위가 없습니다.
(嬉しいのは言うまでもありません。)

더 이상 설명할 나위가 없네. 그만 하면 알아들었을테니까.
(これ以上説明する必要はないよ。それくらい言えば理解したはずだから。)

모두 끝난 일을 가지고 이렇다 저렇다 말할 나위가 있겠어요?
(全部終わったことをああだこうだと言う必要がありますか。)

그만하면 좋은 신부감이니까 더 생각해 볼 나위가 없다구요.
(まずまずいい花嫁候補だから、もう考える必要はないですよ。)

다시 재고할 나위없이 아주 완벽하답니다.
(再考する余地もなくとても完璧だそうです。)

(6) 따름

'それのみ'という意味で、 その前には動詞の冠形詞形の語尾'−(으)ㄹ'だけが付き、後には叙述格助詞'−이다'がくる。

Vst(으)ㄹ 따름이다

先行文の内容'それ'だけであり、 他のものは排除されるということを表す。'−(으)ㄹ 뿐'と似ている(参照47頁)。

例文 그 아이가 놀기만 하니 한심할 따름입니다.
(その子が遊んでばかりいるので、情けない限りです。)

묵묵히 내 길만을 갈 따름이죠.
(黙々と我が道を行くのみです。)

소화가 좀 안 될 따름이지 별 탈은 없습니다.
(消化がちょっとできないだけで、別に異状はありません。)

말 많은 세상이니, 그저 조심할 따름이에요
(口うるさい世間だから、ただ気を付けるのみです。)

자유가 아니면 죽음이 있을 따름입니다
(自由でなければ、死あるのみです。)

(7) 대로

先行文の内容が意味する状態や様子のとおり、またはそれに従い直ちに後続文の内容が行われることを意味する。

N대로

名詞に付き、助詞の機能をする。したがって、先行名詞に付けて用いなければならない。

例文 생각대로 하세요.
(思いどおりにしなさい。)

선생님 마음대로 시간과 장소를 정하세요.
(先生のお好きなように時間と場所を決めてください。)

약속대로 전 비밀을 지켰습니다.
(約束どおり私は秘密を守りました。)

책상을 옮기지 말고 그냥 그대로 놓아 두세요.
(机を移動させないでそのまま置いておいてください。)

부하 직원들은 상관의 지시대로 움직이고 있습니다.
(部下職員は、上官の指示どおり動いています。)

N은 N대로

同じ名詞を2回用い、後に続く名詞に'대로'を付けると、'それぞれ'、'別々

に'の意味を表す。

例文 큰 것은 큰 것대로 작은 것은 작은 것대로 놓으시오.
(大きいものは大きいもの同士、小さいものは小さいもの同士別々に置いてください。)

시골 교회에 가면 아직도 남자는 남자대로, 여자는 여자대로 앉습니다.
(田舎の教会に行くと、いまだに男性は男性同士、女性は女性同士別々に座ります。)

너희는 너희대로 우린 우리대로 행동하면 어때?
(君たちは君たちで、私たちは私たちで別々に行動したらどう。)

기름은 기름대로 위에 뜰 뿐이지 물에 섞이지 않습니다.
(油は油のまま上に浮かぶだけで水に混ざりません。)

학생들은 학생들대로 각자 자기 생각을 갖고 있습니다.
(学生たちは学生たちなりにそれぞれ自分の考えを持っています。)

Vst(으)ㄴ/는/(으)ㄹ 대로

先行文の動作や状態に従い後続文の結果が表れる場合に用いられる。

例文 아이들은 어른이 하는 대로 따라 해요.
(子どもたちは大人がするとおりに真似します。)

잘 생각해서 좋을 대로 해 보세요.
(よく考えて、好きなようにしてみてください。)

심은 대로 거둔다는 옛말이 있죠.
(植えただけ取り入れるという昔のことばがありますよ。)

이 세상에는 마음먹은 대로 되지 않는 일이 많아요.
(世の中には思ったとおりにならないことが多いです。)

일이 끝나는 대로 퇴근하세요.
(仕事が終わり次第帰ってください。)

② この例文の'-(으)ㄹ 대로 -어(아, 여)서'はとても(非常に)~での意味で、同じことばの繰り返しによる強調用法である。

例文 그 책은 낡을 대로 낡아서 글씨가 재대로 안 보입니다.
(その本は、とても古くなって文字がはっきり見えません。)

머리가 빠질 대로 빠져서 더 빠질게 없어요.
(髪の毛が抜けるだけ抜けてもう抜けるものがありません。)

경제상태가 어려워질 대로 어려워져서 문제에요.
(経済状態がとても悪くなって問題です。)

그 방법은 써 먹을 대로 써 먹어서 더 쓰면 안 돼요.
(その方法はずいぶん活用したので、もう使ったらいけません。)

인정이 메마를 대로 메말라서 삭막해요.
(人情が廃れ果てて、索漠としています。)

AVst는 대로

先行文の動作が行われて直ちに後続文の動作が行われることを表す。 動作動詞にのみ用いられる。

例文 그 코끼리는 주는 대로 받아 먹어요.
(その象はやるたびに取って食べます。)

그는 돈을 버는 대로 다 써 버려요.
(彼はお金を稼ぐたびに全部使ってしまいます。)

그 아이는 보는 대로 사고 싶어해요.
(その子は見るたびに買いたがります。)

집에 도착하는 대로 전화 좀 걸어 주세요.
(家に到着次第電話をちょっとかけてください。)

편지를 받는 대로 곧 회답을 하겠지요.
(手紙を受け取り次第すぐ返事をするでしょう。)

Vst(으)ㄹ 수 있는 대로

能力や可能性を表す'－(으)ㄹ 수 있다'と共に用いられることもあるが、この場合には'～できるだけ'の意味である。

例文 이 일은 할 수 있는 대로 빨리 끝내 주세요.
(この仕事はできるだけ早く済ませてください。)

될 수 있는 대로 푹 쉬세요.
(できるだけゆっくり休んでください。)

재주를 부릴 수 있는 대로 부려 보세요.
(妙技を披露できるだけ披露してみてください。)

올 수 있는 대로 빨리 좀 오시면 좋겠어요.
(できるだけ早くお越しいただければと思います。)

한국말로 표현할 수 있는 대로 해 보세요.
(韓国語でできるだけ表現してみてください。)

AVstㄴ/는 다는 대로

'-는다고 하는 대로'から'－고 하－'が省略された形態で、間接引用文の内容を変えず後続文の動作を行う場合に用いられる。すなわち、話し手は引用文の内容に何ら反対することなく従うことを意味する。したがって、動作動詞にのみ用いられる。

例文 교수님이 하라시는 대로 했으니까 결과가 좋을 거에요.
(教授の言われるとおりにやったから、結果が良いでしょう。)

해 달라는 대로 다 해 주었는데, 웬 불평이야.
(してくれというとおりすべてしてやったのに、何の不平があるのか。)

친구가 가자는 대로 갔더니 술집이었어요.
(友達が誘うままに行くと飲み屋でした。)

그 애가 가겠다는 대로 가도록 내버려 두었습니다.

(その子が行きたいように行かせました。)

부모님이 하자시는 대로 다 해 드렸습니다.
(両親がしたいとおっしゃるとおりに全部して差し上げました。)

(8) 대신

N 대신

Vst(으)ㄴ/는 대신

先行文の内容を後続文で代置するとき、または先行文の内容に対する代価や補償を後続文に表すときに用いる。先行文の動詞には制約がなく、名詞の修飾語も可能である。後に'-에'が付くこともあるが、大体、省略される。

例文 회사에 출근을 안 하는 대신 집에서 일을 했습니다.
(会社に出勤をしない代わりに家で仕事をしました。)

이 물건은 값이 비싼 대신에 질은 아주 좋아요.
(この品物は値段が高い代わりに質はとても良いです。)

그 병원은 시설이 좋은 대신 치료비가 비쌉니다.
(その病院は施設が良い代わりに治療費が高いです。)

우리 나라에는 꿩 대신 닭이라는 속담이 있습니다.
(わが国には雉の代わりに鶏という諺があります。)

저 대신 선생님이 그 분에게 안부를 전해 주십시오.
(私の代わりに先生がその方によろしくお伝えください。)

(9) 동안

ある動作が継続する時間を表す。 また先行文の動作が行われる間に後続文の内容が起こる場合にも用いられる。大体'동안'の後には助詞'-에'が付くが、省略される場合が多い。

AVst는 동안(에)

例文 한국에서 사는 동안 많은 것을 배웠습니다.
(韓国に住んでいる間、多くのことを学びました。)

회의하는 동안은 전화를 받을 수 없습니다.
(会議の間は、電話を受けることができません。)

찻집에서 친구를 기다리는 동안 편지를 썼습니다.
(喫茶店で友達を待つ間、手紙を書きました。)

식사하는 동안에는 너무 말을 많이 하지 않는 것이 예의죠.
(食事する間は、あまり喋らないのが礼儀ですよ。)

선생님이 안 계시는 동안에 전화가 많이 왔어요.
(先生がいらっしゃらない間に電話がたくさんかかってきました。)

(10) 둥

何かをするようでもあり、しないようでもあるという意味、すなわち、ああでもこうでもない曖昧な状態に置かれていることを意味する。状態動詞と共に用いられる場合は、間接引用の形式を使って'ああだとかこうだとか'の意味を表す。

Vst(으)ㄴ/는 / (으)ㄹ 둥

普通'둥'を2回続けて用いるが、動作動詞の場合、2回目は大体、否定形'－마는 둥, －말 둥, －만 둥'の形で用いられる。

例文 일을 하는 둥 마는 둥 게으름을 피우고 있어요.
(仕事をしているようなしてないようなで怠けています。)

말을 할 둥 말 둥 하다가 입을 다물고 말았어요.
(話をしそうでしたが、口を閉じてしまいました。)

밥을 먹을 둥 말 둥 하더니만 한 그릇을 다 먹더라고요.
(ご飯を食べそうであり食べなさそうでもありましたが、1 膳全部食べましたよ。)

산이 가파르다는 등 길이 미끄럽다는 등 하면서 도중에 하산했어요.
(山道が急だとか道が滑るとか言いながら、途中で下山しました。)

시험이 쉬웠다는 등 어려웠다는 등 말들이 많아요.
(試験が易しかったとか難しかったとか口うるさいです。)

(11) 듯

'先行文が意味する内容とほぼ同じく'の意味を表す。

Vst(으)ㄴ/는 / (으)ㄹ 듯이

先行文の動作や状態が事実であるようでもあり、 そうでないようでもあることを抽象的に表現する。すなわち、偽りで装う動作や状態を表す。前に用いる動詞に制約はなく、後に'－이'が付くこともある。

例文 그는 세상에서 자기가 제일 잘난 듯이 지껄이고 있었습니다.
(彼は世の中で自分が一番偉いかのようにしゃべりまくっていました。)

자기가 최고인 듯 우쭐댑니다.
(自分が最高であるかのように偉そうに振舞います。)

무슨 큰 일이라도 난 듯 법석대고 있었어요.
(何か大変な事でも起こったかのように騒ぎ立てていました。)

대단한 손님이라도 오는 듯이 소란스러웠지요.
(大変なお客様でも来るかのように騒々しかったです。)

그는 때릴 듯이 주먹을 불끈 쥐고 있었단다.
(彼は殴るかのように拳をぐっと握り締めていたそうだ。)

AVst(으)ㄴ 듯 만 듯(하다)
AVst는 듯 마는 듯(하다)
AVst(으)ㄹ 듯 말 듯(하다)

'말다'が後に付き、事実か否かを抽象化して先行文の内容が完全に行われ

てないことを表す。前に用いる動詞は動作動詞に限られる。時制により冠形詞形の語尾が変化する。

例文 그는 나를 본 듯 만 듯 모른 척하고 지나갔어요.
(彼は私を見たような見てないような知らないふりをして通り過ぎました。)

시간이 없어서 아침은 먹는 듯 마는 듯 하고 출근했다.
(時間が無くて朝食は食べるか食べないくらいにして出勤した。)

피서를 갈 듯 말 듯 하더니, 떠나 버렸군요.
(避暑に行くような行かないようなでしたが、行ってしまいましたね。)

들릴 듯 말 듯한 목소리로 말하니 알아 들을 수가 없군요.
(聞こえるような聞こえないような声で話すから、聞き取ることができませんね。)

숙제를 하는 듯 마는 듯 하려면 아예 그만 두시오.
(宿題をするようなしないようなであれば、最初からおやめなさい。)

Vst(으)ㄴ/는/(으)ㄹ 듯하다

先行文の動作や状態を客観的に推測する場合に用いる。

例文 비가 올 듯하군요.
(雨が降りそうですね。)

철수가 요즘 병이 난 듯합니다.
(チョルスがこの頃病気になったようです。)

저 사람은 학생인 듯해요.
(あの人は学生のようです。)

가뭄으로 타는 듯한 더위가 계속되고 있습니다.
(日照りで焼けるような暑さが続いています。)

그 애기는 금방 넘어질 듯하면서도 잘 걷는군요.
(その赤ん坊はすぐにも転びそうでありながらも、よく歩きますね。)

Vst(으)ㄴ/는/(으)ㄹ 듯싶다

'싶다'と共に、先行動詞の動作や状態に対し、主観的に推測する場合に用いられる。

例文 그 옷에는 빨간 구두가 더 잘 어울릴 듯싶군요.
(その服には赤い靴がもっとよく似合いそうですね。)

무지개가 선 것을 보니, 내일은 날이 좋을 듯싶어요.
(虹がかかっているところを見ると、明日は天気が良さそうです。)

애기가 조용한 걸 보니까, 잠이 든 듯싶습니다.
(赤ん坊が大人しいところを見ると、寝ついたようです。)

친구가 지금껏 안 오는 걸 보니, 무슨 일이 생긴 듯싶군요.
(友達が今まで来ないところを見ると、何かあったようですね。)

그 사람이 큰 소리를 치는 걸 보니, 무슨 벼슬이나 한 듯싶은데요.
(その人が大口をたたくところを見ると、何か官吏にでもなったようですが。)

(12) 리

事実に対する'理由'や'理致'の意を表す。

Vst(으)ㄹ 리가 있다/없다

動作動詞、状態動詞の語幹や'ー이다'に付き、'있다'、'없다'を伴う。疑問形で用いられる場合は、反語的表現として、ある動作をするか、そのような状況に置かれている理由が無いことを表す。

例文 그 사람이 약속을 잊을 리가 있나?
(その人が約束を忘れるはずがあろうか。)

그 분이 음주 운전을 했을 리 없을 텐데.
(その方が飲酒運転したはずがなかろうに。)

십 년 이상을 같이 살았는데 성격을 모를 리 있어요?
(10年以上一緒に暮らしたのに、性格を知らないはずがありましょうか。)

여러 번 말했는데, 말 뜻을 모를 리가 없지요.
(何回も話したのに、ことばの意味を知らないはずがありませんよ。)

그만큼 노력했는데, 일이 안 될 리가 있겠어요?
(それほど努力したのに、首尾よく行かないはずがありましょうか。)

(13) 만

N만

時間を表す名詞に付いて、その時間の間中断されてから後続文の内容が新たに現れることを表す。'－만'の後に助詞'－에'が用いられ、叙述形として用いる場合は'－이다'が用いられる。

例文 참 오래간만입니다.
(本当に久しぶりです。)

오랜만에 잠을 푹 잤습니다.
(久しぶりにぐっすり寝ました。)

십년 만에 고향에 오니까 서먹서먹하군요.
(10年ぶりに故郷に戻ると気まずいですね。)

이삼일 만에 한번씩 장을 보곤 합니다.
(2, 3日に1回ずつ市場で買い物をしたりします。)

그를 본 지 이십년 만이지만 모습은 옛날 그대로였어요.
(彼に会ってから20年ぶりでしたが、姿は昔のままでした。)

(14) 만큼

一定の程度や限度を表す。

N만큼

名詞や代名詞に付いて用いられる補助詞であって、程度を表す。

例文 그 나라만큼 어려움이 많았던 나라도 드물 거예요.
(その国ほど困難が多かった国も稀でしょう。)

오늘만큼 기분 좋은 날도 많지 않았어요.
(今日ほど気分の良い日も多くありませんでした。)

저는 선생님만큼 한국말을 잘 하지 못합니다.
(私は先生ほど韓国語をうまく話せません。)

핵 전쟁만큼 무서운 전쟁이 어디 있겠어요?
(核戦争ほど怖い戦争がどこにありましょうか。)

우리만큼 다정한 친구가 또 있을까?
(私たちほど親しい友達が他にいるだろうか。)

Vst(으)ㄴ/는/(으)ㄹ 만큼

先行文の内容と同程度に後続文の内容が成り立つことを表す。

例文 내가 도와 준 만큼 그도 나를 도왔어요.
(私が手伝ってあげただけ彼も私を手伝いました。)

내가 일한 만큼 대우를 받고 싶어요.
(私が働いただけの待遇を受けたいです。)

나는 배우는 만큼 잊어버리기도 하나 봐요.
(私は学ぶ分だけ忘れもするようです。)

우리가 다 들어 갈 만큼 방이 넓진 않았어요.
(私たちが皆入るほど部屋は広くはありませんでした。)

그 사람의 말을 못 알아들을 만큼 내가 둔하지는 않아요.
(その人の話を理解できないほど私は鈍くはありません。)

Vst(느)니/(으)니 만큼

先行文が後続文の原因や根拠になることを意味する。

例文 일이 힘드니 만큼 대우도 잘 해줍니다.
(仕事が大変だから待遇も良くしてくれます。)

가뭄이 심하니 만큼 물을 아껴 써야 합니다.
(日照りがひどいから水を節約して使わなければなりません。)

환절기이니 만큼 늘 감기에 조심하도록 해.
(季節の変り目だから常に風邪に注意するようにしなさい。)

명절날이니 만큼 친척 어른들을 찾아뵙도록 합시다.
(祝祭日だから親戚の方々のところに伺うようにしましょう。)

배 부르게 먹었으니 만큼 운동도 열심히 해야겠죠.
(お腹いっぱい食べたから運動も一生懸命しなければならないでしょう。)

(15) 망정

'망정이지'の形で用いられ、 否定することばを伴って'~たから良かった'の意味を表す。普通、'-(으)니'、'-길래'の後に用いられる。

例文 음식을 많이 준비했으니 망정이지 모자랄 뻔했어요.
(料理をたくさん準備したから良かったものの、足りないところでした。)

다행히 생각이 났으니 망정이지 하마터면 불 날 뻔했지 뭐야.
(幸い思い出したから良かったものの、危うく火事になるところだったんだよ。)

막차라도 탔기에 망정이지 집에 못 들어왔을걸.
(終電にでも乗ったから良かったものの、家に帰れないところだっただろう。)

노처녀로 늙을 뻔했지, 나를 만났기에 망정이지.
(オールドミスのまま老いるところだったよ、私に会えたから良かったものの。)

범인으로 몰렸을 거에요. 알리바이가 **있었길래 망정이지요**.
(犯人扱いされたことでしょう。アリバイがあったからよかったものの。)

(16) 무렵

ある事が起きようとしている時をいう。動作動詞の語幹に付いて、'-(으)ㄹ 무렵에'または'(으)ㄹ 무렵이다'の形で用いられる。助詞'-에'は省略されることもある。

AVst(으)ㄹ 무렵

例文 **동틀 무렵에** 해변가에 나가 보세요.
(東の空が白む頃、海岸に出かけてみてください。)

여름이 다 **갈 무렵에** 새싹이 나기 시작했어요.
(夏が過ぎ去る頃に新芽が出始めました。)

우리가 **철들 무렵**이 되면, 부모님은 돌아가시고 안 계시겠죠.
(私たちが分別のつく年頃になれば、両親は亡くなっていらっしゃらないでしょう。)

내가 군에 입대한 것은 전쟁이 **끝날 무렵**이었어요.
(私が軍に入隊したのは戦争が終わる頃でした。)

웬 일인지 **해 질 무렵**이 되면, 마음이 쓸쓸해져서 그래요.
(どうしたことか日が沈む頃になると心寂しくなってそうなんです。)

(17) 바

'方法'または'事'という意味で、その前に動作動詞のみくることができる。

AVst(으)ㄴ/는/(으)ㄹ 바

例文 성경을 읽고 **깨달은 바**가 있어요.
(聖書を読んで悟ったことがあります。)

그것은 그 사람 일이지 내가 알 바가 아니에요.
(それはその人の事であって、私の知った事ではありません。)

선생님도 아시는 바와 같이 저는 영어를 모르잖아요.
(先生もご存知のように、私は英語が分からないじゃないですか。)

요즘 들리는 바에 의하면 석유 값이 계속 내린다나 봐요.
(最近聞くところによると、石油の値段が下がり続けるらしいです。)

문제가 커져서 어찌할 바를 모르겠어요.
(問題が大きくなってどうすればいいか分かりません。)

AVst(으)ㄹ 바에야

慣用的な表現として動作動詞に付いて用いられる。 先行文の内容のように'どうせ行われるのならば'の意味で、 後続文の行動が何よりも良い事であることを表す。

例文 친구를 도울 바에야 아무 조건 없이 도와주십시오.
(友達を助けるのなら、何の条件もなしに助けてあげてください。)

아무 치료도 받지 않을 바에야 왜 병원에 있습니까?
(何の治療も受けないのなら、なぜ病院にいますか。)

법을 만들기만 하고 지키지 않을 바에야 왜 애써 만들까요?
(法を作るだけで守らないのなら、なぜ苦労して作るのでしょうか。)

이왕에 떠날 바에야 미련 없이 떠나세요.
(どうせ去るのなら、未練なく去ってください。)

집을 지을 바에야 한번 멋지게 지어 보세요.
(家を建てるのなら、一度素晴らしく建ててみてください。)

(18) 뻔

Vst(으)ㄹ 뻔하다

過去にそのようになり得る機会があったが、実際はそうならなかったことを表す。過去の行動を表現するため、常に過去形の'ー었(았, 였)'と共に用いられる。

例文 어제 계단에서 넘어질 뻔했어요.
(昨日階段で転ぶところでした。)

차에 치일 뻔했습니다.
(車に轢かれるところでした。)

배가 아파서 죽을 뻔했습니다.
(お腹が痛くて死にそうでした。)

다방에 갔더라면 친구를 만날 뻔했어요.
(喫茶店に行っていたら、友達に会うところでした。)

같이 갔더라면 좋았을 뻔했네요.
(一緒に行っていたら、良かったですね。)

(19) 뿐

他の物は除外し、ただそれ一つだけであると強調するときに用いる。

Vst(으)ㄹ 뿐이다

'ただ単にどんなだまたはどうするだけだ'という意味を表す。

例文 말을 들었을 뿐이지 직접 보지는 못했어요.
(話を聞いただけで、直接見ることはできませんでした。)

다른 묘책이 없으니 한숨만 나올 뿐이에요
(他の妙策がないので、ため息が出るだけです。)

친구를 잠시 만났을 뿐, 그 외엔 아무 것도 하지 않았어요.

(友達に少し会っただけで、そのほかは何もしませんでした。)

아무 말도 생각나지 않아서 듣기만 했을 뿐입니다

(何のことばも思いつかなかったので、聞いてばかりいました。)

너무 어처구니 없어서 넋을 잃고 바라만 보았을 뿐이지요

(あきれ果てて、ぼんやりと眺めるばかりでしたよ。)

N뿐이다

名詞の後に付いて、'ただそれだけ'という意味を表す。

例文 내가 아는 사실은 이 한 가지뿐입니다

(私が知っている事実は、これ一つだけです。)

아이들을 안심하고 보낼 수 있는 곳은 집 앞 공원뿐이지요

(子どもたちを安心して行かせることができる所は家の前の公園だけですよ。)

산에 잡초뿐이지 큰 나무는 볼 수 없군요.

(山に雑草ばかりで、大きい木は見られませんね。)

늘 말뿐이지 실천하는 것은 못 봤습니다.

(いつもことばだけで、実践するのは見られませんでした。)

그 이야기를 믿고 있는 사람은 오직 김 선생뿐입니다

(その話を信じている人はただ金先生だけです。)

Vst(으)ㄹ 뿐(만) 아니라

それと共に他のものも含まれるという意味を表す慣用的な表現である。名詞と共に用いられる場合、'N뿐만 아니라'の形で用いられる。'－만'は省略される場合が多い。

例文 너뿐만 아니라 나도 그 일을 할 수 있다.

(君だけでなく私もその仕事をすることができる。)

그 날은 날씨가 추울 뿐만 아니라 눈도 왔어요.
(その日は寒いだけでなく、雪も降りました。)

이 음식은 어른뿐만 아니라 아이도 좋아합니다.
(この料理は大人のみならず子どもも好きです。)

그 여자는 마음이 착할 뿐만 아니라 얼굴도 예뻐요.
(彼女は気立てが優しいだけでなく、顔も綺麗です。)

그 친구는 공부를 잘 할 뿐 아니라 성격도 좋습니다.
(その友達は勉強が良くできるだけでなく、性格も良いです。)

Vst(으)ㄹ 뿐더러

先行文の事実のみに留まらず、そのほかに他のものがさらにあることを表す。'-(으)ㄹ 뿐만 아니라'に置き換えることができる。

例文 공부도 잘 할 뿐더러 운동에도 소질이 많아요.
(勉強が良くできるだけでなく、運動の素質にも長けています。)

돈을 잘 벌 뿐더러 잘 쓸 줄도 압니다.
(金儲けがうまいだけでなく、上手な使い方も知っています。)

그 외국인은 김치를 잘 먹을 뿐더러 고추장도 좋아해요.
(その外国人はキムチを良く食べるだけでなく、コチュジャンも好きです。)

금년에는 천재도 많았을 뿐더러 인재도 많았어요.
(今年は天災が多かっただけでなく、人災も多かったです。)

그 법은 국민의 호응도 얻었을 뿐더러 실천도 잘 됩니다.
(その法は国民の呼応を得ただけでなく、良く実践されてもいます。)

Vst다 뿐이다

既に前で提示した事実を反復しながらそのような事実以外に他のものが無いことを表す。時には疑問形で用いられ、反語的な意味を表すこともある。

例文 할인대매출은 값만 싸다 뿐이죠. 질은 그저 그래요.
(割引大売出しは値段が安いだけです。質はそこそこですよ。)

김군이 이군보다 성격이 좋다 뿐이죠. 둘 다 공부는 못해요.
(金君が李君より性格が良いだけです。二人とも勉強はできません。)

어제에 비해서 오늘 기온이 조금 높다 뿐입니다. 그리 따뜻하지는 않습니다.
(昨日に比べて今日の気温が少し高いだけです。 それほど温かくはありません。)

그가 일을 끝내다 뿐이겠어요? 뒷치다꺼리도 잘 할 거에요.
(彼が仕事を終わらせるだけでしょうか。後始末もきちんとやることでしょう。)

그 친구는 돈만 없다 뿐이지 사람은 그만입니다.
(その友達はお金が無いだけであって、人柄は申し分ありません。)

(20) 수

ある事を処理するのに必要な方案や手段、または事に当たり得る能力や可能性の有無を表し、'수'の後には大体'있다'、'없다'が用いられる。

Vst(으)ㄹ 수 있다/없다

動作に対する能力または可能性の有無を表す。 この場合、'수'の後に'-가'、'-는'、'-도'や'-밖에'などのいろいろな助詞が付き、'있다/없다'の後にも多くの活用語尾が付いて多様に用いられる。

例文 한국말을 조금 할 수 있어요.
(韓国語を少し話せます。)

몸이 아파서 오늘 일을 할 수 없습니다.
(体の具合が悪くて、今日は仕事ができません。)

한자를 읽을 수는 있으나 쓰지는 못해요.
(漢字を読むことはできますが、書くことはできません。)

시험에 합격해야지만 면허증을 받을 수가 있습니다.
(試験に合格しなければ免許証をもらうことができません。)

비행장엔 오늘 내가 나갈 수밖에 없습니다.
(飛行場には今日私が出かけざるを得ません。)

注意：大体、動作動詞にのみ用いられるが、'可能性'や'場合'を表すときは状態動詞も可能である。

例文 평수가 적으니까 방들이 좁을 수밖에 없지요.
(坪数が小さいので部屋が狭くならざるを得ません。)

열이 오르면 속도 안 좋을 수가 있습니다.
(熱が上がるとお腹の調子も良くないことがあります。)

값이 비쌀 수는 없지요. 도매시장인데요.
(値段が高いことはあり得ません。卸し市場ですから。)

상표에 따라서는 옷이 좀 클 수도 작을 수도 있습니다.
(商標によっては服が少し大きいことも小さいこともあり得ます。)

Vst(으)ㄴ/는 수가 있다 / 없다

動詞の語幹に付いて方法や手段を表す。

例文 이 방법말고 다른 좋은 수가 없을까요?
(この方法ではなく、他の良い方法はないでしょうか。)

하는 수 없이 그 일을 포기하고 말았어요.
(仕方なくその仕事を諦めてしまいました。)

돈이 떨어졌으니, 무슨 뾰족한 수가 있겠어요? 굶어야지.
(お金がなくなったので、どんな奥の手がありましょうか。飢えるほかないよ。)

입학시험을 한번에 딱 붙는 수는 없을까요?
(入学試験に一度でばっちり受かる方法はないでしょうか。)

전기불도 나가고 촛불도 없으니 자는 수밖에 다른 도리가 없군요.
(停電にもなり、ロウソクもないので、寝るしか他に方法がないですね。)

Vst(으)ㄹ 수가 있어야죠

可能性や能力、力がないという意味で反語的な表現である。'Vst(으)ㄹ 수가 없어야죠'の形では用いられない。

例文 돈 쓸 일만 자꾸 생기니, 돈을 모을 수가 있어야죠.
(お金を使うことばかり引っ切りなしに生じるので、お金を貯めることができません。)

아무리 타일러도 말을 안 들으니, 큰소리 안 칠 수가 있어야죠.
(いくら言い聞かせても言うことを聞かないので、怒鳴らざるを得ません。)

그 사람 하는 짓이 저 꼴이니 눈뜨고 그냥 볼 수가 있어야죠.
(その人のすることがあんな有様なので、とても見るに忍びないです。)

그릇도 수저도 없으니, 뭘 대접할 수가 있어야죠.
(器も匙や箸もないので、何も持て成すことができません。)

김치가 매워서 그냥 먹을 수가 있어야죠. 그래서 물에 씻어 먹었습니다.
(キムチが辛くてそのまま食べることができません。それで、水に洗って食べました。)

(21) 양

話し手の意図や意向を表す。'듯(～のように)'、'처럼(～のように)'、'모양(～(する)ようだ)'の意味で用いられる。

Vst(으)ㄹ 양으로

動作動詞の語幹に付き、話し手が先行文の内容と同じ意図や意向を持って後続文の行為を為すことを意味する。助詞 '－(으)로'と共に用いられる。

例文 불우한 이웃을 도울 양으로 이야기를 하더군요.
(不遇な隣人を助けるつもりで話をしていましたね。)

국회의원으로 나설 양으로 그 지역 일에 발 벗고 나서더군요.
(国会議員になるつもりでその地域の仕事に積極的に乗り出しましたね。)

기회만 있으면 덮칠 양으로 노려보는 호랑이 같아요.
(チャンスさえあれば襲いかかるつもりで狙っている虎のようです。)

집을 한 채 지을 양으로 설계중입니다.
(家を一軒建てるつもりで設計中です。)

금방 결혼할 양으로 서두르더니 아직 소식이 없죠?
(直ぐ結婚するつもりで急いでいたが、まだ知らせがないでしょう?)

Vst(으) ㄴ/는 양

動詞の語幹に付き、'모양(~(する)ようだ)'、'듯(~のように)'、'처럼(~のように)'の意味で用いられる。語感が柔らかいので詩、詩調などに多く用いられる。

例文 사실도 아닌 일을 마치 사실인 양 잘도 꾸며대네요.
(事実でもないことをまるで事実であるかのようによくも言い繕いますね。)

돈도 한푼 없는데 부자인 양 허세를 부리는군요.
(お金も一銭もないのに、金持ちであるかのように虚勢を張りますね。)

반장이라도 되는 양 어깨에 힘을 주고 다니던데요.
(班長にでもなっているかのように、威張っていましたよ。)

온 세상이 자기 무대인 양 판을 치고 있어요.
(世の中すべてが自分の舞台であるかのように幅を利かせています。)

무슨 잔치라도 벌이는 양 떠들썩하군요.
(何か祝宴でも催すかのように騒がしいですね。)

(22) 적

過去の時期や時を表し、名詞と共に用いられることもあるが、大体、動詞と共に用いられる。

Vst(으)ㄴ/었(았,였)던 적이 있다/없다

過去にある出来事や事実を経験した時期を表す。

例文 나도 그 사람을 만난 적이 있어요.
(私もその人に会ったことがあります。)

도서관에서 책을 잃어버린 적이 있어요.
(図書館で本をなくしたことがあります。)

언젠가 제주도에 여행갔던 적이 있어요.
(いつか済州島に旅行に行ったことがあります。)

빨간 색 옷은 입은 적이 없습니다.
(赤色の服は着たことがありません。)

택시에 우산을 놓고 내린 적이 많아요.
(タクシーに傘を置いて降りたことが何度もあります。)

Vst(으)ㄹ 적

一定の動作が進行している時を表す。

例文 세 살 적 버릇이 여든까지 간다.
(3歳の癖が80歳まで続く。)

어렸을 적에 고향에 가 본 적이 있어요.
(幼い時に故郷に行ってみたことがあります。)

내 얘기를 들을 적에 뭘 생각하고 있었어요?
(私の話を聞くときに何を考えていましたか。)

아이가 울 적마다 어떻게 달래셨어요?

(子どもが泣く度にどのようにあやしましたか。)

천둥 번개가 칠 적마다 깜짝깜짝 놀라곤 합니다.
(雷が鳴り、稲光がする度にびっくりしたりします。)

(23) 줄

方法や状態、事実などを表し、その後には'알다'や'모르다'を伴う。

AVst(으)ㄹ 줄 알다/모르다

例文 은행에서 돈을 찾을 줄 알아?
(銀行でお金を引き出すことができる?)

너는 술 마실 줄 아니?
(君はお酒を飲めるか。)

나도 영어로 말할 줄 알아요.
(私も英語で話せます。)

저 애는 아직 심부름을 할 줄 몰라요.
(あの子はまだお使いができません。)

한국노래를 부를 줄 알지만, 지금은 부르고 싶지 않군요.
(韓国の歌を歌えますが、今は歌いたくないですね。)

Vst(으)ㄴ/는/(으)ㄹ 줄 알다/모르다

先行文の状態や事実に対する話し手の期待や心積りを表す。

例文 내가 네 마음을 모르는 줄 아니?
(私が君の気持ちを分からないと思うの?)

어제 밤 사이에 눈이 이렇게 많이 온 줄 몰랐어요.
(昨夜の間に雪がこんなにたくさん降ったことを知りませんでした。)

그 사람에게 이렇게 여러가지 재주가 있는 줄 몰랐어요.
(その人にこんなにいろいろな才能があるとは知りませんでした。)

비가 올 줄 모르고 우산을 안 가지고 나왔네요.
(雨が降るとは知らず、傘を持たないで出てきましたね。)

나는 아드님이 벌써 결혼한 줄 알았는데요.
(私は息子さんがもう結婚したものと思っていましたが。)

(24) 지

AVst(으)ㄴ 지

出来事が起きた時から経過した時間を表す。 後に時間を表すことばと共に'되다'、'지나다'などの動詞を用いる。

例文 그 사람을 만난 지 일주일이 되었습니다.
(その人に会ってから1週間になりました。)

내가 서울에 온 지 십년이 되었습니다.
(私がソウルに来てから10年になりました。)

한국말을 배우기 시작한 지 몇 달 되지 않았어요.
(韓国語を学び始めてから何か月にもなりません。)

시장에 간 지 한 시간이 지났는데 아직 돌아오지 않았습니다.
(市場に行ってから1時間が過ぎたのに、まだ帰って来ていません。)

비행기가 이륙한 지 50분 만에 제주도에 착륙했습니다.
(飛行機が離陸してから50分経った後に済州島に着陸しました。)

AVst는/(으)ㄹ지
DVst(으)ㄴ/ㄹ지 알다/모르다
Vst었(았,였)는지

① 先行文の事実に対する確認を表す。一つの語尾のように用いられ、疑問代名詞を伴う。それ以外の場合には、'-는지 -는지'の形で用いられる。

例文 김 선생은 무엇을 하는지 알 수 없어요.
(金先生は何をしているか分かりません。)

그 사람이 어디에 갔는지 모르겠어요.
(その人がどこに行ったか分かりません。)

지금 떠나면 몇 시에 대구에 도착할지 모르겠어요.
(今出発したら何時に大邱に到着するか分かりません。)

이게 좋을지 저게 좋을지 생각해 보시고 말씀해 주세요.
(これが良いかあれが良いか、考えてみてからおっしゃってください。)

택시가 빠른지 지하철이 빠른지, 어서 알려 주세요.
(タクシーが速いか地下鉄が速いか、早く教えてください。)

② '얼마나-(으)ㄴ/는지 알다 / 모르다'は状態を強調する場合に用いられ、特に'얼마나 -(으)ㄴ/는지 알다'は疑問形でのみ用いられる。

例文 길이 얼마나 막히는지 몰라요.
(道がどんなに混んでいるか分かりません。)

밥 먹고 난 후 설거지하기가 얼마나 귀찮은지 알아요?
(ご飯を食べた後に食器を洗うことがどんなに面倒か分かりますか。)

쓰레기 종량제 실시 후에 쓰레기 양이 얼마나 줄었는지 몰라요.
(ゴミの従量制実施後にゴミの量がどれほど減ったか分かりません。)

지난 밤은 얼마나 더웠는지 몰라요.
(昨夜はどれほど暑かったか分かりません。)

얼마나 보고 싶었는지 몰라요.
(どんなに会いたかったか分かりません。)

(25) 참

AVst(으)ㄹ 참이다

何かをしようとする意図や予定を表し、動作動詞の語幹に付いて用いられる。

例文 금년에는 꼭 결혼할 참이야

(今年は必ず結婚するつもりだ。)

방금 선생님께 전화할 참이었어요.
(只今先生に電話するところでした。)

내년부터는 가능하면 저축을 실천해 볼 참입니다.
(来年からはできれば貯蓄を実践してみるつもりです。)

봄이 되면 새 집으로 이사 갈 참인데요.
(春になると新居に引っ越すつもりですが。)

졸업 후에는 취직하는 대신 유학을 갈 참이에요.
(卒業後は就職する代わりに留学するつもりです。)

AVst(으)려던 참이다

動作動詞の語幹に付いて、何かをする意図を持っていた'その瞬間、そのような刹那'を表そうとするとき用いられる。

例文 지금 막 전화를 걸려던 참이었습니다.
(今ちょうど電話を掛けようとしていたところでした。)

은행에 가니까 마침 문을 내리려던 참이더군요.
(銀行に行くとちょうどシャッターを下ろそうとしていたところでしたよ。)

외출을 하려던 참에 친구가 와서 같이 나갔어요.
(外出しようとしていたところに友達が来て一緒に出かけました。)

택시를 타려던 참인데 버스가 마침 오더군요.
(タクシーに乗ろうとしていたところなのにバスがちょうど来ましたよ。)

지금 심심해서 뭘 마시려던 참인데 같이 마십시다.
(今退屈で何か飲もうとしていたところですが、一緒に飲みましょう。)

(26) 채

ある状態が変わらずそのままであるという意味である。

AVst(으)ㄴ 채

動作動詞の語幹に付いて、 先行文の状態をそのまま維持しつつ後続文の動作を行うことを表す。後に助詞'－로'を伴うが、省略することができる。

例文 옷을 입은 채로 물에 뛰어 들어갔지요.
(服を着たまま水に飛び込みましたよ。)

입을 꼭 다문 채 아무 말도 하지 않더군요.
(口を硬く閉じたまま何も言いませんでしたね。)

문이 열린 채 아무도 없었습니다.
(戸が開いたまま誰もいませんでした。)

사고난 자동차를 길에 버려둔 채로 도망가 버렸어요.
(事故を起こした自動車を道に乗り捨てて逃げてしまいました。)

텔레비전을 켜 놓은 채로 잠이 들었나봐요.
(テレビを点けっ放しにしたまま寝入ったようです。)

(27) 체

もっともらしく装う偽りの態度や行動を意味することばで、'－(으)ㄴ/는 척하다'で代置することができる。

Vst(으)ㄴ/는 체하다

例文 그 남자는 늘 열심히 일하는 체합니다.
(その男はいつも一生懸命仕事をしている振りをします。)

아무리 자는 체해도, 소용없습니다.
(いくら寝ている振りをしても、無駄です。)

일부러 기분 좋은 척했지만, 친구들이 알아차렸습니다.

(わざと気分が良い振りをしましたが、友達が見抜きました。)

알고도 모르는 체할 수밖에 없었습니다.
(知っても知らない振りをせざるを得ませんでした。)

보고도 못 본 체, 들어도 못 들은 체, 알고도 모르는 체했어요.
(見ても見ぬ振り、聞いても聞かぬ振り、知っていても知らぬ振りをしました。)

(28) 탓

望んでいなかった結果に対する原因、理由を表わすが、その原因や理由が言い訳である場合にも用いられる。

N 탓이다

例文 잘 되면 내 탓이고 못 되면 조상 탓이래요.
(うまくいけば自分のせいで、うまくいかなければ祖先のせいだそうです。)

건망증이 심한 건 나이 탓이죠.
(物忘れがひどいのは年のせいですよ。)

악덕 기업주 탓으로 많은 사람들이 희생되었죠.
(悪徳企業主のせいで多くの人たちが犠牲になりましたよ。)

그 교통사고는 미숙한 운전 탓입니다.
(その交通事故は未熟な運転のせいです。)

내가 오늘 학교에 늦은 것은 늦잠 탓입니다.
(私が今日学校に遅れたのは寝坊のせいです。)

Vst는/(으)ㄴ 탓

例文 애들이 예의가 없는 건 가정교육을 잘 못 시킨 탓이죠

(子どもたちが礼儀に欠けるのは、家庭教育がきちんとできていないせいですよ。)

엄마하고만 지내는 탓인지 다른 아이들보다 낯가림이 심한 편이에요.
(お母さんとだけ過ごしているせいか、他の子より人見知りがひどい方です。)

매일 과로한 탓으로 몸살이 났나 봐요.
(毎日の過労のせいで疲れて病気になったようです。)

날씨가 추운 탓인지 꼼짝도 하기 싫군요.
(寒いせいか身動きもしたくないですね。)

집이 지저분한 것은 어머니께서 안 계신 탓이에요.
(家が汚いのはお母さんがいらっしゃらないせいです。)

(29) 터

動詞によって計画や意図、予定、推測などを表す。後に'－이다'を伴うが、さらに多くの連結語尾が付いて多様な意味を表す。

AVst(으)ㄹ 테야

'－(으)ㄹ+터+(이)야'の短縮形で、意志や予定を表す。この場合、'야'は'－이다'の叙述形半語の終結語尾である。敬語の意味がなく、動作動詞とだけ共に用いられる。平叙文では1人称の主語、疑問文では2人称の主語を用いる。

例文 난 바빠서 먼저 갈 테야.
(私は忙しいから先に行くよ。)

나도 엄마를 따라갈 테야.
(私もお母さんに付いて行くよ。)

이번에는 꼭 우승을 하고 말 테야.
(今回は必ず優勝してみせるよ。)

또다시 이런 일을 할 테야, 안 할 테야?
(またこんなことをするのか、しないのか。)

오늘 중으로 이 일을 마치고 말 테야.
(今日中にこの仕事を終えて見せるよ。)

Vst(으)ㄹ 테니까

これは'-(으)ㄹ+터+(이)니까'の短縮形で、 話者の予定や推測を表し、主語が1人称の場合は主語の意志を表す(参照271頁)。

例文 나는 집에 있을 테니까 전화하세요.
(私は家にいるから電話してください。)

운전은 내가 할 테니까 좀 주무세요.
(運転は私がしますから少しお休みになってください。)

무거운 건 남자들이 옮길 테니까, 가벼운 짐이나 옮기세요.
(重いのは男の人達が運びますから軽い荷物でも運んでください。)

친구들이 기다리고 있을 테니까 서둘러 갑시다.
(友達が待っているだろうから急いで行きましょう。)

버리지 마세요. 그 영수증은 나중에 필요할 테니까요.
(捨てないでください。その領収書は後で必要でしょうから。)

Vst(으)ㄹ 텐데

'-(으)ㄹ+터+(이)ㄴ데'の短縮形である(参照270頁)。

例文 배가 고플 텐데 라면이라도 드세요.
(お腹がすいているでしょうからラーメンでもお召し上りください。)

손님이 올 텐데 빨리 준비하세요.
(お客さんが来るはずだから早く準備してください。)

그쪽 방향으로 갈 텐데 같이 갑시다.

(そちらの方向に行くはずだから一緒に行きましょう。)

김 선생을 **만나야 할 텐데** 어디 계신지 모르겠어요.
(金先生に会わなければならないのに、どこにいらっしゃるか分かりません。)

거긴 길이 **미끄러울 텐데요**.
(そこは道が滑るはずですが。)

Vst(으)ㄹ 테면

'-(으)ㄹ+터+(이)면'の短縮形である。

例文 일을 **할 테면**, 끝까지 해 봐요.
(仕事をするつもりなら最後までしてみてください。)

반대할 테면 반대하라지, 겁날 것 없어.
(反対したければ反対しろってんだ、怖いことないや。)

혼자 **살 테면** 혼자 살라고 하세요.
(一人で暮らすつもりならそうしろと言ってください。)

때릴 테면 때려봐. 나도 가만히 있지는 않을 테니까.
(殴りたければ殴ってみろ。私も黙ってはいないから。)

이를 테면 도시의 인구집중 같은 거 말이에요.
(いわば都市の人口集中のようなものですよ。)

Vst(으)ㄹ 테지요

'-(으)ㄹ+터+(이)지요'の短縮形である。'-지'は終結語尾(参照244頁)で、'-요'は敬語を表す。推測に対する確認で、話し手がほぼ確信する程度の推測をしていることを表す。動作動詞にも状態動詞にも用いることができる。

例文 그에게서 내일쯤은 무슨 소식이 올테지.
(彼から明日頃には何か連絡があるだろう。)

그가 지금쯤은 미국에 도착했을 테지요.
(彼が今頃はアメリカに到着したでしょう。)

방안이 이만큼 추우니까, 밖은 더 추울 테지요.
(部屋の中がこれほど寒いから外はもっと寒いでしょう。)

여러 번 말했으니까, 이제 알았을 테지요.
(何回も話したから、もう分かったでしょう。)

그 아이가 지금은 어른이 되었을 테죠?
(その子はもう大人になったでしょうね？)

(30) 편

Vst(으)ㄴ/는 편(이다)

'편'は多くの部類の中で、ある一方に属することを意味し、'大体、見てそんなだ'という意味がある。普通、'이다'、'아니다'と共に用いられる。先行文には動作動詞も状態動詞も用いることができ、 冠形詞形語尾は'−(으)ㄴ,−는'のみが用いられる。

例文 오늘 날씨는 어제보다 덜 추운 편이에요.
(今日の天気は昨日より寒くない方です。)

동생보다 형의 마음이 너그러운 편인가 봐요.
(弟より兄の方が心が広いようです。)

그 사람이 뚱뚱한 편도 아니고 마른 편도 아니에요.
(その人は太っている方でもないし、痩せている方でもありません。)

그 사람은 다른 사람에 비해서 책을 많이 읽는 편입니다.
(その人は他の人に比べて本をよく読む方です。)

노력에 비해 결과가 그리 좋지 않은 편입니다.

(努力に比べて結果がそれほど良くない方です。)

(31) 한

AVst는 한

'終わり'または'終着'を表すことばで、先行文が後続文に対して極限的な条件になることを表す。先行文には動作動詞のみが用いられ、後に'－에'や'(으)로'の助詞はとらない。

例文 제가 도울 수 있는 한 돕겠어요.
(私が助けられる限り助けます。)

노력하지 않는 한 성공은 불가능하죠.
(努力しない限り、成功は不可能ですよ。)

내가 밥을 굶는 한이 있어도 그 책은 사야겠어.
(私は飯を抜くことがあっても、その本は買わなければならない。)

장사를 계속 하는 한 먹고 사는 건 걱정이 아니에요.
(商売を続ける限り、食べていくことは心配ありません。)

나한테 사과하지 않는 한 용서할 수 없어요.
(私に謝らない限り、許すことはできません。)

2 形態は自立名詞であるが依存的に用いられる名詞

(1) 관계

名詞や冠形節の修飾を受け、先行文は後続文に対し、'－때문에(～ために),－까닭으로(～訳で)'の意味で用いられる。よく用いられる形は次の二つである。

N관계로

例文 공사 관계로 불편을 끼쳐 드려 죄송합니다.

(工事の都合でご不便をおかけして申し訳ございません。)

그 분은 등록 관계로 외출을 하셨습니다.
(その方は登録の関係で外出されました。)

우천 관계로 오늘 경기는 내일로 연기한대요.
(雨天の関係で今日の競技は明日に延期するそうです。)

사업 관계로 둘 사이의 우정에 금이 갔어요.
(事業の関係で2人の間の友情にひびが入りました。)

여비 관계로 여행을 포기할 수밖에 없군요.
(旅費の都合で旅行を諦めざるを得ませんね。)

Vst(으)ㄴ/는 관계로

例文 비가 오지 않는 관계로 시민들이 식수난을 겪고 있어요.
(雨が降らないせいで、市民が飲用水不足で困っています。)

시간이 없는 관계로 용건만 말씀드리겠습니다.
(時間がないため、要件だけを申し上げます。)

오늘은 주말인 관계로 교통이 더욱 혼잡합니다.
(今日は週末であるため、道がさらに混雑しています。)

몸이 약한 관계로 힘든 일은 어렵습니다.
(体が弱いため、骨の折れる仕事は困難です。)

예산이 부족한 관계로 공사가 중단되었어요.
(予算不足の関係で、工事が中断されました。)

(2) 길

'가다'、'오다'のような移動を表す動作動詞の語幹に付いて用いられる。

AVst는 길이다

移動する動作が行われていることを表すが、助詞'－에'を付け'－는 길에'の

ように用いると、一つの動作を行う途中で他の動作を行うことを表す。

例文 어디 가시는 길이세요?
(どちらにいらっしゃるところですか。)

저는 지금 학교에 가는 길입니다.
(私は今学校に行くところです。)

집에 돌아 오는 길에, 시장에서 물건을 샀어요.
(家に帰る途中、市場で買い物をしました。)

영화 보러 가는 길에, 식사도 하려고 합니다.
(映画を見に行く途中、食事もしようと思います。)

퇴근하는 길에 다방에 들러 친구를 만나야 합니다.
(勤め帰りに、喫茶店に寄って友達に会わなければなりません。)

＊注意：連結語尾'－(으)니까'、'－(으)ㄴ데'などと共に用いられることもある。

例文 점심 식사를 하러 나가는 길이니까 나중에 얘기하죠.
(昼食をとりに出かけるところだから、後で話しましょう。)

지금 시내 나가는 길인데, 같이 가시겠어요?
(今、市内に出かけるところなのですが、一緒にいらっしゃいますか。)

(3) 끝

N끝에

AVst(으)ㄴ/던 끝에

先行文の動作の結果が後続文に表れることになるが、その結果は極めて当然の結果であるけれども、精一杯努力した代価として得られるという意味が強い。この場合の動詞は、動作動詞に限られ、名詞の修飾語が用いられることもある。'－끝'には助詞'－에'が付くのが普通である。

例文 말끝에 싸움이 시작되었습니다.
(言い合いのあげく喧嘩が始まりました。)

그 분이 과로끝에 쓰러져서 병원에 입원했습니다.
(その方が過労のあげく倒れて病院に入院しました。)

오랫동안 궁리하던 끝에 사표를 제출했답니다.
(長い間よくよく考えた末に辞表を提出したそうです。)

고생끝에 낙이 온다는 말이 있습니다.
(苦労の末に楽が来るということばがあります。)

여기저기 헤맨 끝에 찾아냈어요.
(あちこちさまよった末に見つけました。)

(4) 날

AVst는 날에는

先行文が後続文に対する条件を表すが、極端な状況や条件で緊迫感を表す。すなわち、'もしそのようなことが起こるときは'という意味になる。したがって、後続文には極端な結果を仮定的に表すこともある。前には動作動詞のみを用いることができる。

例文 핵 전쟁이 일어나는 날에는 온 세상이 재가 될 걸.
(核戦争が起こった日には、世の中すべてが灰になるだろう。)

황소가 성을 내는 날에는 아주 무섭다구요.
(牡牛が怒ろうものなら、とても怖いですよ。)

며느리가 시부모 눈 밖에 나는 날에는 끝장이죠.
(嫁が義理の父母に嫌われた日には、おしまいですよ。)

그렇게 정신없이 뛰어다니다가 넘어지는 날엔 크게 다친다.
(そんなに無我夢中で駆け回って転ぼうものなら、大怪我をする。)

형이 한번 화를 내는 날엔 물불을 가리지 않습니다.
(兄が一度怒り出そうものなら、水火も(どんな困難や危険も)辞しません。)

(5) 때

時間を表す名詞で、先行文の動作が起こる時間を表す。動詞の語幹や名詞に付いて用いられ、'-(으)ㄹ 때'の後にはいろいろな助詞を用いることができる。

N때

例文 저녁때 몇 시쯤 집에 돌아가십니까?
(夕方何時ごろ家に帰られますか。)

점심때 어디에서 식사를 할까요?
(昼時にどこで食事をしましょうか。)

고등학교때 열심히 공부해야 합니다.
(高校のとき、一生懸命勉強しなければなりません。)

방학때 경주로 여행하려고 합니다.
(休みのとき、慶州へ旅行しようと思います。)

초등학교때가 제일 즐거웠습니다.
(小学校のときが一番楽しかったです。)

Vst(으)ㄹ 때

例文 선생님은 어렸을 때부터 키가 크셨어요?
(先生は小さいときから背が高かったですか。)

한국말로 말할 때는 언제나 긴장돼요.
(韓国語で話すときは、いつも緊張します。)

오늘 아침에 해가 뜰 때까지 잤습니다.
(今朝は日が昇る時分まで寝ました。)

학교에 갈 때는 버스를 타고 갑니다.
(学校に行くときはバスに乗って行きます。)

가끔 친구에게 전화할 때가 있어요.
(たまに友達に電話するときがあります。)

(6) 도중

N 도중에

A Vst는 도중에

先行文の動作が継続している間に後続文の出来事が起こることを表す。先行修飾節の動詞は動作動詞に限られるが、名詞の修飾語を用いることもできる。'－는 중이다, N 중'とは多少異なり、'도중에'は先行文の動作の進行過程で、新しい出来事が生じることを意味するが、'중'は先行動作の継続的な進行を意味する。

例文 제가 일하는 도중에 불이 나갔습니다.
(私が仕事をしている途中で停電になりました。)

우리가 시내로 가는 도중에 차 사고가 났습니다.
(私たちが市内に行く途中で車の事故が起きました。)

남이 말하는 도중에 끼어들지 마세요.
(人が話している途中で割り込まないでください。)

식사하는 도중에 말을 많이 하지 않는 것이 한국 예절입니다.
(食事の途中であまり話さないのが韓国の作法です。)

수업 도중에 하품하는 학생이 가끔 있습니다.
(授業中にあくびをする学生がたまにいます。)

(7) 마당

A Vst는 마당에

先行文が後続文の出来事が起きる場面や状況を表す。先行文の動詞には制約がない。

例文 모두들 일하는 마당에 너만 놀아서 되겠니?
(皆働いているときに、君だけ遊んで良いのか。)

내가 나 자신도 못 믿는 마당에 누구를 믿겠어?
(自分自身も信じられないのに、誰を信じようか。)

너도 나도 세계화를 위해 애쓰는 마당에 우리도 함께 노력해야지.
(君も私も世界化のために心を砕いているのだから、 私たちも一緒に努力すべきだね。)

제대로 먹지도 못하는 마당에 자동차는 어떻게 굴리니?
(ろくに食べることもできないというのに、自動車がどうやって持てる？)

사느냐 죽느냐 하는 마당에 이런 작은 일로 말다툼하고 있어요?
(生きるか死ぬかというときに、こんな小さな事で言い争っているのですか。)

(8) 모양

ある状態や様子を話者が推測または推量して述べる場合に用いる。文の中では、冠形詞形語尾'−(으)ㄴ, −는, −(으)ㄹ'と共に用いる。

Vst(으)ㄴ/는/(으)ㄹ 모양이다

例文 오늘은 회의가 일찍 끝난 모양이에요.
(今日は会議が早く終わったようです。)

밖을 보니 비가 올 모양이에요.
(外を見ると雨が降りそうです。)

김 선생이 아픈 모양이군요.
(金先生の具合が悪いようですね。)

그 친구는 요즘 매우 바쁜 모양입니다.
(その友達はこの頃とても忙しいようです。)

그 집에는 아무도 살지 않는 모양입니다.

(その家には誰も住んでないようです。)

(9) 바람

A Vst는 바람에

動作動詞に付いて先行文の原因や気勢が後続文の結果に影響を及ぼすことを意味する。後続文には大体、否定的な結果が現れる。

例文 가게 문을 **닫는 바람에** 돈을 못 벌었어요.
(店仕舞いのために、お金を稼ぐことができませんでした。)

사람들이 **떠드는 바람에** 정신이 나갔었습니다.
(人々が騒ぐので、気が抜けていました。)

아이들이 하도 **조르는 바람에** 그 장난감을 사주고 말았어요.
(子どもたちがあまりにもねだるので、そのおもちゃを買い与えてしまいました。)

친구가 술을 **권하는 바람에** 취하도록 마셨어요.
(友達がお酒を勧めるので、酔うまで飲みました。)

갑자기 **출장가는 바람에** 약속을 못 지켰어요.
(急に出張に行ったので、約束を守れませんでした。)

(10) 반면

Vst(으)ㄴ/는 반면에

後続文が先行文と反対であるとき、 または対照されるとき用いることもあり、先行文の内容以外に他の方面があることを表すとき用いる。 先行文の動詞に制約はなく、冠形詞形の語尾は'－는, (으)ㄴ'だけを用いることができる。後に助詞'－에'が付くが、省略されることもある。

例文 값이 **비싸지 않은 반면에** 질이 안 좋은 것 같아요.
(値段が高くない反面、質が良くないみたいです。)

그 사람은 부지런한 반면에 성격이 급해요.
(その人は勤勉な反面、気が短いです。)

그 직장은 대우를 잘 해 주는 반면에 일이 힘든가 봐요.
(その職場は待遇が良い反面、仕事が大変なようです。)

살다보면 괴로울 때도 있는 반면 즐거울 때도 있습니다.
(暮らしてみると辛いときもある反面、楽しいときもあります。)

그 분은 말이 좀 많은 반면 뒤끝은 없다고 해요.
(その方は少し口やかましい反面、後々まで小言は言わないそうです。)

(11) 법

Vst는/(으)ㄴ 법이다

ある動作や状態が当然であることを表す。主に叙述格助詞'－이다'が付く。

例文 열심히 노력하면 성공하는 법입니다.
(一生懸命努力すれば成功するものです。)

돈을 빌렸으면 당연히 갚아야 하는 법입니다.
(お金を借りたなら当然返さなければならないものです。)

죄를 지으면 벌을 받는 법이지요.
(罪を犯せば罰を受けるものですよ。)

여름은 덥고 겨울은 추운 법입니다.
(夏は暑くて冬は寒いものです。)

자기가 한 대로 대우받는 법입니다.
(自分がしたとおりの待遇を受けるものです。)

AVst는 법이 있다 / 없다

ある事実に対する理致が当然であることを意味する。大体の場合'없다'が用

いられるが、'있다'を用いても反語的疑問文として'없다'を用いた叙述文と同意となる。

例文 굶어 죽으란 법은 없지요.
(飢え死にしろということはないでしょう。)

그는 아무리 욕을 해도 골을 내는 법이 없어요.
(彼はいくら悪口を言っても怒ることがありません。)

원숭이는 나무에서 떨어지지 말라는 법이 있나요?
(猿は木から落ちないという法があるのですか。)

여자만 집안 일을 하라는 법이 있나요?
(女だけが家事をしろという決まりがあるのですか。)

어른 앞에서 담배 피우지 말라는 법이 있나요?
(大人の前ではタバコを吸うなという法があるのですか。)

Vst(으)ㄹ 법하다

ある事実をほとんど当たり前に思うことを表すが、 推測する場合に多く用いられる。先行文に動詞の制約はない。

例文 과로를 했으니, 몸살도 날 법합니다.
(過労で疲れて病気になりそうです。)

학생 신분으로 유흥업소에 드나들었으니, 퇴학을 당할 법도 하죠.
(学生の身分で風俗営業所に出入りしたから退学になりそうでもありますよ。)

거짓말도 그럴 법하게 해야지 누가 믿겠어요?
(嘘も尤もらしくつかなければ、誰が信じますか。)

자식이 부모를 모른다고 하니 될 법이나 한 말이에요?
(子どもが親を知らないなんて、とんでもない話ではありませんか。)

감정 살 만한 말을 했으니 화를 낼 법도 하죠.

(恨みを買うだけのことを言ったから、腹を立てそうでもありますよ。)

(12) 사이

先行文の出来事が起こるか、 状態が持続している途中で後続文の内容がなされることを表す。先行文には動作動詞も状態動詞も用いることができ、後に助詞'－에'が付く。'사이'は'새'に短縮されることもある。

Vst(으)ㄴ/는/(으)ㄹ 사이에

例文 내가 없는 사이에 전화 온 거 없어요?
(私がいない間に電話が来たのはありませんか。)

집이 빈 사이에 도둑이 들었어요.
(家が空いている間に泥棒が入りました。)

사고란 눈 깜짝할 사이에 일어납니다.
(事故とは瞬く間に起こります。)

너무 바빠서 전화할 새가 없었어요.
(あまり忙しくて電話する暇がありませんでした。)

잠깐 눈을 붙인 사이에 친구가 왔었나봐요.
(ちょっとうたた寝をしている間に友達が来ていたようです。)

名詞の修飾語に付いて'時間'や'関係'の概念を表す。

N사이에

例文 너도 1년 사이에 많이 변했구나.
(君も1年の間にずいぶん変わったね。)

그 사람과는 오래 전부터 친구 사이였지요.
(その人とはずっと以前から友達の関係でしたよ。)

우리사이에 차값을 따로 계산할 수는 없지.

(私たちの間でお茶代を別々に払うことはあり得ないよ。)

부부 사이에 이기고 지는 게 어디 있어요?
(夫婦の間に勝ち負けがどこにありますか。)

너와 나 사이는 형제 이상이다.
(君と私の仲は兄弟以上だ。)

(13) 셈

ある事実に対する話し手の評価を表す。また、事実ではないものの話し手が便宜上そう考えるという意味もある。

Vst(으)ㄴ/(으)ㄹ 셈이다

例文 그 학생은 너에 비해 열심히 공부한 셈이지.
(その学生は君に比べて一生懸命勉強したわけさ。)

내년쯤 집을 옮겨 볼 셈입니다.
(来年頃転居してみる積りです。)

다음 주부터 시험이니, 이번 학기도 다 끝난 셈입니다.
(来週から試験だから今学期も全部終わったわけです。)

네가 한번 이기고 내가 한번 이겼으니까 비긴 셈이야.
(君が一度勝ち、私が一度勝ったから引き分けってことだよ。)

빚을 90% 갚았으니 거의 다 갚은 셈입니다.
(借金を90%返したからほとんど全部返したわけです。)

A Vst는/(으)ㄴ/(으)ㄹ 셈치다

ある状況や事実を合理化するか、正当化するにあたり、その基準を話し手が任意に定めて表現するとき用いる。'셈치다'は連結語尾'－고'と共に用いられる場合が多い。

例文 부모를 버린 자식인데, 자식이 없는 셈치세요

(親を捨てた子どもなので、子どもはいない積りでいてください。)

재수하는 셈치고 1년 휴학하기로 했어요.

(浪人する積りで、1年休学することにしました。)

월급을 안 받은 셈치고 불우 이웃을 돕기로 했어요.

(給料をもらわなかった積りで、不遇な隣人を助けることにしました。)

친구에게 속는 셈치고 돈을 꾸어 주었어요.

(友達にだまされる積りで、お金を貸してあげました。)

옷감을 버릴 셈치고 한복을 만들어 봤어요.

(服地を台無しにする積りで、韓国服を作ってみました。)

(14) 일

① 過去に経験した事実や出来事を表す。

Vst(으)ㄴ 일이 있다 / 없다

나는 저 산에 올라간 일이 있습니다.

(私はあの山に登ったことがあります。)

나는 스키를 배운 일이 있어요.

(私はスキーを習ったことがあります。)

대학 입학시험에 떨어진 일이 있습니까?

(大学の入学試験に落ちたことがありますか。)

그 가게에서는 물건 값을 깎아주는 일이 없습니다.

(その店では値引きしてくれることがありません。)

언젠가 그 분을 한번 만난 일이 있는 것 같아요.

(いつかその方に一度会ったことがあるようです。)

② 次のように用いられると、動作が現在進行中であるか、習慣または不変の事実を表すこともある。

Vst는 일이 있다 / 없다

例文 일요일에 가끔 교회에 가는 일도 있습니다.
(日曜日にたまに教会に行くこともあります。)

조심하지 않으면 길에서 넘어지는 일도 있어요.
(気をつけないと道で転ぶこともあります。)

가끔 당구장에서 당구를 치는 일도 있습니까?
(たまにビリヤード場でビリヤードをすることもありますか。)

그 사람은 집에서 공부하는 일이 없습니다.
(その人は家で勉強することがありません。)

그 여자는 화를 내는 일이 없어요.
(彼女は怒ることがありません。)

(15) 정도

N 정도
Vst(으)ㄴ/는/(으)ㄹ 정도

本来'適当な限度'、'一定の分量'または'他の物と比較したときの優劣'を表すもので、大略的な限界を示す。先行文の動詞に制約はなく、名詞の修飾語もとることができる。助詞'ー로'を伴うのが普通であるが、他の助詞を伴う場合もある。

例文 어머니가 화를 내실 정도라면, 얼마나 나쁜 일이었는지 알 수 있어요.
(お母さんがお怒りになるくらいなら、どんなに悪いことであったか分かります。)

기술자가 할 수 있는 정도로는 불가능하지만 최선을 다해 보겠습니다.
(技術者くらいの能力では不可能ですが、最善を尽くしてみます。)

인사불성이 될 정도로 술을 마시면 되겠습니까?
(人事不省になるほどお酒を飲んで、どうするんですか。)

고등학교 정도의 학력이면 취직할 수 있지요.
(高校程度の学力であれば就職できますよ。)

아무리 술을 못해도 맥주 한 잔 정도야 하겠지요.
(いくらお酒が飲めなくても、ビール1杯くらいは飲めるでしょう。)

(16) 지경

ある境遇や立場、 状況に対する話者の感情や感じの程度を表す場合に用いる。

A Vst(으)ㄹ 지경이다

前にくる動詞の意味が否定的であっても、文全体の状況とは直接的な関係がない。

例文 너무 피곤해서 쓰러질 지경입니다.
(あまり疲れて倒れそうです。)

어제는 배가 고파서 죽을 지경이었어요.
(昨日はお腹がすいて死にそうでした。)

물건 값이 너무 비싸서 기가 막힐 지경이에요.
(物の値段が高すぎてあきれるほどです。)

두 사람이 이혼할 지경에 이른 것은 아니에요.
(2人が離婚するに到った訳ではありません。)

보기만 해도 좋아 죽을 지경인가봐요.
(見るだけでも好きでたまらないようです。)

(17) 통

A Vst는 통에

① 後続文の動作が起こることとなる直接的な原因や根拠が先行文にあることを表す。

例文 친구들이 떠드는 통에, 아무 말도 못 들었어요.
(友達が騒ぐので何も聞けませんでした。)

그 사람이 고집부리는 통에 내가 양보를 했지요.
(その人が我を張るので私が譲歩しました。)

아내가 화를 내는 통에, 나도 화가 났지요.
(妻が腹を立てるので私も腹が立ちました。)

문이 갑자기 닫히곤 하는 통에 자주 손을 다쳤습니다.
(ドアが急に閉まったりするのでしばしば手を怪我しました。)

눈코 뜰 새 없이 바쁘게 일하는 통에 서류를 잃어 버렸어요.
(目が回るほど忙しく働くので書類をなくしました。)

② 名詞に付いて'N 통에'の形で用いることができるが、非常に制限的である。

例文 전쟁 통에 가족이 헤어졌어요.
(戦争の渦中で家族が散り散りになりました。)

난리 통에 집을 잃었어요.
(戦乱の最中に家をなくしました。)

북새 통에 서류를 놓고 왔어요.
(どさくさの最中に書類を置いて来ました。)

(18) 후

N 후

A Vst(으)ㄴ 후

先行文と後続文の間には時間的順序があるが、先行文の事件が後続文の事件より先に起こることを表す＊。行動の順序は'－(으)ㄴ 뒤(에)'または'－(으)ㄴ 다음에'を用いればさらにはっきりする。先行文には動作動詞のみが用いられ、名詞の修飾語を用いることもできる。

例文 점심을 먹은 후에 잠깐 쉬어요.

(お昼を食べた後ちょっと休みましょう。)

계획을 세운 후에 실천에 옮기세요.
(計画を立てた後に実践に移しなさい。)

수술을 받은 후부터 몸이 건강해졌습니다.
(手術を受けてから体が健康になりました。)

식사 후에 다시 전화하도록 하지요.
(食事の後にまた電話をすることにします。)

잠시 후에 다시 뵙겠어요.
(しばらくしてからまたお目にかかります。)

* 反対の意味では'-기 전(에)'を用いる。

例文 나는 외출하기 전에 점심을 먹겠어요.
(私は外出する前にお昼を食べます。)

약을 먹기 전에 먼저 진찰을 받으세요.
(薬を飲む前にまず診察を受けてください。)

第三章

代名詞

제 3 장

代名詞

代名詞は人、事物、場所などに代わって表現するとき用いられ、韓国語の代名詞は人称代名詞と指示代名詞に大別することができる。

1. 人称代名詞

人称代名詞には、韓国語の特徴である尊待表現が表れるが、尊待の程度により尊称、平称、下称がある。また3人称には、未知称、不定称があり、知らない人を指す語を未知称、多くの中からある1人を漠然と指す語を不定称という。簡単に表にまとめると次のとおりである。

〈表8〉 人称代名詞

区分	階層	単　　数	複　　数
1人称	尊称		
	平称	나	우리(들)
	下称	저	저희(들)

2人称	尊称	선생, 어른, 자네, 그대, 어르신네	선생들, 어른들, 자네들, 어르신들
	平称	너	너희(들)
	下称		
3人称	尊称	이 분, 그 분, 저 분	이 분들, 그 분들, 저 분들
	平称	이이, 그이, 저이, 그	이들, 이이들, 그이들, 저들, 저이들, 그들
	下称	애, 재, 걔	
	未知称	누, 누구	
	不定称	아무, 아무개	

例文 나는 구두를 샀습니다.
(私は靴を買いました。)

제가 그 분을 만났습니다.
(私がその方に会いました。)

선생은 어디에서 일하십니까?
(先生はどこで働いていらっしゃいますか。)

우리가 직접 일을 합니다.
(私たちが直接仕事をします。)

그분들이 저희에게 길을 물었습니다.
(その方たちが私たちに道を尋ねました。)

누가 누구에게 반말을 하지?
(誰が誰に半語を使うの。)

교실에는 아무도 없습니다.
(教室には誰もいません。)

2. 指示代名詞

指示代名詞は、事物や場所に代わって指示する。近称は話し手に非常に近いものを、中称は大体、聞き手に近いか、すでに前で言及したものを、遠称は話し手と聞き手の両方から遠いものを表す。

また、助詞と共に用いられるときは短縮される場合もあり、短縮形は口語体でよく用いられる。

	事 物	場 所
近 称	이것	여기
中 称	그것	거기
遠 称	저것	저기
未知称	무엇, 어느 것	어디
不定称	아무 것	아무데

이것이 → 이게　이것은 → 이건　이것을 → 이걸
그것이 → 그게　그것은 → 그건　그것을 → 그걸
저것이 → 저게　저것은 → 저건　저것을 → 저걸
여기는 → 여긴　여기를 → 여길
거기는 → 거긴　거기를 → 거길
저기는 → 저긴　저기를 → 저길

例文 이것이(이게) 내 책입니다.
(これが私の本です。)

그것은(그건) 무엇입니까?

(それは何ですか。)

아무 것도 없어요.
(何もありません。)

이것들은 모두 김 선생 그림입니다.
(これらはすべて金先生の絵です。)

여기는(여긴) 서울역입니다.
(ここはソウル駅です。)

저기를(저길) 어떻게 올라가요?
(あそこにはどう上がりますか。)

거기에 무엇이 있습니까?
(そこに何がありますか。)

주말에는 차가 밀려서 아무데도 가기 싫어요.
(週末には車が渋滞するので、どこにも行きたくありません。)

第四章

数 詞

제 4 장

数　詞

名詞の数量や順序を表す単語を数詞というが、量数詞は数量を、序数詞は順序を表す。

1. 量数詞

量数詞は、すべての数の概念の基本になるものである。

アラビア数字	固有語の数詞	漢字語の数詞
1	하나	일
2	둘	이
3	셋	삼
4	넷	사
5	다섯	오
6	여섯	육
7	일곱	칠
8	여덟	팔
9	아홉	구
10	열	십
20	스물	이십
30	서른	삼십
40	마흔	사십

50	쉰	오십
60	예순	육십
70	일흔	칠십
80	여든	팔십
90	아흔	구십
100	백	백
1,000	천	천
10,000	만	만
100,000	십만	십만
1,000,000	백만	백만
10,000,000	천만	천만
100,000,000	억	억

＊100以上は漢字語の数詞を用いる。

1 固有語の量数詞

文章において、数詞が助詞と共に用いられるか、単位を表す依存名詞と共に用いられる。依存名詞と共に用いられる場合は、冠形詞に変わる。

例 빵 하나를 주세요.
数詞
(パンを一つ下さい。)

빵 한 개를 주세요.
冠形詞(数冠形詞)
(パンを1個ください。)

量数詞が冠形詞に変わるものを示すと、次のとおりである。

量数詞		冠形詞
하나	→	한
둘	→	두
셋	→	세
넷	→	네
다섯	→	다섯

：	→	：
：	→	：
열	→	열
스물	→	스무
스물하나	→	스물한
스물둘	→	스물두
스물셋	→	스물세
스물넷	→	스물네
스물다섯	→	스물다섯

例文 사탕 하나 줄까?
(飴1つあげようか。)

이 일은 혼자보다 둘이 하는 것이 낫겠다.
(この仕事は、1人より2人でするのが良いだろう。)

지금 한 시 몇 분이에요?
(今、1時何分ですか。)

교실에 학생 두 명밖에 없어요.
(教室に学生2人しかいません。)

혼자서 술 세 병을 마셨어요.
(1人で酒を3本飲みました。)

고양이가 새끼 네 마리를 낳았어요.
(猫が子どもを4匹産みました。)

また、2つ以上の数詞を合わせて用いる場合もあるが、このときその形態が変わるものがある。

例 커피 한두 잔
(コーヒー1, 2杯)

책 두세 권
(本2, 3冊)

연필 서너 자루
(鉛筆3, 4本)

사과 너댓 개
(りんご4, 5個)

국수 대여섯 그릇
(麺5, 6杯)

선생님 예닐곱 분
(先生6, 7名様)

固有語の量数詞で日付を表すと、下のとおりである。

1	하루 (초하루) *	11	열하루
2	이틀	12	열이틀
3	사흘	13	열사흘
4	나흘	14	열나흘
5	닷새	15	열닷새(보름) *
6	엿새	20	수무날
7	이레	21	스무하루
8	여드레	28	스무여드레
9	아흐레	29	스무아흐레
10	열흘	30	그믐 *

*'초하루'は、一ヶ月の最初の日、'그믐'は、最後の日を意味する。

*'보름'は、15日目と15日間の両方を意味する。

例文 오늘은 5월 초하루에요.
(今日は5月朔日です。)

부산에 가서 사흘 있을 거에요.
(釜山に行って三日います。)

정월 보름은 대보름이라고 해요.
(正月15日は、'대보름'といいます。)

아파서 보름동안 회사에 못 나갔어요.
(体の具合が悪くて、15日間会社に出られませんでした。)

내일이 그믐인데 세금 다 냈어요?
(明日が末日ですが、税金を全部納めしましたか。)

2 漢字語の量数詞

漢字語の量数詞は、用いられる場合が固有語の量数詞とは異なるため、注意しなければならない。例えば年、月、日やお金、外来語などに用いられる。

例			
	1986년 2월 21일	천구백팔십육년 이월 이십일일	1986年2月21日
	41쪽	사십일쪽	41ページ
	1,390원	천삼백구십원	1390ウォン
	제56과	제오십육과	第56課
	3, 4개월	삼, 사개월	3,4ケ月
	4인분	사인분	4人分
	600그램(g)	육백그램	600g
	25킬로미터(km)	이십오킬로미터	25km

2. 序数詞

順序を表すことばである。

1 固有語の序数詞

固有語の序数詞は、'量数詞＋(번)째'の形で順序や回数を表し、量数詞'하나, 둘, 셋, 넷'は'첫, 두(둘), 세(셋), 네'に変わる。'번'を省略することもできるが、10以上では省略することができない。

例		
	첫(번)째	1番目
	두(번)째 → 둘째	2番目
	세(번)째 → 셋째	3番目
	네(번)째 → 넷째	4番目
	다섯(번)째	5番目
	여섯(번)째	6番目
	:	:
	:	:
	열 번째	10番目
	열 한번째	11番目
	열 두번째	12番目

例文 그 분이 **첫번째** 손님입니다.
(その方が1番目のお客様です。)

우리 집은 여기서 **세번째** 집입니다.
(私の家はここから3番目の家です。)

두번째 골목으로 들어오세요.
(2番目の路地を入ってきてください。)

일년 중 **첫번째** 달을 정월이라고 합니다.
(1年の中で1番目の月を正月といいます。)

그 마라톤 선수가 **세번째**로 들어왔습니다.
(そのマラソン選手が3番目に入ってきました。)

2 漢字語の序数詞

漢字語の序数詞は、'제 + 量数詞'の形で番号や順序を表す。

例		
	제일	第1
	제이	第2
	제삼	第3

제사	第4
:	:
:	:
제십	第10
:	:
:	:
제백십이	第112

例文 제육과를 펴 보세요.
(第6課を開いてみてください。)

제십차 UN총회가 열리고 있습니다.
(第10次国連総会が開催されています。)

한국은 나의 제이의 고향입니다.
(韓国は私の第二の故郷です。)

제일차 시험에는 합격했습니다.
(第1次試験には合格しました。)

우리가 왈가왈부할 것이 아니라 제삼자의 말을 들어봅시다.
(私たちがあれこれ言い立てるのではなく、 第三者の話を聞いてみましょう。)

第五章

動　詞

제 5 장

動　詞

動詞は、文の中で叙述語として用いられ、主語についてその動作、性質や状態などを叙述する役割をする。文の主体の動作、自然や物質の作用などを表す動詞を動作動詞といい、主語の性質や状態を表す動詞を状態動詞または形容詞という。

1. 動作動詞

事物の動きや作用を表す。

例文 학생이 학교에 **간다**.
(学生が学校に行く。)

비가 **옵니다**.
(雨が降ります。)

아이가 밥을 **먹습니다**.
(子どもがご飯を食べます。)

나는 노란 색 옷을 **입었습니다**.

(私は黄色の服を着ました。)

강물이 흐른다.
(河水が流れる。)

2. 状態動詞

事物の性質や状態を表す。

例文 이 백화점은 물건값이 쌉니다.
(このデパートは物の値段が安いです。)

오늘 날씨가 매우 좋습니다.
(今日は天気がとても良いです。)

여기에 꽃이 아주 많습니다.
(ここに花がとても多いです。)

저 아이는 예쁩니다.
(あの子はきれいです。)

나에게는 이 색이 어울려요.
(私にはこの色が似合います。)

動作動詞とは異なり、状態動詞は命令形と勧誘形がない。また、動作動詞は'ーㄴ/는다'と語尾活用をするが、状態動詞は語尾'다'だけを取る。したがって状態動詞は、辞書に載っている原形が実際に用いられるが、動作動詞の原形が用いられる例は稀である。

例文 학생들이 학교에 간다.
(学生たちが学校に行く。)

식당에서 밥을 먹어라.
(食堂でご飯を食べなさい。)

날마다 한국말을 열심히 공부하자.
(毎日韓国語を一生懸命勉強しよう。)

이 물건은 질이 좋다.
(この品物は質が良い。)

그 아이의 얼굴은 매우 예쁘다.
(その子どもの顔はとてもきれいだ。)

3. '－이다' 動詞

1 '－이다'動詞は、一つの文の中で主語と叙述しようとする名詞が同格であるか、主語が叙述名詞に含まれる場合に用いられる。'－이다'の前には、大体、名詞が置かれるが、名詞のような役割をする句や節も置くことができる。したがって、'－이다'動詞は、名詞や名詞相当語を叙述語になるようにする叙述格助詞の役割をする。

例文 나는 김영수입니다.
(私はキムヨンスです。)

이것은 책입니다.
(これは本です。)

이 책은 한국말 교과서이다.
(この本は韓国語の教科書だ。)

오늘은 금요일이에요.
(今日は金曜日です。)

오늘 숙제는 5페이지까지입니다.
(今日の宿題は5ページまでです。)

2 '－이다'動詞も状態動詞と同じく活用をする。 終結語尾には叙述形、疑問形、感嘆形があり、そのほかに連結語尾や冠形詞形語尾、名詞形語尾への活用も可能である。時制や尊待形語尾との結合は動作動詞の場合と同じである。

例文 그는 매우 좋은 사람이에요.
(彼はとても良い人です。)

아들이 군인이에요?
(息子が軍人ですか。)

이것은 햅쌀이구나.
(これは新米だね。)

이 일은 네 책임인데 모른 척하기니?
(この仕事は君の責任なのに、知らない振りをする気か。)

아마 금년이 처음일 것이다.
(おそらく今年が初めてだろう。)

네 말이 진정 사실이기를 바란다.
(君の話が本当に事実であることを願う。)

네가 나의 영원한 친구임을 고백하고 싶어.
(君が私の永遠の友であることを告白したい。)

3 '－이다'動詞だけが終結語尾を非常に高めたり低めたりする特別な語尾活用をするが、現在の実生活ではあまり用いられない。
例：'－(이)올시다'、'－(이)로소이다'と'－(이)로다'、'－(이)로구나'

例文 산 뒤에 또 산이로구나.
(山の後ろにまた山だなあ。)

그것은 제 것이올시다.
(それは私のものでございます。)

이는 저의 소원이로소이다.
(これは私の願いでございます。)

보아하니, 그는 틀림없는 선비(이)로군.
(見たところ彼は間違いない学者だね。)

그가 거짓말을 하다니 이상한 일이로다.
(彼が嘘をつくとはおかしなことだなあ。)

4 母音で終わることばの後では、'－이'を省略することができる。

例文 이것은 의자(이)다.
(これは椅子である。)

네가 영자(이)구나.
(君がヨンジャだね。)

키 작은 쪽이 언니(이)로군요.
(背が低いほうがお姉さんですね。)

참 맛있는 사과(이)네요.
(本当においしいりんごですね。)

이게 어제 온 편지(이)야.
(これが昨日来た手紙だよ。)

5 '－이다'の否定形である'아니다'は、状態動詞とみなされ、'－이다'、'아니다'は状態動詞と似た活用をする。

例文 그 일은 제가 할 일인데요.
(その仕事は私がする仕事ですが。)

그럼 내가 걱정할 일이 아니로군.
(では、私が心配することではないね。)

그 사람은 양심 없는 사람은 아닐 거에요.
(その人は良心のない人ではないでしょう。)

학생인데 늘 집에서 놀아요.
(学生なのにいつも家でぶらぶらしています。)

이 기사는 사실이 아님.
(この記事は事実ではない。)

4. '있다' 動詞

'있다'動詞は、主語が存在することを意味するか、何かを所有していることを意味する。'있다'動詞の尊敬語は、存在の意味では'계시다'で、所有の意味では'있으시다'である。

例文 책이 책상에 있어요.
(本が机にあります。)

부모님이 집에 계십니다.
(両親が家にいらっしゃいます。)

너희 회사는 어디에 있니?
(君たちの会社はどこにあるの。)

할머니, 돈이 얼마나 있으세요?
(おばあさん、お金はいくらくらいお持ちですか。)

너, 오늘 할 일이 있니?
(君、今日することがあるか。)

'있다'は、 動作動詞的な要素と状態動詞的な要素を同時に備えており、

動作動詞のように活用して命令形や勧誘形で用いられることもあり、時には状態動詞と同じく活用することもある。

例文 우리가 돌아올 때까지 너는 집에 있어라.
(私たちが帰ってくるまで君は家にいなさい。)

이 가방을 좀 가지고 있어.
(このカバンをちょっと持ってて。)

밖에 나가지 말고 그냥 집에 있읍시다.
(外に出ないでこのまま家にいましょう。)

사장님이 요즘 한국에 안계신데요.
(社長はこの頃韓国にいらっしゃらないのですが。)

돈은 있는데 시간이 없어 여행을 못 갑니다.
(お金はありますが時間がなくて旅行に行けません。)

5. 動詞の活用

1 活用の方法

韓国語の動詞は、語幹と語尾で構成されているが、語幹は変化せず、語尾がいろいろな形態に変化する。このように変化しない語幹に変化する語尾が付いて、文の性格を様々に変えることを活用という。

2 活用の種類

動詞は、活用を通じいろいろな機能を果たすようになるが、その機能により次の＜表9＞のように分類することができる。

〈表9〉 動詞の活用

<table>
<tr><th colspan="3">基本形</th><th>가다</th><th>좋다</th><th>이다</th><th>있다</th></tr>
<tr><td colspan="2" rowspan="5">終結形語尾</td><td>平叙形</td><td>가ㄴ다</td><td>좋다</td><td>이-다</td><td>있-다</td></tr>
<tr><td>疑問形</td><td>가(느)냐</td><td>좋-(으)냐</td><td>이-냐</td><td>있-(느)냐</td></tr>
<tr><td>命令形</td><td>가(아)라</td><td>/</td><td>/</td><td>있-어라</td></tr>
<tr><td>勧誘形</td><td>가자</td><td>/</td><td>/</td><td>있자</td></tr>
<tr><td>感嘆形</td><td>가는구나</td><td>좋구나</td><td>이-구나</td><td>있구나</td></tr>
<tr><td rowspan="5">非終結形語尾</td><td rowspan="3">連結形語尾</td><td>対等的</td><td>가고</td><td>좋-으며</td><td>이-며</td><td>있고</td></tr>
<tr><td>従属的</td><td>가면</td><td>좋으면</td><td>이-면</td><td>있-으면</td></tr>
<tr><td>補助的</td><td>가고 있다</td><td>좋-지 않다</td><td>이-다</td><td>있-지 않다</td></tr>
<tr><td rowspan="2">転成形語尾</td><td>名詞形</td><td>가ㅁ</td><td>좋음</td><td>이-ㅁ</td><td>있-음</td></tr>
<tr><td>冠形詞形</td><td>가는</td><td>좋은</td><td>이-ㄴ</td><td>있-는</td></tr>
</table>

3 活用と接尾辞

動詞は、'語幹＋語尾'から成っているが、語幹と語尾の間に置かれていろいろな文法的機能をする接尾辞がある。これらの接尾辞は、受身、使役、尊敬、時制、相などを表すが、これらがいくつか同時に用いられる場合は、一定の順序により結合される。

例文 어머니께서 아이에게 밥을 **먹이셨습니다**.
(お母さんが子どもにご飯を食べさせられました。)
먹 – 이 – 시 – 었 – 습니다.
語幹 使役 尊敬 時制 語尾

김 선생은 회사에 **갔더군요**.
(金先生は会社に行っていましたね。)
가 – 았 – 더 – 군요.
語幹 時制 時相 語尾

4 不規則動詞

動詞が活用するとき、語幹と語尾が結合する過程で語幹と語尾両方の形態が変わらない動詞を規則動詞といい、形態が変わる動詞を不規則動詞という。不規則動詞の中には、語幹の最後の部分が変化するか、脱落するものもあり、場合によってはある音素が付け加わるもの、語尾が変化するものもある。表で示すと次のとおりである。

〈表10〉 不規則動詞

不規則動詞	変化の様相	例		規則動詞
		動作動詞	状態動詞	
ㅅ 動詞	語幹の末音'ㅅ'が母音の前で脱落する 例：짓 + 어 → 지어	짓다, 붓다, 긋다, 젓다, 잇다	낫다	벗다, 웃다, 씻다, 빗다, 솟다, 빼앗다
ㅂ 動詞	語幹の末音'ㅂ'が母音の前で'오/우'に変わる 例：돕 + 아 → 도와	돕다, 눕다, 깁다, 줍다	고맙다, 춥다, 반갑다, 덥다, 곱다, 맵다, 무겁다, 가볍다, 아름답다	잡다, 뽑다, 씹다, 입다, 접다
ㄷ 動詞	語幹の末音'ㄷ'が母音の前で'ㄹ'に変わる 例：듣 + 어 → 들어	걷다, 묻다, 듣다, 싣다, 긷다, 깨닫다		받다, 닫다, 얻다, 묻다, 믿다, 쏟다
르 動詞	語幹の末音'으'が脱落し、'ㄹ'が付け加わる 例：부르 + 어 → 불러	부르다, 나르다, 고르다, 오르다, 누르다, 흐르다	다르다, 빠르다, 서투르다, 이르다	치르다, 들르다
ㅎ 動詞	語幹の末音'ㅎ'が母音の前で脱落し、語尾'어(아,여)'が'애'に変わる 例：그렇+어서→그래서		그렇다, 빨갛다, 노랗다, 까맣다, 파랗다	좋다, 놓다, 낳다……

ㄹ動詞は活用時、語幹の末音'ㄹ'が'ㄴ, ㅂ, ㅅ'の前で脱落するため、これまでは不規則動詞とみなされてきたが、 最近は脱落現象として処理されている。しかし活用するとき、'ㄹ'が規則的に脱落するため、この章で加えて説明することにする。

(1) 'ㅅ'不規則動詞

① 'ㅅ'不規則動詞は、語幹の末音'ㅅ'が母音の前で脱落する。

種　類	-어(아, 여)요	-(으)면
낫다	나아요	나으면
붓다	부어요	부으면
긋다	그어요	그으면
잇다	이어요	이으면
젓다	저어요	저으면
짓다	지어요	지으면

例文 이제 감기가 다 나았어요.
(もう風邪がすっかり治りました。)

잔에 술을 가득히 부었어요.
(杯にお酒をなみなみと注ぎました。)

금을 똑바로 그으면, 보기가 좋아요.
(線をまっすぐ引くと、見た目が良いです。)

이 줄을 이어서 씁시다.
(この綱をつないで使いましょう。)

집을 지어보면, 얼마나 어려운 일인지 알게 돼요.
(家を建ててみると、どんなに難しいことか分かるようになります。)

② 次の動詞は、語幹の末音が'ㅅ'で終わるが、上の規則に従わない規則動詞である。

例 빼앗다　　벗다　　웃다
씻다　　빗다　　솟다

例文 동생한테서 **빼앗은** 게 뭐에요?
(弟から取り上げたのは何ですか。)

손을 깨끗이 **씻으면** 좋겠는데…
(手をきれいに洗えばいいんだが…)

안경을 **벗으면** 딴 사람같이 보입니다.
(眼鏡を外すと別人のように見えます。)

머리를 예쁘게 **빗었네**.
(髪をきれいに梳かしたね。)

너무 **웃어서** 배가 다 아파요.
(笑い過ぎてお腹までも痛いです。)

(2) 'ㅂ'不規則動詞

① 'ㅂ'不規則動詞は、語幹の末音'ㅂ'が母音の前で脱落し、'오/우'を付け加える。普通、'우'を付け加えるが、'돕다, 곱다'の後に語尾'－아'が来る場合は'오'を付け加える。

種　類	－어(아, 여)요	－(으)면
반갑다	반가워요	반가우면
고맙다	고마워요	고마우면
아름답다	아름다워요	아름다우면
맵다	매워요	매우면
춥다	추워요	추우면
곱다	고와요	고우면
돕다	도와요	도우면

例文 너무 반가우면 눈물이 납니다.
(あまりに嬉しいと涙が出ます。)

지난번에는 참 고마웠어요.
(この間は本当にありがとうございました。)

매운 음식은 싫어요.
(辛い料理は嫌いです。)

저 아름다운 하늘을 보세요.
(あのきれいな空を見てください。)

아이들이 잘 도와 줘요.
(子どもたちがよく手伝ってくれます。)

② 次の動詞は、語幹の末音が'ㅂ'で終わるが、上の規則に従わない規則動詞である。

例 입다　잡다　씹다　넓다　업다
뽑다　접다　좁다　집다　붙잡다

例文 옷을 따뜻하게 입어요.
(服を温かくして着なさい。)

좁은 방에서 여러 사람이 잤습니다.
(狭い部屋で多くの人が寝ました。)

애기를 업어서 재웁니다.
(子どもをおんぶして寝かせます。)

교실에서 껌을 씹으면, 안 돼요.
(教室でガムを噛んだらいけません。)

그 분을 대통령으로 뽑았어요.
(その方を大統領に選びました。)

(3) ‘ㄷ’不規則動詞

① ‘ㄷ’不規則動詞は、語幹の末音‘ㄷ’が母音の前で‘ㄹ’に変わる。

種　類	−어(아, 여)요	−(으)면
걷다	걸어요	걸으면
묻다	물어요	물으면
듣다	들어요	들으면
싣다	실어요	실으면
긷다	길어요	길으면
깨닫다	깨달아요	깨달으면

例文 집에서 학교까지 걸어와요.
(家から学校まで歩いて来ます。)

내가 물으면 대답하세요.
(私が聞いたら答えてください。)

선생님이 들은 대로 이야기해 보세요.
(先生が聞いた通りに話してみてください。)

차에 짐을 많이 실었어요.
(車に荷物をたくさん積みました。)

잘못을 깨달을 때까지 아무 말도 하지 마세요.
(過ちを悟るまで何も言わないでください。)

② 次の動詞は語幹の末音が‘ㄷ’で終わるが、上の規則に従わない規則動詞である。

例 받다　닫다　얻다
믿다　묻다　쏟다

例文 생일날 선물을 받으셨어요?
(誕生日にプレゼントをもらいましたか。)

친구한테서 예쁜 볼펜을 **얻었어요**.
(友達からかわいいボールペンをもらいました。)

쓰레기를 땅에 **묻어** 주세요.
(ゴミを土に埋めてください。)

문을 **닫으면** 먼지가 안 들어와요.
(ドアを閉めるとほこりが入りません。)

내 말을 좀 **믿어** 주십시오.
(私の話しをちょっと信じてください。)

(4) ‘르’不規則動詞

語幹の末音‘으’が母音‘어’の前で脱落し、‘ㄹ’が付け加わって‘어’が‘라’や‘러’に変わる。母音調和により、‘아、오’の後では‘라’、‘어、우、으、이’の後では‘러’となる。(参照214頁)

種　類	－어(아, 여)요
다르다	달라요
빠르다	빨라요
이르다	일러요
서두르다	서둘러요
나르다	날라요
고르다	골라요
부르다	불러요
흐르다	흘러요

例文 물건을 **골라서** 삽니다.
(物を選んで買います。)

택시가 버스보다 훨씬 **빨라요**.

(タクシーがバスよりずっと早いです。)

동양과 서양은 생활습관이 달라요.
(東洋と西洋は生活習慣が違います。)

아무리 불러도 대답이 없군요.
(いくら呼んでも返事がありませんね。)

아버님 생신이 언제인지 몰랐어요.
(お父様の誕生日がいつか知りませんでした。)

(5) 'ㅎ'不規則動詞

① 語幹の末音'ㅎ'が母音の前で脱落し、語尾の'어(아)'は、'애'に変わる。この活用は状態動詞に限られる。(参照214頁)

種　類	-(으)ㄴ	-(으)면	-(으)ㄹ까요?	(으)세요	-어(아, 여)요
어떻다	어떤	어떠면	어떨까요?	어떠세요?	어때요
이렇다	이런	이러면	이럴까요?	이러세요	이래요
그렇다	그런	그러면	그럴까요?	그러세요	그래요
저렇다	저런	저러면	저럴까요?	저러세요	저래요
빨갛다	빨간	빨가면	빨갈까요?	———	빨개요
까맣다	까만	까마면	까말까요?	———	까매요
파랗다	파란	파라면	파랄까요?	———	파래요
하얗다	하얀	하야면	하얄까요?	———	하얘요
노랗다	노란	노라면	노랄까요?	———	노래요

例文 이것이 어떨까요?
(これはどうでしょうか。)

빨간 옷이 노란 옷보다 더 예뻐요.
(赤い服が黄色い服よりかわいいです。)

그러면 우리 어디로 갈까요?

(それでは私たちどこに行きましょうか。)

어떤 색을 좋아하세요?
(どんな色がお好きですか。)

그러시면, 언제 만날까요?
(そうしましたら、いつ会いましょうか。)

② 次の動詞は語幹の末音が‘ㅎ’で終わるが、上の規則に従わない規則動詞である。

例 많다　괜찮다　낳다
싫다　좋다　넣다…

例文 많은 사람이 초대를 받았습니다.
(多くの人が招待を受けました。)

그 부인이 어제 아들을 낳았어요.
(その婦人が昨日男の子を産みました。)

싫어도 싫은 척을 하지 않는군요.
(嫌でも嫌なふりをしないですね。)

그 사람은 괜찮은 사람이에요.
(その人はいい人です。)

좀더 좋은 생각은 없나요?
(もう少し良い考えはないのですか。)

(6) ‘ㄹ’脱落現象

子音で終わる語幹は、媒介母音‘으’を必要とする場合があるが、子音‘ㄹ’は‘으’を必要としない。語幹の末音‘ㄹ’が‘ㄴ, ㅂ, ㅅ’の前で脱落する。

種 類	-ㅂ/습니다	-(으)세요	-는
알다	압니다	아세요	아는
놀다	놉니다	노세요	노는
만들다	만듭니다	만드세요	만드는
팔다	팝니다	파세요	파는
들다	듭니다	드세요	드는
살다	삽니다	사세요	사는
열다	엽니다	여세요	여는
울다	웁니다	우세요	우는
쓸다	씁니다	쓰세요	쓰는

例文 **아는** 사람을 만났어요.
(知り合いに会いました。)

아이들이 밖에서 **놉니다**.
(子どもたちが外で遊びます。)

집에서 빵을 **만드십니까?**
(家でパンを作られますか。)

돈을 조금 **법니다**.
(お金を少し稼ぎます。)

사과를 **파는** 아줌마가 예뻐요.
(りんごを売っているおばさんがきれいです。)

第六章

冠 形 詞

제 6 장

冠形詞

冠形詞は、単独で用いることができず、常に名詞の前に置かれ、その名詞を修飾する品詞であり、次のように三つに分けることができる。

指示冠形詞 : 이, 그, 저, 다른, 전
性状冠形詞 : 새, 헌, 옛, 갖은
数冠形詞 : 한, 두, 서너, 모든, 석

1. 指示冠形詞

どれであるかを指示する冠形詞である。

例文 이 아이는 제 동생입니다.
(この子は私の弟です。)

저 버스가 동대문에 갑니다.
(あのバスが東大門に行きます。)

요 꼬마가 노래를 잘 해요.

(このちびっ子が歌を上手に歌います。)

2. 数冠形詞

事物の数量や順序を表す冠形詞である。

例文 책 한 권에 얼마입니까?
(本1冊でいくらですか。)

세 여자가 모이면 어떨까요?
(3人の女性が集まればどうでしょうか。)

여러 사람이 힘을 쓰면 모든 일을 쉽게 할 수 있어요.
(多くの人が力を合わせると、何でも簡単にできます。)

뭐니 뭐니 해도 건강이 첫째입니다.
(何と言っても健康が第一です。)

3. 性状冠形詞

事物の表と裏の性質や状態を'どのような'の形式で修飾する冠形詞である。

例文 나는 오늘 새 옷을 한벌 샀습니다.
(私は今日、新しい服を一着買いました。)

여름에는 날 생선을 조심하세요.
(夏は生魚に用心してください。)

인간은 사회적 동물입니다.
(人間は社会的動物です。)

풋 나물 냄새가 향긋하지요.
(若菜の匂いが香ばしいですよ。)

冠形詞の前に他の冠形詞が置かれる場合もあるが、 これは後の冠形詞を修飾するのではなく、その次の名詞を修飾するものである。

例文 이 새 집은 제 친구의 집입니다.
(この新しい家は私の友達の家です。)

한 외 기러기가 날아가는구나.
(一羽の孤雁が飛んで行くね。)

어느 한 남자가 집을 보러 왔었어요.
(ある1人の男が家を見に来ていました。)

무슨 날 음식을 먹었길래 배탈이 났니?
(何の生の料理を食べて腹をこわしたの。)

그런 민족적인 동기가 3.1운동을 일으키게 했다고 봐요.
(そのような民族的な動機が、3.1運動を起こさせたと思います。)

第七章

副　詞

제 7 장

副詞

副詞は、動詞のみならず、冠形詞、数詞、代名詞、副詞または文章を限定して修飾する役割をするが、意味によって分類することもでき、単語形成の方法によって分類することもできる。

例文 그건 바로 너 때문이야.(代名詞修飾)
(それはまさに君のせいだ。)

아주 낡은 옷을 버렸어요.(動詞修飾)
(とても古い服を捨てました。)

바로 옆집에 살고 있어요.(冠形詞修飾)
(すぐ隣の家に住んでいます。)

오직 하나 바라는 것이 있어요.(数詞修飾)
(ただ一つ願いがあります。)

가장 일찍 온 학생이 누구에요?(副詞修飾)
(一番早く来た学生は誰ですか。)

1. 意味による分類

1 時間副詞

時間の前後関係を表す。

例文 나는 어제 다방에서 김 선생을 만났어요.
(私は昨日、喫茶店で金先生に会いました。)

겨울이 되어서 이제 날씨가 추워질 거에요.
(冬になったので、もう寒くなるでしょう。)

저는 내일 부산에 출장을 가려고 합니다.
(私は明日、釜山に出張しようと思います。)

고향을 떠난 지 벌써 1년이 지났습니다.
(故郷を離れてから、もう1年が過ぎました。)

나는 머리가 아파서 요즈음 공부를 못했습니다.
(私は頭が痛くて、最近勉強できませんでした。)

注意 : '어제, 오늘, 내일, 모레, 지금'は、名詞として用いることもある。

例文 어제가 내 생일이었습니다.
(昨日が私の誕生日でした。)

내 동생의 생일은 오늘입니다.
(私の弟の誕生日は今日です。)

내일은 일요일입니다.
(明日は日曜日です。)

지금은 일곱 시 오 분 전입니다.
(今は7時5分前です。)

2 頻度副詞

動作や状態が発生する頻度を表す。

例文 저는 가끔 김 선생과 같이 영화 구경을 갑니다.
(私はたまに金先生と一緒に映画を見に行きます。)

그 사람은 다시 만나고 싶지 않아요.
(その人とは二度と会いたくありません。)

저는 요즈음 자주 시장에 갑니다.
(私はこの頃しばしば市場に行きます。)

소나무는 늘 푸릅니다.
(松の木はいつも青いです。)

어제 책을 샀는데, 오늘 또 샀습니다.
(昨日本を買いましたが、今日また買いました。)

3 一般副詞

一般的に広く用いられるもので、それぞれが特別な意味を表す。

例文 우리들은 모두 연세대학교 학생입니다.
(私たちは皆延世大学の学生です。)

어제 어머니와 함께 시장에 갔습니다.
(昨日母と一緒に市場に行きました。)

김 선생과 이 선생은 서로 좋아합니다.
(金先生と李先生はお互いに好きです。)

배가 아픈데, 약을 좀 주시겠어요?
(お腹が痛いですが、薬をちょっとくださいますか。)

어젯밤에는 겨우 세 시간 잤어요.
(昨夜はかろうじて3時間寝ました。)

저 아이는 공부를 잘 합니다.

(あの子は勉強がよくできます。)

일이 끝났으니까 어서 집으로 돌아 갑시다.
(仕事が終わったから早く家に帰りましょう。)

'그리, 전혀, 별로, 결코, 여간, 절대로' などは、常に否定形と共に用いられる。

例文 내가 하는 일은 그리 어렵지 않습니다.
(私がしている仕事はそれほど難しくありません。)

배가 아파서 아침 밥을 전혀 먹지 못했습니다.
(お腹が痛くて、朝食を全く食べられませんでした。)

나는 그 사람은 별로 좋아하지 않아요.
(私は、その人は別に好きではありません。)

결코 나쁜 일은 하지 않겠습니다.
(決して悪いことはしません。)

친구와 헤어지니까, 여간 슬프지 않습니다.
(友達と別れるから並大抵の悲しみではありません。)

4 程度副詞

程度を表す。

例文 그 사람은 노래를 아주 잘 부릅니다.
(その人は歌をとても上手に歌います。)

겨울은 가을보다 훨씬 더 춥습니다.
(冬は秋よりずっと寒いです。)

저는 퍽 오랫동안 고향에 가지 못했습니다.
(私は非常に長い間、故郷に帰ることができませんでした。)

김 선생은 영어를 꽤 잘 합니다.
(金先生は英語がかなり上手です。)

설악산의 경치는 매우 아름답습니다.

(雪岳山の景色はとても美しいです。)

2. 単語の形成方法による分類

副詞を単語形成の方法により分類すると、 もともと副詞として機能するものと他の単語(名詞、動詞など)に派生接尾辞が付いて派生したものとに大別することができる。

単語の形成方法による副詞の分類
本来の副詞：꽤, 여간, 더, 차라리, 퍽
派生副詞　：같이, 당연히, 정말로, 멀리

1 本来の副詞

語源的に見てもともと副詞としてのみ機能するものをいう。

例 여간, 오히려, 얼른, 가끔, 다시, 늘, 이미, 벌써, 더, 퍽, 꽤…

例文 그 소식을 벌써 들어 알고 있습니다.
(その便りをすでに聞いて知っています。)

밤보다 오히려 낮이 시원하더군.
(夜よりむしろ昼が涼しかったね。)

고향에 가시게 되어 여간 기쁘시지 않겠습니다.
(故郷にいらっしゃることになって並大抵の喜びではございませんでしょう。)

흐리다가 가끔 한두 차례 비가 올 겁니다.
(曇りで、時に1,2回雨が降るでしょう。)

꾸물대지 말고 얼른 따라오너라.

（ぐずぐずしないで早くついて来なさい。）

2 派生副詞

語根や語幹に副詞化の接尾辞'－이, －리, －히, －오/우, －로'などが付いてできた副詞をいう。

－이

(1) 動詞の語根に'－이'が付いて副詞になる場合

① 'ㅂ動詞'（参照108頁）が副詞になる場合、

곱다 → 고이, 쉽다 → 쉬이, 탐스럽다 → 탐스러이

例 반가이, 새로이, 가까이, 외로이, 자유로이

② '－하다'で終わらない状態動詞が副詞になる場合

없다 → 없이, 같다 → 같이, 깊다 → 깊이

例 높이, 길이, 많이, 헛되이, 바삐, 슬피

(2) 反復された語根に'－이'が付いて副詞になる場合

번번+이 → 번번이, 쌍쌍+이 → 쌍쌍이

例 나날이, 집집이, 곳곳이, 면면히, 낱낱이, 푼푼이

(3) 副詞にさらに'－이'が付いて副詞になる場合

일찍+이 → 일찍이

例 더욱이

(4) 語根が終声'ㅅ'で終わっている場合

例 방긋이, 깨끗이, 느긋이, 어렴풋이, 꿋꿋이, 반듯이

例文 그녀는 어떤 가정에서인지 고이 잘 자랐어요.
(彼女はどんな家庭で育ったのか苦労を知らず素直に育ちました。)

탐스러이 피어 있는 그 꽃 이름은?

(魅力的に咲いているその花の名前は？)

큰어머님께서 반가이 맞아 주셨습니다.
(伯母が喜んで迎えてくださいました。)

한 푼도 없이 집을 떠났습니다.
(一文無しで家を出ました。)

그 분의 도움에 깊이 감사하고 있습니다.
(その方の助けに深く感謝しています。)

이건 할아버지께서 물려주신 것이니까 길이 간직할 것입니다.
(これは祖父が譲ってくれたものだから、いつまでも大切に仕舞っておきます。)

번번이 신세를 지는 사람에게 다시 신세를 지게 됩니다.
(毎回お世話になる人にまた世話をかけることになります。)

나날이 발전해 가는 이때, 고루한 생각을 좀 버리시오.
(日増しに発展していくこの時代、固陋な考えなど捨てなさい。)

푼푼이 모아 둔 돈을 아들이 다 탕진해 버렸습니다.
(少しずつ蓄えておいたお金を息子がすべて蕩尽してしまいました。)

일찍이 우리 나라에 이런 일은 없었다.
(かつてわが国にこのようなことはなかった。)

이 독에 가득이 담겨 있던 쌀이 어디 갔을까?
(このかめにいっぱい入っていた米がどこへ行ったのだろうか。)

-리

本来'르'動詞(参照111頁)である状態動詞の語幹が副詞になるとき、 語幹の末音'으'が脱落し、'ㄹ'が付け加わって'-리'が付く。

빠르다 → 빨리, 다르다 → 달리

例 게을리, 널리, 배불리

例文 거북이보다 토끼가 **빨리** 달릴걸.
(亀よりうさぎが早く走るだろう。)

달리 보아 둔 신부감이 있습니까?
(他に目星を付けた花嫁候補がいますか。)

게을리 굴다가 입학 시험에 떨어졌습니다.
(怠けていて入学試験に落ちました。)

그 헛소문이 **널리** 퍼지고 말았어요.
(その根も葉もないうわさが普く広まってしまいました。)

－히

漢字語の語根に'－하다'が付いてできた状態動詞を副詞化するためには、語根に'－히'を付ける。これはその派生の範囲がかなり広い。

족하다 → 족히, 공손하다 → 공손히, 심하다 → 심히

例 상당히, 자연히, 충분히, 안녕히, 귀히, 급히, 대단히

固有語の語根に'－하다'が付いて状態動詞になったものも'－히'が付いて副詞化される。

例 부지런하다 → 부지런히, 쓸쓸하다 → 쓸쓸히
느슨히, 골똘히, 거뜬히, 꼼꼼히, 알뜰히, 천천히, 뻔히, 가득히, 똑똑히, 딱히

例文 **공손히** 인사하는 법을 배워야겠구나.
(丁寧にあいさつする方法を学ばなければならないね。)

시간이 **상당히** 흘렀는데 그 일을 잊을 수가 없어요.
(時間がかなり過ぎたのに、そのことを忘れられません。)

이 문제는 시간을 **충분히** 갖고 생각해 봅시다.
(この問題は時間を十分にかけて考えてみましょう。)

그는 무언가 **골똘히** 생각하고 있다.

(彼は何か熱心に考えている。)

좋지 않은 결과가 나올 줄 **뻔히** 알면서 그 일에 손을 대다니 알 수 없군요.
(良くない結果が出ることを確かに分かっていながら、その仕事に手をつけるなんて理解できないですね。)

－(으)로

大体、名詞に'－(으)로'が付いて副詞になる場合がある。

정말 ＋ 로 → 정말로, 실제 ＋ 로 → 실제로, 때때 ＋ 로 → 때때로

例 억지로, 참으로, 날로

例文 서울의 모습은 **실제로** 많이 달라졌다.
(ソウルの姿は実際大いに変わった。)

오늘은 **때때로** 소나기가 온다고 했습니다.
(今日は時々にわか雨が降ると言いました。)

하기 싫은 일을 어떻게 **억지로** 할 수 있겠습니까?
(したくない事をどうやって無理にすることができますか。)

남을 돕기란 **참으로** 어려운 일입니다.
(人を助けるとは本当に難しいことです。)

우리 회사는 **날로** 발전하고 있습니다.
(我が社は日増しに発展しています。)

3 未知称副詞

疑問の意味または不定の意味で用いられる副詞である。

例文 나무가 **왜** 말랐을까요?
(木がなぜ枯れたのでしょうか。)

어디에 갔었어요?
(どこに行っていましたか。)

그 사람이 어디에 가고 없어요.
(その人がどこかに行っていません。)

영수가 아직 안 일어났니?
(ヨンスはまだ起きてないの?)

난 그 일 못 해.
(私はその仕事できない。)

4 接続副詞

接続副詞は、単語と単語、文章と文章をつなげる役割をする。韓国語の接続副詞は、本来'그러하다, 그리하다'などの動詞が活用してできたものもあるが、一つの新しい単語として成り立っている。すなわち、'그리고, 그러나, 그러면, 그래서, 그런데, 즉, 곧, 및, 혹은, 또는'などがある。ここでは、そのいくつかを取り上げることとする。

그리고

先行文と後続文の内容には関係なく対等な関係で連結するか、 先行文に新しい内容を付け加える場合に用いられる。

例文 책 그리고 연필도 주세요.
(本そして鉛筆もください。)

제 이름은 숙희에요. 그리고 제 친구 이름은 영희구요.
(私の名前はスッキです。そして私の友達の名前はヨンヒですよ。)

그 사람은 마음이 좋습니다. 그리고 얼굴도 예뻐요.
(その人は気立てが良いです。そして顔もきれいです。)

김 선생님은 영어를 잘 합니다. 그리고 수학도 잘 합니다.
(金先生は英語が上手です。そして数学もよくできます。)

동생은 중학교에 다닙니다. 그리고 형은 고등학교에 다닙니다.
(弟は中学に通っています。そして兄は高校に通っています。)

先行文と後続文の内容が順番に起こる場合にも用いられる。

例文 아침을 먹었습니다. 그리고 학교에 갔습니다.
(朝食を食べました。そして学校に行きました。)

어제 친구를 만났습니다. 그리고 같이 다방에 가서 커피를 마셨습니다.
(昨日友達に会いました。 そして一緒に喫茶店に行ってコーヒーを飲みました。)

책을 샀습니다. 그리고 그날 밤 책을 다 읽었습니다.
(本を買いました。そしてその日の夜、本を全部読みました。)

30분 동안 쉬겠습니다. 그리고 다시 공부하겠습니다.
(30分間休みます。そしてまた勉強します。)

그 집에 전화를 했어요. 그리고 30분 후에 갔는데 집에 없더군요.
(その家に電話をしました。そして30分後に行ったのに家にいませんでしたよ。)

그러나

前後の文の内容が反対であるか、対立する場合に用いられる。'그렇지만'で代置することができる。

例文 그 여자는 얼굴이 밉습니다. 그러나 마음이 곱습니다.
(彼女は顔が醜いです。しかし気立てが優しいです。)

그 분은 몹시 가난합니다. 그러나 마음은 부자입니다.
(その方は非常に貧しいです。しかし心は豊かです。)

오늘은 학교에 가는 날입니다. 그러나 집에서 쉬겠습니다.
(今日は学校に行く日です。しかし家で休みます。

벌써 밤 12시입니다. 그렇지만 아직 할 일이 많습니다.
(もう夜12時です。だけどまだすることがたくさんあります。)

나는 짠 음식을 좋아합니다. 그렇지만 그 분은 좋아하지 않습니다.

(私は塩辛い料理が好きです。だけどその方は好きではありません。)

그러면

先行文が後続文に対する条件になり、 後続文で先行文について説明または解説をする場合に用いられる。

例文 지금 몇 시입니까?
(今、何時ですか。)
오전 8시 30분입니다.
(午前8時30分です。)
그러면 출근해야겠습니다.
(それでは出勤しなければなりません。)

오늘 시간이 있습니까?
(今日、時間がありますか。)
미안합니다. 오늘은 좀 바쁩니다.
(すみません。今日はちょっと忙しいです。)
그러면 내일은 어떻습니까?
(それでは明日はどうですか。)

장 선생님, 학생들이 왔습니다.
(張先生、学生たちが来ました。)
그래요? 그러면 수업을 시작합시다.
(そうですか。それでは授業を始めましょう。)

우유는 소화가 잘 안 되는데요.
(牛乳は消化がよくできませんが。)
그러면 다른 걸로 시키죠.
(それでは他のものを注文しましょう。)

그 식당은 늘 만원입니다.
(その食堂はいつも満員です。)
아, 그렇습니까? 그러면 미리 예약을 합시다.
(あ、そうですか。それでは予め予約をしましょう。)

그래서

先行文が後続文の理由や原因を表す。

例文 배가 아픕니다. 그래서 굶었습니다.
(お腹が痛いです。それで食事を抜きました。)

물건 값이 비쌉니다. 그래서 사지 않았습니다.
(物の値段が高いです。それで買いませんでした。)

첫눈이 내렸습니다. 그래서 기분이 좋아요.
(初雪が降りました。それで気分が良いです。)

그 분은 외국사람입니다. 그래서 한국말을 못합니다.
(その方は外国人です。それで韓国語ができません。)

이 짐은 너무 무겁습니다. 그래서 혼자 들 수 없군요!
(この荷物は重過ぎます。それで1人で持つことができませんね。)

그런데

先行文の内容を認めるが、その内容に対して後続文が反対、対立する内容である場合に用いられる。

例文 비가 옵니다. 그런데 우산이 없군요.
(雨が降ります。ところが傘がないですね。)

내일은 시험이 있습니다. 그런데 공부를 하지 못했습니다.
(明日は試験があります。ところが勉強をすることができませんでした。)

신문을 샀습니다. 그런데 아직 읽지 못했습니다.

(新聞を買いました。ところがまだ読めませんでした。)

빨간 연필은 있습니다. 그런데 까만 연필은 없습니다.
(赤い鉛筆はあります。ところが黒い鉛筆はありません。)

그 분을 한 번 만난 일이 있습니다. 그런데 이름을 잊었어요.
(その方に一度会ったことがあります。ところが名前を忘れました。)

(2) 先行文の内容について他のことばに転換するか、補充、説明する場合に用いられる。

例文 책상 위에 잡지가 있습니다. 그런데 그 잡지는 동생이 찾던 것이었습니다.
(机の上に雑誌があります。ところがその雑誌は弟が探していたものでした。)

어제는 외식을 했습니다. 그런데 거기서 초등학교 동창을 만났습니다.
(昨日は外食をしました。ところがそこで小学校の同窓生に会いました。)

지난 주말에 소설을 읽었습니다. 그런데 그 책은 전쟁에 관한 것이었습니다.
(先週末に小説を読みました。ところでその本は戦争に関するものでした。)

어제 친구를 만났습니다. 그런데 그 친구는 벌써 결혼을 했더군요.
(昨日友達に会いました。ところがその友達はすでに結婚していましたよ。)

작년에 집을 하나 샀습니다. 그런데 그 집은 문제가 많았습니다.
(去年家を一軒買いました。ところがその家は問題が多かったです。)

그래도

先行文の内容を認めるか、譲歩するが、後続文が必要であることを表す。また、先行文の状況では予想できない結果を後続文に表すこともある。

例文 한국말이 어렵습니다. 그래도 배우겠습니다.
(韓国語は難しいです。それでも学びます。)

오늘은 피곤합니다. 그래도 이 일은 끝내겠습니다.
(今日は疲れています。それでもこの仕事は終えます。)

김치는 아주 맵습니다. 그래도 한국사람은 잘 먹습니다.
(キムチはとても辛いです。それでも韓国人はよく食べます。)

공부를 열심히 하지 않았습니다. 그래도 시험은 잘 봤습니다.
(勉強を一生懸命しませんでした。それでも試験はよくできました。)

내일은 토요일입니다. 그래도 출근해야 합니다.
(明日は土曜日です。それでも出勤しなければなりません。)

그러니까

先行文の理由に対する結果を表す後続文が来る場合に用いられる。

例文 세상은 무서워요. 그러니까 말조심 하세요.
(世間は怖いです。だからことば遣いに注意してください。)

한국말을 빨리 배우고 싶지요? 그러니까 한국말로 하세요.
(韓国語を早く覚えたいでしょう?だから韓国語で話してください。)

객지 생활이 힘들죠. 그러니까 고향으로 돌아가세요.
(異郷の生活は大変でしょう。だから故郷に帰りなさい。)

이 반찬은 짜요. 그러니까 조금씩 잡수세요.
(このおかずは塩辛いです。ですから少しずつお召し上がりください。)

내일 결승전이 있습니다. 그러니까 일찍 자야 해요.
(明日決勝戦があります。だから早く寝なければなりません。)

그러면서

先行文の動作や状態に加えて後続文の内容を連結する場合に用いられる。

例文 선생님이 이 책을 주셨습니다. 그러시면서 내일까지 읽으라고 하셨습니다.
(先生がこの本をくださいました。 そうして、 明日まで読みなさいとおっしゃいました。)

어머님은 외출하셨습니다. 그러면서 좀 늦게 돌아오시겠다고 말씀하셨습니다.
(お母様は外出されながらちょっと遅く帰ってこられるとおっしゃいました。)

일이 너무 힘들다고 합니다. 그러면서 쉬게 해 달라고 합니다.
(仕事があまりに大変だと言いながら休ませてくれと言います。)

내일은 애기 돌이라고 합니다. 그러면서 저녁을 같이 먹자고 합니다.
(明日は赤ちゃんの1歳の誕生日だと言いながら夕食を一緒に食べようと言います。)

인형을 저에게 주었습니다. 그러면서 생일을 축하한다고 했습니다.
(人形を私にくれました。そうして、誕生日おめでとうと言いました。)

그렇지 않아도

先行文の内容について、話し手自身が既にそのように考えているか、行動しようとしたことを後続文に表す場合に用いる。'그러지 않아도'で代置することができる。後続文の動詞の語尾は、大体'-(으)려고 했다, -(으)려던 참이다, -고 싶었다'などを用いる。

例文 가 : 여기 콜라가 있으니 드세요.
(ここにコーラがあるからお飲みください。)
나 : 그렇지 않아도 음료수를 사러 가려고 했습니다.
(そうでなくても飲料水を買いに行こうと思っていました。)

가 : 이것 좀 가르쳐 주세요.
(これちょっと教えてください。)
나 : 그렇지 않아도 나도 이것을 물으려던 참이었어요.
(そうでなくても私もこれを尋ねようと思っていたところでした。)

가 : 꽃을 좀 꽂으세요.
(花をちょっと挿してください。)
나 : 웬 꽃이야? 그러지 않아도 꽃을 사려고 했는데.
(お花なんて、どうしたの？それでなくとも花を買おうと思っていたのに。)

가 : 김 선생님 계세요?
(金先生いらっしゃいますか。)
나 : 어서 오세요. 그러지 않아도 한 번 뵙고 싶었어요.
(ようこそいらっしゃいました。 それでなくとも一度お目にかかりたかったです。)

즉

先行文の文や単語の内容をさらに強調して、'ほかではなくつまり、まさにそれが、さらに言う必要もなく、そのようなときは、そのようになるときは'の意味で用いる。

例文 두 가지가 다르다. 즉 양과 질의 문제이다.
(二つは違う。すなわち、量と質の問題だ。)

5 擬声副詞と擬態副詞

事物の形や態度、動作、音を象徴して表現することばである。すなわち、動作や態度を真似て音声で表現したものを擬態語といい、 動物や自然界の音を真似たものも擬声語という。 擬態語の中には名詞や状態動詞もあるが、副詞が最も多い。

擬態語：반짝반짝, 슬슬, 깡충깡충, 흔들흔들……
擬声語：드르렁드르렁, 졸졸, 짤랑짤랑, 펄럭펄럭……

例文 아기가 나를 보고 방긋방긋 웃어요.
(赤ちゃんが私を見てにこにこ笑います。)

학생들이 옹기종기 모여서 뭘 하고 있네요.
(学生たちが愛らしく集まって何かしていますね。)

포도가 주렁주렁 열려 보기 좋군요.
(ぶどうがふさふさしていて見た目がいいですね。)

코 고는 소리가 드르렁드르렁 시끄럽군요.
(いびきの音がぐうぐうとうるさいですね。)

감기에 걸려서 하루종일 콜록콜록 해요.
(風邪を引いて一日中ごほんごほんとしています。)

3. 語尾の活用による動詞の副詞形

動詞に副詞形の語尾'－게'が付いて副詞のような機能をする。しかし、この場合には、'－게'が付いた動詞が完全に副詞に派生した訳ではなく、動詞でありながら副詞の機能をするものである。したがって、辞書に原形として載っている動詞の語幹に'－게'を付けたものである。そしてこれは、ほとんどすべての状態動詞に付くことができる。

크다 → 크 ＋ 게 → 크게, 차다 →차게, 놀랍다 → 놀랍게

例 푸르게, 나쁘게, 다르게

例文 그 사람은 사업을 해도 크게 할 사람이야.
(その人は事業をしても大きくする人だ。)

감기에 걸렸을 때는 몸을 따뜻하게 해야 돼요.
(風邪を引いたときは体を温かくしなければなりません。)

그 선수는 공을 정확하게 넣습니다.
(その選手はボールを正確に入れます。)

한국의 가을 하늘은 유난히 **푸르게** 보입니다.
(韓国の秋空は特に青く見えます。)

그 아이가 일 년 동안에 **놀랍게** 자랐습니다.
(その子が1年の間に驚くほど大きくなりました。)

4. 副詞の位置

副詞は、文の中で修飾することばのすぐ前にくるのが一般的である。したがって、副詞の位置は、文を修飾する場合は文の前に置き、動詞や他の副詞を修飾する場合はその前に置くのが自然である。副詞の位置を間違えると文の意味が正確に伝わらないためである。

例文 **다행스럽게**, 철수는 감기가 다 나았습니다.
(幸い、チョルスは風邪がすっかり治りました。)

내일 친구가 우리 집에 **오기로** 했습니다.
(明日、友達がわが家に来ることにしました。)

주말에는 **가끔** 영화 구경을 합니다.
(週末にはたまに映画をみます。)

아침에 밥을 **너무 많이** 먹었어요.
(朝食をあまりにたくさん食べました。)

김 선생과 이 선생은 **서로** 도우면서 지냅니다.
(金先生と李先生は助け合いながら付き合っています。)

第八章

感 嘆 詞

제 8 장

感嘆詞

感嘆詞は活用せず、後に助詞が付かないという特徴を持っている。また、文の中でその位置が比較的自由であるため、独立語に属する。感嘆詞の用法は大体、次の三つに分けることができる。

1. 話し手の本能的な驚きや感じを表す。

例文 어머나, 벌써 점심 때가 되었네요.
(あらまあ、もうお昼時になりましたね。)

뭐, 사고가 났다고?
(なに、事故が起きたって？)

오! 하나님, 감사합니다.
(おお神様、ありがとうございます。)

아니, 누가 그런 말을 해요?
(えっ、誰がそんなことを言うのですか。)

아이, 깜짝이야.
(ああ、びっくりした。)

와, 경치가 그만이네요.
(わあ、景色が最高ですね。)

야, 하늘에 별들이 반짝 반짝 빛나네요.
(やあ、空に星がキラキラと輝いていますよね。)

흥, 자기는 뭘 그렇게 부지런하다구.
(ふん、自分の何がそんなに勤勉だといって。)

글쎄, 그게 사실이라면 큰일이죠 뭐.
(そうだね、それが事実であれば大変ですよね。)

2. 他人を呼ぶか、答える場合に用いる。

例文 여러분, 나를 믿어보세요.
(皆さん、私を信じてみてください。)

여보게, 잠깐 만나세.
(ねえ、ちょっと会いましょう。)

야, 네 이름이 영철이 맞지? 몰라보게 컸네.
(おい、君の名前はヨンチョルだろう？見違えるほど大きくなったね。)

예, 오늘 오후에 회의에 갈 거에요.
(はい、今日の午後に会議に行きます。)

3. 話すとき、口癖のように出る単語がある。

例文 저 분을 어디서 만났더라. 어, 생각이 안 나는데요.
(あの方にどこで会いましたっけ。あれ、思い出せませんが。)

과장님, 저, 이 일은 내일 해도 늦지 않겠죠?
(課長、あの、この仕事は明日しても遅くないでしょう？)

얘, 이렇게 하면 어때? 음, 다음 주에 다시 의논하자.
(おい、こうしたらどう？ ううん、来週にもう一度相談しよう。)

第九章

助　詞

제 9 장

助　詞

助詞は、主に体言に付いて格を決定し、文の中でそのことばと他のことばとの一定の文法的関係を表すが、体言のほかに副詞、副詞格助詞、連結語尾、他の助詞にも付く。機能により分類すると次のように格助詞、接続助詞、補助詞に分けられる。

〈表11〉 助 詞

分類		形態
格助詞	主格助詞	이/가, 께서, 에서
	目的格助詞	을/를
	補格助詞	이/가
	冠形格助詞	의
	副詞格助詞	에, 에게, 한테, 께, 에서, 에게서, 한테서, 로
	呼格助詞	아/야 / (이)여
接続助詞		와/과, 하고, 에(다), (이)며, (이)랑
補助詞		은/는 도 만, 뿐 까지, 마저, 조차 부터 마다 (이)야 (이)나, (이)나마

1. 格助詞

先行する名詞に一定の資格を持たせる助詞を格助詞という。格助詞には、主格、目的格、補格、冠形格、副詞格、呼格助詞がある。

1 主格助詞

'－이/가, －께서, 에서'

一つの文の主語であることを表す助詞である。先行名詞の最後の音節に終声があれば'이'、終声がなければ'가'が付く。

例文 눈이 옵니다.
(雪が降ります。)

꽃이 예쁩니다.
(花がきれいです。)

버스가 달립니다.
(バスが走ります。)

죽느냐 사느냐가 문제입니다.
(死ぬか生きるかが問題です。)

택시로 가는 것이 더 빠릅니다.
(タクシーで行くのがもっと速いです。)

主語を高めて言う場合は、'께서'が用いられる。この場合、動詞の語幹には尊敬の接尾辞'(으)시'が呼応して用いられる(参照205頁)。

例文 아버님께서 지금 말씀중이십니다.
(お父様が今お話し中でいらっしゃいます。)

김 선생님께서 댁으로 가셨습니다.

(金先生がお宅に帰られました。)

사장님께서는 외출하셨어요.
(社長は外出されました。)

선생님께서는 댁이 어디에 있으십니까?
(先生はお宅がどちらにございますか。)

할머니께서 집에 돌아 오셨어요.
(おばあさんが家に帰って来られました。)

(3) 団体や機関が文の主語である場合は'에서'を用いる。

例文 이번 경기는 우리 학교에서 우승을 했다
(今回の競技はうちの学校が優勝した。)

김 선생님 댁에서 우리를 초대했습니다.
(金先生のお宅で私たちを招待しました。)

정부에서 뭐라고 말했습니까?
(政府が何と言いましたか。)

(4) ある場合には、主格助詞の付いた名詞が2回以上出てくることもある。この場合、一番目の名詞は文全体の主語であり、次の名詞は叙述節の主語になる。

例文 철수가 마음이 좋습니다.
(チョルスは気立てが良いです。)

순희가 얼굴이 예쁩니다.
(スンヒは顔がきれいです。)

코끼리가 코가 깁니다.
(象は鼻が長いです。)

그 사람이 의사가 되었어요.
(その人が医師になりました。)

저 분이 김 선생이 아니에요.
(あの方が金先生ではありません。)

(5) 一人称代名詞'나'と'저'、二人称代名詞'너'、未知称'누구'に主格助詞が付くと、それぞれ'내가, 제가, 네가, 누가'になる。

例文 내가 그 일을 했습니다.
(私がその仕事をしました。)

제가 숙제를 했어요.
(私が宿題をしました。)

네가 어제 나에게 전화를 했니?
(君が昨日私に電話をしたの。)

누가 영어를 가르칩니까?
(誰が英語を教えますか。)

2 目的格助詞

―을 /를

(1) 文の中で目的語であることを表す助詞である。先行名詞の最後の音節に終声があれば'을'、終声がなければ'를'が付く。

例文 그 분은 운동을 좋아해요.
(その方は運動が好きです。)

나는 아침에 신문을 읽습니다.
(私は朝、新聞を読みます。)

저 분은 영어를 잘 합니다.
(あの方は英語が上手です。)

나는 어제 부모님께 편지를 썼습니다.
(私は昨日、両親に手紙を書きました。)

점심을 맛있게 먹었습니다.
(お昼をおいしく食べました。)

(2) 他の助詞や語尾に付いて強調の意味を表す。この場合、'를'は'ㄹ'に短縮されることもある。

例文 몇 시쯤 집에를 가세요?
(何時頃家に帰られますか。)

전 부산엘 자주 출장 갑니다.
(私は釜山にしばしば出張します。)

매일 시장엘 들르십니까?
(毎日市場に寄られますか。)

놀라질 마세요.
(驚かないでください。)

그 아이가 말을 잘 듣질 않아요.
(その子が言うことをよく聞きません。)

(3) 主格助詞と目的格助詞は省略されることもある。これは、口語体によく現れる。

例文 책(이) 어디 있니?
(本(は)どこにある。)

그 사람(이) 의사입니까?
(その人(が)医者ですか。)

운동(을) 좋아하십니까?
(運動(が)お好きですか。)

저 분은 영어(를) 잘 합니다.
(あの方は英語(が)上手です。)

철수(가) 밥(을) 먹었어요.

(チョルス(が)ご飯(を)食べました。)

3 補格助詞

ー이 / 가

補格助詞は、主格助詞と形態は同じであるが、意味や機能により区別される。先行名詞の最後の音節に終声があれば'이'、終声がなければ'가'が付く。

例文 나는 아이가 아닙니다.
(私は子どもではありません。)

그 학생은 3학년이 되었다.
(その学生は3年生になった。)

그건 제 책임이 아닌 것 같은데요.
(それは私の責任ではないようですが。)

4 冠形格助詞

ー의

(1) 名詞と名詞の間で二つの名詞を連結し、より大きな名詞句を作る。属格または所有格助詞とも呼ばれる。'ー의'は、文の中で省略される場合が多いが、省略できない場合もある。

例文 이건 누구(의) 안경이에요?
(これは誰の眼鏡ですか。)

그 분(의) 직업이 뭐에요?
(その方の職業は何ですか。)

요즘 부산(의) 날씨는 어떻습니까?
(この頃、釜山の天気はどうですか。)

시골의 아름다운 풍경을 그리고 있습니다.

(田舎の美しい風景を描いています。)

평화의 종소리가 울립니다.
(平和の鐘の音が鳴ります。)

가을은 독서의 계절입니다.
(秋は読書の季節です。)

(2) 代名詞'저, 나, 너'に冠形格助詞' 의'が付くと、短縮されて'제, 내, 네'になることもある。

例文 제 (저의) 이름은 김영수입니다.
(私の名前はキムヨンスです。)

내(나의) 짐은 차에 실었어.
(私の荷物は車に積んだ。)

이건 네(너의) 책이니?
(これは君の本かい。)

5 副詞格助詞

文の中で副詞であることを表す助詞である。これは、前にある名詞と叙述語によっていろいろな意味で用いられるため、その種類も多様である。便宜上、まず中心的な意味によって分類し、用法上の意味を副次的に説明することにする。また、これは主格助詞や目的格助詞とは異なり、よく省略されない。

－에, －에게 / 한테, －께

(1) 人や動物には'－에게'または'－한테'が用いられ、そのほかには'－에'が用いられる。

例文 철수가 꽃에 물을 줍니다.
(チョルスが花に水をやります。)

나무에 손을 대지 마시오.
(木に手を触れないでください。)

나는 친구에게 생일 선물을 보냈어요.
(私は友達に誕生日プレゼントを送りました。)

누구에게 편지를 쓰십니까?
(誰に手紙を書かれますか。)

누가 고양이한테 방울을 달지?
(誰が猫に鈴を付けるの。)

(2) '－께'は、'－에게 / 한테'の尊敬語である(参照207頁)。

例文 선생님께 여쭈어 보세요.
(先生に伺ってみてください。)

부모님께 말씀을 드렸습니다.
(ご両親に申し上げました。)

할머님께 안부 전해 주세요.
(おばあ様によろしくお伝えください。)

어른들께 먼저 인사를 드리세요.
(目上の方々に先にごあいさつをしてください。)

박 선생님께는 초청장을 보내지 못했습니다.
(朴先生には招待状を送れませんでした。)

(3) 助詞'－에'は、与格(－에, －에게 / 한테, －께)のほかにいろいろと用いられる。

① 移動を意味する動詞と共に用いられる場合、移動の到着点を表す。

例文 영수가 김포공항에 나갔습니다.
(ヨンスが金浦空港に出かけました。)

나는 학교에 갑니다.

(私は学校に行きます。)

내일 우리 **집에** 오세요.
(明日我が家にお越しください。)

이 기차는 내일 아침 **부산에** 도착합니다.
(この汽車は明日の朝、釜山に到着します。)

고향 **집에** 편지를 보냈습니까?
(故郷の家に手紙を送りましたか。)

② 移動の意味のない動詞が叙述語であり、場所を表す名詞に付いて用いられると、空間的位置の範囲を表す。

例文 저는 내일 **집에** 있겠습니다.
(私は明日家にいます。)

부모님은 제 **고향에** 계세요.
(両親は私の故郷にいます。)

철수는 **대학교에** 입학했습니다.
(チョルスは大学に入学しました。)

그 옷은 **내 몸에** 꼭 맞아요.
(その服は私の体にぴったり合います。)

이 약은 **신경통에** 좋습니다.
(この薬は神経痛に良いです。)

③ 時間を表す名詞に付いて時間的な範囲を表す。

例文 **몇 시에** 학교에 갑니까?
(何時に学校に行きますか。)

아침에 우리 집에 오세요.
(朝、我が家に来てください。)

나는 토요일에 집에 있었어요.
(私は土曜日に家にいました。)

시월에 제주도에 가겠습니다.
(十月に済州島に行きます。)

여름에는 바닷가에 가요.
(夏には海辺に行きます。)

④ 叙述語の動作に対する原因を表す。

例文 바람에 나무가 쓰러졌습니다.
(風で木が倒れました。)

천둥 소리에 깜짝 놀랐어요.
(雷の音にびっくりしました。)

비에 옷이 흠뻑 젖었군요.
(雨に服がびっしょり濡れましたね。)

가뭄에 벼가 다 탔어요.
(日照りで稲がすべて立ち枯れました。)

그 친구는 병에 시달리고 있습니다.
(その友達は病気に苦しんでいます。)

⑤ 数を表す名詞の後に付いて価値判断の基準の単位を表す。

例文 그것을 얼마에 사셨어요?
(それをいくらで買われましたか。)

이 물건은 한 개에 천원입니다.
(この品物は1個で1000ウォンです。)

일주일에 닷새 일해요.
(1週間に5日働きます。)

한 달에 한 번 출장 갑니다.
(一月に1回出張します。)

이 시계는 하루에 1분씩 틀려요.
(この時計は1日に1分ずつ狂います。)

－에서, －에게서 / 한테서

(1) 場所を表す名詞に'－에서'が付いて叙述語の動作が起きた場所を表し、動作動詞と共に用いられる。

例文 어디에서 일하십니까?
(どこで働いていらっしゃいますか。)

시장에서 바지를 샀습니다.
(市場でズボンを買いました。)

한국에서 무엇을 하십니까?
(韓国で何をしていらっしゃいますか。)

길에서 친구를 만났어요.
(道で友達に会いました。)

친구가 사무실에서 기다려요.
(友達が事務室で待っています。)

(2) '－에서'が空間的または時間的な出発点を表す場合もある。

例文 어느 나라에서 오셨어요?
(どの国からいらっしゃいましたか。)

학교에서 몇 시에 집에 갑니까?
(学校から何時に家に帰りますか。)

열에서 일곱을 빼면 셋이 됩니다.
(十から七つを引くと三つになります。)

이 책은 도서관에서 가져 왔어요.
(この本は図書館から持って来ました。)

저는 아침 여섯 시에서 일곱 시 사이에 일어납니다.
(私は朝6時から7時の間に起きます。)

(3) 人や動物を意味する名詞には、'－에게서 / 한테서'が付いて'－(으)로부터(～から)'の意味を表し、人や動物以外の名詞には'－에서'を用いる。'－에게서'と'－한테서'は互いに替えて用いることができる。

例文 나는 어머니에게서 그 말을 들었어요.
(私は母からその話しを聞きました。)

친구에게서 초대를 받았어요.
(友達から招待を受けました。)

영자한테서 그 책을 빌리겠습니다.
(ヨンジャからその本を借ります。)

개한테서 냄새가 나요.
(犬から匂いがします。)

그 회사에서 배운 것이 많아요.
(その会社で学んだことが多いです。)

(4) '－에서'は、'－에'のように場所を表すが、使い方が異なるため互いに替えることができない。それは叙述語によって'－에서'または'－에'が選択されるためである。

例文 학생들이 교실에 있습니다.
(学生たちが教室にいます。)
학생들이 교실에서 공부합니다.
(学生たちが教室で勉強します。)

쥐가 저 구멍에 숨어 있어요.
(ねずみがあの穴に隠れています。)
쥐가 저 구멍에서 죽었어요.
(ねずみがあの穴で死にました。)

다방에 친구와 같이 갔어요.
(喫茶店に友達と一緒に行きました。)
다방에서 친구를 만났어요.
(喫茶店で友達に会いました。)

저는 어제 서울에 왔습니다.
(私は昨日ソウルに来ました。)
저는 서울에서 태어났습니다.
(私はソウルで生まれました。)

시장에 갑니다.
(市場に行きます。)
시장에서 물건을 삽니다.
(市場で物を買います。)

－(으)로

(1) 助格助詞は基本的に、ある行為に対する手段や方法などを表す。前の名詞の最後の音節に終声があれば'－으로'、なければ'－로'が付く。終声が'ㄹ'の場合には例外的に'－로'が付く。

例文 한국에 비행기로 왔어요.
(韓国に飛行機で来ました。)

한국음식은 수저로 먹어요.
(韓国料理は匙と箸で食べます。)

붓으로 그림을 그립니다.
(筆で絵を描きます。)

그 책상은 나무로 만들었어.
(その机は木で作ったよ。)

녹음 테이프로 한국말을 공부합니다.
(録音テープで韓国語を勉強します。)

영어로 말씀하세요.
(英語でおっしゃってください。)

연필로 쓰세요.
(鉛筆で書いてください。)

(2) '－(으)로'は助格のほかにいろいろと用いられる。

① 動きを表す動詞と共に用いられ、動作の方向を表す。

例文 어디로 가세요?
(どちらへ行かれますか。)

내일 유럽으로 떠납니다.
(明日、ヨーロッパへ発ちます。)

그 버스는 종로로 가지 않아요.
(そのバスは鐘路へ行きません。)

저는 남쪽으로 여행을 가고 싶어요.
(私は南方へ旅行に行きたいです。)

오른쪽으로 돌아가세요.
(右に曲がってください。)

② ある事が起きることになった原因、理由を表す。

例文 무슨 일로 오셨어요?
(どんなご用でいらっしゃいましたか。)

저는 병으로 무척 고생했습니다.
(私は病気でとても苦しみました。)

그 사람은 교통사고로 많이 다쳤습니다.
(その人は交通事故で大怪我をしました。)

회사 일로 정신이 없어요.
(会社の仕事でてんてこまいしています。)

이번 비로 피해가 많아요.
(今回の雨で被害が多いです。)

③ ある行動の様態や変化の帰着点を表す。

例文 그 사람은 반가운 얼굴로 나를 맞이했습니다.
(その人はうれしそうな顔で私を迎えました。)

서로 악수로 인사를 나눕니다.
(お互いに握手であいさつを交わします。)

이젠 밝은 마음으로 돌아 왔습니다.
(もう明るい気持ちに戻りました。)

물이 얼어서 얼음으로 변했어요.
(水が凍って氷に変わりました。)

결국 동생과 같이 가기로 결정했어요.
(結局弟と一緒に行くことに決めました。)

(3) '－(으)로'は、人を意味する名詞に付いて、資格や身分、地位を表す。

例文 저는 선교사로 한국에 왔습니다.
(私は宣教師として韓国に来ました。)

그 분은 의사로 병원에서 일해요.
(その方は医者として病院で働いています。)

그 분은 운전사로 취직했습니다.
(その方は運転手として就職しました。)

그 친구가 졸업생 대표로 답사를 했습니다.
(その友達が卒業生の代表として答辞を述べました。)

신부감으로 어떤 여자가 좋아요.
(花嫁候補としてどんな女性が良いですか。)

－(으)로서

資格や身分、地位を表す助詞で、時には'－(으)로'だけを用いることもある。

例文 그는 사회사업가로서 이름이 났어요.
(彼は社会事業家として名が知られました。)

권투선수로서 유명한 사람은 누구지?
(ボクシング選手として有名な人は誰だ。)

그 사람은 지도자로서 자격이 없어요.
(その人は指導者として資格がありません。)

그는 고아를 아들로 삼았어요.
(彼は孤児を息子にしました。)

선생으로서의 책임을 다 해야지요.
(先生としての責任を果たさなければなりませんよ。)

－(으)로써

名詞や動作動詞の名詞形に付いて道具や手段を表す助詞である。動詞の名詞形'(으)ㅁ'に付く場合が多い。

例文 옳은 정치를 함으로써 이 나라가 부강해져요.
(正しい政治をすることによってこの国が豊かで強くなります。)

일을 성실히 함으로써 기반을 잘 닦을 수 있어요.

(仕事を誠実にすることによって基盤を強固にすることができます。)

힘을 합침으로써 어려움을 이겨낼 수 있어요.
(力を合わせることによって困難を耐えぬくことができます。)

독서로써 교양을 쌓을 수 있습니다.
(読書によって教養を積むことができます。)

여행으로써 견문을 넓히려고 하죠.
(旅行によって見聞を広げようと思いますよ。)

6 呼格助詞

-아, -야, -(이)야

ある人物や対象を呼ぶときに用いる助詞である。先行名詞の最後の音節に終声がなければ、'-야, -여'が付き、終声があれば-아, -이여' が付く。

例文 영철아, 너 어디 가니?
(ヨンチョル、君どこ行くの。)

수희야, 빨리 와 봐.
(スヒ、早く来てみて。)

태풍이여, 잔잔하여라.
(台風よ、静まり返れ。)

젊은이들이여, 야심을 가져라.
(若者よ、野心を持て。)

정치인들이여, 각성하라.
(政治家たちよ、目を覚ませ。)

2. 接続助詞

−와 / 과, −하고, −(이)랑

(1) 文の中で二つの単語を対等に連結する機能をする。先行名詞の最後の音節に終声がなければ'−와, −랑'、あれば'−과, −이랑'が用いられる。そして、'−하고'と'−(이)랑'と替えて用いることができる。

例文 이 방에 의자와 책상이 많아요.
(この部屋に椅子と机が多いです。)

시장에서 생선과 채소를 삽니다.
(市場で魚と野菜を買います。)

토요일과 일요일에는 한가해요.
(土曜日と日曜日はひまです。)

선생님하고 학생이 이야기하고 있어요.
(先生と学生が話しています。)

철수랑 순희는 학교에 갔습니다.
(チョルスとスンヒは学校に行きました。)

(2) 二つの名詞を必要とする叙述語と共に用いられると、二つの名詞が共にする共同性や比較の意味を表す。すなわち、後に来る叙述の内容により選択されることもある。

例文 철수는 영수와 싸웠어요.
(チョルスはヨンスとけんかしました。)

철수가 순희와 결혼할 것입니다.
(チョルスがスンヒと結婚するでしょう。)

이 물건은 내 것과 비슷합니다.

(この品物は私のと似ています。)

김 선생은 이 선생하고 친합니다.
(金先生は李先生と親しいです。)

나는 어제 친구랑 같이 구경을 했습니다.
(私は昨日、友達と一緒に見物をしました。)

나도 그와 같은 생각을 했어요.
(私もそのような考えをしました。)

그는 어린 아이와 같이 마음이 고와요.
(彼は幼い子どものように気立てが優しいです。)

자연과 더불어 혼자만의 시간을 가졌어요.
(自然と共に1人だけの時間を持ちました。)

난 동창들과 어울려 모교를 찾아 갔습니다.
(私は同窓生と一緒に母校を訪ねました。)

그 사람과의 약속을 꼭 지키고 싶었어요.
(その人との約束を必ず守りたかったです。)

－에(다가)

助詞'－에'に'－다가'が付いて、二つの単語を同じ資格で連結するが、先行名詞に、あるものを添加または付加する意味がある。時には'가'が省略され'－에다'、'－다가'が省略され'－에'として用いることもある。

例文 밥에 떡에 아주 많이 먹었어요.
(ご飯にお餅に、とてもたくさん食べました。)

친척에 친구에 손님들이 많았어요.
(親戚に友達に、お客さんが多かったです。)

청소에 빨래에 얼마나 힘들었다구요.
(掃除に洗濯に、どんなに大変でしたか。)

하나에다가 둘을 더하면 셋이에요.
(一つに二つを加えると三つです。)

그 술은 독하니까 거기에다 얼음을 넣어서 드세요.
(その酒は強いから、そこに氷を入れて飲んでください。)

수첩에다가 전화번호를 적어 놓았어요.
(手帳に電話番号を書いて置きました。)

과일에 채소까지 샀더니 너무 무거워.
(果物に野菜まで買ったらあまりに重い。)

이 일에다 그 일까지는 할 수 없을 것 같아요.
(この仕事にその仕事まではできそうではありません。)

−(이)며

二つ以上の単語を同じ資格でつなぎ、羅列する場合に用いる。先行名詞の最後の音節に終声があれば'−이며'、なければ'−며'が付く。

例文 학생이며 선생이며 할 것 없이 다 바쁘다.
(学生であれ先生であれみんな忙しい。)

정치가며 국민이며 모두가 힘을 합쳐야지요.
(政治家であれ国民であれ、みんなが力を合わせなければなりませんよ。)

집이며 가구며 온통 다 불에 탔어요.
(家から家具からすべて火に焼けました。)

고기며 생선이며 가리지 않고 잘 먹어요.
(肉であれ魚であれ選り好みせずよく食べます。)

밤이며 낮이며 편안할 날이 없어.
(昼であれ夜であれ安らかな日がない。)

3. 補助詞

先行する体言に特別な意味を加える助詞である。

－까지

(1) 一定の時間的期間や空間的区間の終結点を表す。

例文 언제까지 기다리시겠어요?
(いつまでお待ちになりますか。)

동대문까지 같이 갑시다.
(東大門まで一緒に行きましょう。)

오늘은 150쪽까지 읽겠습니다.
(今日は150ページまで読みます。)

어젯밤 늦게까지 책을 보았어요.
(昨夜遅くまで本を読みました。)

성공할 때까지 돌아오지 않겠어요.
(成功するまで戻りません。)

(2) 期待外れの状況が起こったことを表す場合に用いられることもある。

例文 너까지 나를 믿지 못하면 어떻게 하지?
(君まで私を信じられなければどうする。)

대학까지 졸업하고 그걸 몰라?
(大学まで卒業してそれを知らない？)

졸업할 때는 최고상까지 탔다.
(卒業するときは最高賞までもらった。)

사무실에서까지 잠을 자면 큰일이에요.

(事務室でまで寝たら大変です。)

고향에 있는 가족에게까지 소문이 났습니다.
(故郷にいる家族にまで噂が立ちました。)

―깨나

'ある程度'という意味を持つ接尾辞'―깨'に、'大体の量や数'を表す助詞'―나'が付いて、ある程度事実であるか、一理あることを表す。

例文 그 아이는 고집깨나 세요.
(その子はちょっとばかり頑固です。)

얼굴이 심술깨나 부리게 생겼네요.
(ちょっとばかり意地悪な顔つきをしていますね。)

그 사람은 말깨나 하는 사람이야!
(その人はけっこう話が上手い人だ!)

힘깨나 쓴다고 자랑하고 있어.
(ちょっとした力持ちだと自慢している。)

돈깨나 있다고 꽤 거만하군 그래.
(ちょっとばかりお金があるからといって、かなり傲慢だね。)

―는/은

対照の意味や話題を表し、先行名詞の最後の音節に終声があれば'―은'、なければ'―는'を用いる。

(1) 主語や目的語となる名詞に用いられる場合には、主格助詞や目的格助詞に代わって'―은/는'を用いる。

例文 저 분은 김 선생이에요.
(あの方は金先生です。)
이 연필은 참 좋아요.

(この鉛筆は本当にいいです。)

나는 아침에 일찍 일어납니다.
(私は朝早く起きます。)

애기가 밥은 잘 먹습니다.
(赤ちゃんがご飯はよく食べます。)

그 가게에서 사과는 파는데 포도는 없어요.
(その店でりんごは売っていますがぶどうはありません。)

(2) 他の助詞、副詞、連結語尾、動詞語尾に付いて用いられることもあるが、この場合、'-는'が'-ㄴ'に短縮されることもある。

例文 저는 아침엔 바빠요.
(私は朝は忙しいです。)

이 버스는 종로론 안 가요.
(このバスは鐘路へは行きません。)

이 문장은 조금은 이해합니다.
(この文章は少しは分かります。)

기분이 좋진 않아요.
(気分が良くはありません。)

돈이 있으면은 사겠어요.
(お金があれば買います。)

-(이)나

選択の意味を持っているが、使い方によって若干の違いがある。前の音節に終声があれば'-이나'、なければ'-나'を用いる。

(1) 二つの名詞の間に用いられ、'これでなければそれ'という択一の意味がある。

例文 커피나 홍차를 주십시오.

(コーヒーか紅茶をください。)

미국이나 불란서에 가고 싶어요.
(アメリカかフランスに行きたいです。)

다방이나 식당에서 만납시다.
(喫茶店か食堂で会いましょう。)

기차나 고속버스로 관광을 합니다.
(汽車か高速バスで観光をします。)

그 사람은 닭고기나 돼지고기 중 하나는 못 먹을 거에요.
(その人は鶏肉か豚肉のうち一つは食べられないでしょう。)

(2) '-(이)나'の前に名詞が置かれ、後に動詞がくる形式で'他のものではなくこれを選択する'という意味であるが、 その選択があまり気に入らない場合に用いられる。'-(이)나'の前に助詞が付く場合もある。

例文 심심한데 장기나 둡시다.
(退屈なので将棋でもさしましょう。)

주말에 등산이나 갈까요?
(週末に登山にでも行きましょうか。)

음악회에나 가 봅시다.
(音楽会にでも行ってみましょう。)

교외로나 나갈까요?
(郊外にでも出かけましょうか。)

놀지만 말고 책이나 좀 읽어요.
(遊んでばかりいないで本でもちょっと読みなさい。)

(3) 主に、大体の数量を教えて欲しいという意図を持つ疑問文に用いられる。

例文 손님이 몇 명이나 오세요?
(お客さんが何人くらい来られますか。)

그 아이가 몇 살이나 되었어요?
(その子は何歳くらいになりましたか。)

그 일은 며칠이나 걸려요?
(その仕事は何日くらいかかりますか。)

돈이 얼마나 있어요?
(お金はいくらくらいありますか。)

과자를 만드는 데 계란이 몇 개나 필요해요?
(お菓子を作るのに卵が何個くらい必要ですか。)

(4) 大体の数量を表すが、予想していたものより多い場合に用いられる。

例文 저는 어제 열 시간이나 잤어요.
(私は昨日10時間も寝ました。)

친구를 삼십 분이나 기다렸어요.
(友達を30分も待ちました。)

그는 불고기를 오 인분이나 먹어요.
(彼は焼肉を5人分も食べます。)

하루에 커피를 일곱 잔이나 마셔요?
(1日にコーヒーを7杯も飲みますか。)

전 지난번에 4km나 걸었어요.
(私は前回4kmも歩きました。)

(5) 疑問代名詞と共に用いられると、'すべて'または'どんなに'の意味になる。

例文 누구나 노력하면 성공할 수 있어요.
(誰でも努力すれば成功することができます。)

그는 무엇이나 할 줄 알아요.
(彼は何でもできます。)

저는 음식은 **아무거나** 잘 먹어요.
(私は食べ物は何でもよく食べます。)

그녀는 **언제나** 웃음을 띠어요.
(彼女はいつも笑みを浮かべています。)

몸이 **어떻게나** 무거운지 일어나지 못했어요.
(体がとても重くて起き上がれませんでした。)

－(이)나마

指して称する対象があまり気に入らないが、物足りないままに'－더라도(～ても)、－지만(～けれども)'の意味で譲歩の意味を表す。

例文 작은 **힘이나마**, 도움이 되었으면 합니다.
(小さい力ではありますが、お役に立てればと思います。)

그 분 생일에는 작은 **성의나마** 보여 드리고 싶어요.
(その方の誕生日には小さな誠意でも見せて差し上げたいです。)

저는 돈이 없으니 **몸으로나마** 도와야지요.
(私はお金がないので身を以ってでも助けなければなりませんよ。)

늦게나마 비행기가 무사히 도착해서 다행입니다.
(遅くても飛行機が無事に到着して幸いです。)

잠결에 **어렴풋이나마** 문 소리를 들었습니다.
(夢うつつでおぼろげにではありますが、ドアの音を聞きました。)

－도

あるものが他のものと同一であることを表すか、 ある他のものにそれが含まれるという意味を持ち、名詞、助詞、副詞および動詞の語尾に付く。

(1) 名詞に付く場合

例文 **저도** 학생이에요.

(私も学生です。)

그는 정구도 잘 쳐요.
(彼はテニスも上手です。)

그녀는 공부도 잘 하고 일도 잘 합니다.
(彼女は勉強も良くでき、仕事も良くできます。)

그 아이는 아버지도 어머니도 안 계십니다.
(その子にはお父さんもお母さんもいません。)

그 사람은 학생도 아니고 선생도 아니에요.
(その人は学生でもなく先生でもありません。)

(2) '-이 / 가, -을 / 를, -은 / 는'以外の助詞、副詞および動詞の語尾に付いて、強調の意味を表す。

例文 일요일에도 회사에 나갑니다.
(日曜日にも会社に出ます。)

한국에도 친구가 많아요.
(韓国にも友達が多いです。)

저 기차는 빨리도 달리는군요.
(あの汽車は速く走りますね。)

그 분은 아파서 회사에 가지도 못했습니다.
(その方は体の具合が悪くて、会社に行くこともできませんでした。)

그 여자는 예쁘지도 밉지도 않습니다.
(彼女はきれいでも醜くもありません。)

-(이)든지

特定なものを選択せず、聞き手に選択権を与える場合に用いられる。疑問詞に付いて用いられ、定まってない対象を指示する場合もあり、'-(이)든

지－(이)든지'と重なって用いられることもある。

例文 배든 사과든 마음대로 사세요.
(梨でもりんごでも思いどおりに買ってください。)

밥이든 빵이든 좀 먹어야 힘을 내지.
(ご飯でもパンでも少し食べなければ力を出すことができないよ。)

누구든지 와서 이것 좀 도와주십시오.
(誰でも来てこれをちょっと助けてください。)

언제든지 자기 잘못을 뉘우칠 때가 있을 거야.
(いつでも自分の過ちを悔いるときがあるだろう。)

이거든 저거든 하여튼 결단을 내려서 시작하세.
(これでもあれでもとにかく決断を下して始めよう。)

また、'－에,－에게,－(으)로'などの助詞に付いて用いられることもある。

例文 여름에든지 겨울에든지 여행을 떠납시다.
(夏にでも冬にでも旅行に出かけましょう。)

법이란 누구에게든지 골고루 적용되는 거지.
(法とは誰にでも等しく適用されるものだよ。)

무엇으로든지 시간에만 맞춰 가면 되죠?
(何を利用してでも、時間にさえ合わせて行けばいいでしょう?)

무슨 병에든지 쓰이는 약을 만병통치약이라 하지요.
(どんな病気にでも使われる薬を'万能薬'といいますよ。)

너무 부끄러워 어느 구멍으로든지 숨고 싶었어요.
(あまり恥ずかしくて、どの穴にでも(穴があったら)隠れたかったです。)

－(이)ㄴ들

譲歩と反問を兼ねて'～であってもどうして'の意味で用いられ、先行名詞の

最後の音節に終声があれば'－인들'、終声がなければ'－ㄴ들'が付く。

例文 내가 이렇게 마음이 아픈데 넌들 왜 안 그렇겠니?
(私がこんなに心が痛いのに、君だって心が痛くないはずがないだろう。)

네가 가자면 어딘들 못 가겠니?
(君が行こうと言えば、どこだって行けるよ。)

마음만 먹으면 뭣인들 못하랴.
(決心さえすれば、何だってできるよ。)

목석이 아닌 바에야 정인들 없겠어.
(木や石ではないからには情だってあるよ。)

우리도 분한데 당사잔들 오죽하겠습니까?
(私たちも悔しいのに当事者だって如何ばかりでしょう。)

－(이)라도

満足ではないが、敢えて区別しないことを表す。時には疑問詞と共に用いられ、否定的指示の意味を表すこともある。

例文 감기라도 들면 어떻게 해요?
(風邪でも引いたらどうしますか。)

아무거라도 좋으니, 읽을 책 좀 주세요.
(何でもいいから何か読む本をください。)

어디라도 괜찮으니까 가자.
(どこでもいいから行こう。)

네가 오지 못하면 동생이라도 보내.
(君が来られなければ、弟でもよこして。)

내일이라도 만나서 의논해 봅시다.
(明日にでも会って相談してみましょう。)

'－에, －에서, －(으)로, －부터, －까지'などの助詞に付くこともある。

例文 저녁에라도 시간 좀 내 주세요.
(夕方にでもちょっと時間を割いてください。)

어디서라도 오라고 하면 일하러 갈 겁니다.
(どこからでも来いと言われれば働きに行くつもりです。)

젓가락으로 먹기가 어려우니까 손으로라도 먹겠어요.
(お箸で食べるのが難しいから手ででも食べます。)

이제부터라도 열심히 하면 성공할 수 있습니다.
(今からでも一生懸命すれば成功することができます。)

이번 주말까지라도 번역을 끝내 주셨으면 합니다.
(今週末までにでも翻訳を終えていただければと思います。)

'理由'や'順次的羅列'または'方法'を表す語尾'－어(아, 여)서'に付いて用いられることもある(参照311頁)。

例文 어떤 방법을 써서라도 목적을 달성해야겠습니다.
(どんな方法を使ってでも目的を達成しなければいなりません。)

틈을 내서라도 여행 좀 갔다 오렴.
(暇をつくってでもちょっと旅行に行ってきなさいよ。)

은행 융자를 받아서라도 공사를 끝내야죠.
(銀行の融資を受けてでも工事を終えなければなりませんよ。)

모르는 건 배워서라도 알아야지.
(分からないことは習ってでも理解しなければならないよ。)

때려서라도 나쁜 버릇을 고쳐야 해요.
(殴ってでも悪い癖を直さなければなりません。)

－(이)라든지

先行名詞について特定的に選択されてないものであることを表し、 二つ以上の名詞を羅列する場合に用いられる。 時には'－(이)라든가'で代置することもある。

例文 의사가 운동을 하라지만, 공이라든지 줄넘기라든지 뭐 운동기구가 있어야 하지요.
(医者が運動をしろと言うが、 ボールとか縄跳びとか何か運動器具がなければできませんよ。)

그 일은 김군이라든지 이군이라든지 누구든 시키면 잘 할 거야.
(その仕事は金君とか李君とか誰でもやらせれば見事にやるだろう。)

심심하면 정구라든지 골프라든지 좀 배워 보면 어떨까요?
(退屈ならテニスとかゴルフとかちょっと習ってみたらどうでしょうか。)

정월엔 연날리기라든지 널뛰기라든지 같은 민속놀이를 하죠.
(正月には凧あげとか板跳びとかのような民俗遊戯をしますよ。)

그림 그리는 재주라든가 노래 부르는 재주는 타고 나는 거에요.
(絵を描く才能とか歌う才能は生まれつきのものです。)

－(이)라서

(1) 名詞に付いて、'－(이)기 때문에(～であるために)'程度の意味を表し、時には疑問代名詞'누구(誰)'に付いて'뉘라서'に変わり、'誰が….. 敢えて….'の意味としても用いられる。

例文 어른이라서 말씀드리기가 어려워요.
(目上の人なので申し上げにくいです。)

우리는 오래 전부터 친구라서 서로를 잘 알고 있답니다.
(私たちはずっと前から友達なので、お互いをよく知っているんですよ。)

무능한 사람이라서 일을 잘 해 낼지 걱정이에요.

(無能な人なので、仕事をうまく成し遂げるか心配です。)

너무 늦은 밤이라서 전화를 걸기가 좀 어려워요.
(あまり夜遅いので、ちょっと電話をかけにくいです。)

뉘라서 그의 뜻을 꺾으랴.
(誰が敢えて彼の意思を曲げられようか。)

(2) '-(이)라서'の後に' 그런지(そうなのか)'を連結すると、後続文のある事実に対する原因を推測して先行文に提示するものである。

例文 봄이라서 그런지 온몸이 나른해지는 것 같아요.
(春だからか全身がだるくなるようです。)

외제라서 그런지 값이 엄청나군요.
(外国製だからか値段がとてつもないですね。)

시험 기간이라서 그런지 도서실이 만원이에요.
(試験期間だからか図書室か満員です。)

학위 논문이라서 그런지 수준이 높군요.
(学位論文だからか水準が高いですね。)

남의 것이라서 그런지 애착이 안 가요.
(他人のものだからか愛着を感じません。)

-(이)랍시고

名詞に付いて、　ある事実を甘く見て言う場合に用いる接続形助詞である。先行名詞の最後の音節に終声があれば'-이랍시고'、終声がなければ'-랍시고'を用いる。

例文 자기가 책임자랍시고 일은 하지 않고 소리만 친다.
(自分が責任者だからといって、仕事はしないで怒鳴ってばかりいる。)

이 집의 가장이랍시고 집안일에는 손끝 하나 대지 않는다.

(この家の家長だからといって、家事には指一本触れない。)

반장이랍시고 우리들에게 심부름만 시켜요.
(班長だからといって、我々にお使いばかりさせます。)

나이 많은 사람이랍시고 아무에게나 반말하는 건 좋지 않아요.
(年をとった人だからといって、誰にでも半語を使うのはよくありません。)

그 분야의 권위자랍시고 다른 사람의 학설은 인정하려 들지 않는다.
(その分野の権威者だからといって、他の人の学説は認めようとしない。)

－(이)ㄹ랑

自分の意思で選んで示すことばで、'－는'と同じように前にある名詞を強調する場合に用いられる。主語や目的語の位置に置かれ、助詞'－에,－에서'に付いて用いられることもある。

例文 남의 것일랑 놓아두고 네 것이나 챙겨.
(他人のものは置いておいて、君のものでもとりまとめなさい。)

여기 걱정일랑 하지 말고 그 일에 전념하세요.
(こちらの心配はしないで、その仕事に専念してください。)

널랑 참견하지 말고 저리 가 있거라.
(お前はお節介をやかないであちらに行っていろ。)

노래방에는 가더라도 오락실엘랑 가지마.
(カラオケには行ってもゲームセンターには行くな。)

길에설랑 한눈 팔지 말고 집으로 곧장 오너라.
(道ではよそ見をしないで、家にまっすぐ来なさい。)

－마다

(1) 名詞に付いて'一つ一つ漏れなくすべて'の意味を表す。

例文 **날마다** 일기를 씁니다.
(毎日日記を書きます。)

해마다 농사가 잘 돼요.
(毎年農作物のできが良いです。)

집집마다 태극기를 달았어요.
(家々ごとに太極旗を掲げました。)

지방마다 특색이 있습니다.
(地方ごとに特色があります。)

가는 곳마다 환영을 받았습니다.
(どこへ行っても歓迎を受けました。)

(2) 接頭辞'매ー'と呼応して意味が一層はっきりすることもある。

例文 **매일마다** 여덟 시간씩 일해요.
(毎日8時間ずつ働きます。)

매주일마다 교회에 나가세요?
(主日(日曜日)ごとに教会にお出かけですか。)

매달 말일마다 월급을 받습니까?
(毎月末日に給料をもらいますか。)

매시간마다 선생님이 바뀝니다.
(毎時間先生が変わります。)

매 삼 개월마다 상여금을 줍니다.
(3ケ月ごとにボーナスをくれます。)

ー마저

あるものに他のものまで含めて言う場合に用いられ、'一つ残った最後まですべて'の意味を表す。

例文 너마저 그런 말을 하니?
(君までそんなことを言うのか。)

남편을 잃은 지 얼마 안 돼서 아들마저 잃었어요.
(夫を失ってからいくらも立たないうちに息子まで失いました。)

몸이 약해져서 좋아하던 술마저 못 먹게 되었습니다.
(体が弱くなって好きだった酒まで飲めなくなりました。)

빚 때문에 집마저 팔았답니다.
(借金のために家まで売ったそうです。)

그 친구마저 내 곁을 떠나고 말았습니다.
(その友達まで私のそばを離れてしまいました。)

ー만

'ただそれだけ'という意味と強調の意味を同時に表し、名詞、助詞、副詞および動詞の語尾に付く。

名詞に付く場合は、主に主語や目的語の位置に置かれ、主格助詞と目的格助詞は省略される。

例文 그는 공부는 안 하고 잠만 자요.
(彼は勉強はしないで寝てばかりいます。)

김치만 잡수시면 짜요.
(キムチだけ召し上がるとしょっぱいです。)

그 분만 내 마음을 아실 겁니다.
(その方だけ私の心がお分かりでしょう。)

이번만은 꼭 성공하세요.
(今回だけは必ず成功してください。)

저는 싼 옷만 사 입어요.

(私は安い服ばかり買って着ます。)

他の助詞、副詞、動詞の語尾にも付けることができる。

例文 **아침에만** 공부하고, 오후에는 사무실에 가요.
(朝だけ勉強して午後には事務室に行きます。)

저는 쭉 **서울에서만** 살았어요.
(私はずっとソウルにだけ住みました。)

그 편지를 **저한테만** 보여 주세요.
(その手紙を私にだけ見せてください。)

빨리만 읽지 마세요.
(速く読まないでください。)

철수는 말을 **듣고만** 있어요.
(チョルスは話しを聞いてばかりいます。)

−밖에

先行文の内容や状況の限界を表し、 後続文には否定形が続くのが普通である。助詞'−는'が付くと強調の意味が加わる。'それではなくて、それ以外には'の意味を表す。

例文 전 한국말을 **조금밖에** 못해요.
(私は韓国語が少ししかできません。)

술을 **한 잔밖에** 마시지 않았는데요.
(お酒を1杯しか飲みませんでしたが。)

그 사람은 **자기밖에** 모릅니다.
(その人は自分しか知りません。)

10분밖에는 여유가 없으니, 서두르십시오.
(10分しか余裕がないから急いでください。)

한 번밖에 없는 기회를 놓치고 말았습니다.
(1度しかない機会を逃してしまいました。)

動詞の語幹に'ー는 / (으)ㄴ / (으)ㄹ 것'を付けて名詞形にした後、それに'ー밖에'を付けて用いることもある。

例文 그 아이는 눈만 뜨면 먹는 것밖에 몰라요.
(その子は起きさえすれば、食べることしか知りません。)

돈은 오늘 쓸 것밖에 없는데……
(お金は今日使うものしかないんだが…)

그는 먹고 자는 것밖에는 하는 일이 없어요.
(彼は食べて寝ることしかすることがありません。)

선생님이 말씀하신 것밖에는 기억나지 않아요.
(先生がおっしゃったことしか思い出せません。)

줄 줄은 모르고 받는 것밖에 모르는가 봐요.
(与えることは知らず、もらうことしか知らないようです。)

ー보고

口語体で'ー에게'の意味を表す。後続文に'말하다, 묻다, 웃다, 욕하다'のような動詞がよく用いられる。

例文 나보고 뭐라고 그랬습니까?
(私に何と言いましたか。)

그 말이 바로 너보고 하는 소리야.
(その話がまさに君にいう話だよ。)

누구보고 바보라고 해?
(誰に馬鹿だという。)

어른보고 반말을 하면 못 써.

(目上の人に半語を使ったらいけないよ。)

너보고 웃는 저 사람이 누구니?
(君を見て笑っているあの人は誰か。)

－보다

二つ以上を比較する場合に用いる。

例文 철수가 **영수보다** 더 큽니다.
(チョルスがヨンスより背が高いです。)

비행기가 **기차보다** 빨라요.
(飛行機が汽車より速いです。)

한라산이 **설악산보다** 높습니다.
(漢拏山が雪岳山より高いです。)

오늘은 **어제보다** 더운 것 같아요.
(今日は昨日より暑いようです。)

돈보다 중요한 것이 무엇이라고 생각하세요?
(お金より重要なものは何だと思われますか。)

－부터

時間的、空間的出発点または始発点を表す。

名詞と共に用いられる場合

例文 오전 **9시부터** 수업을 시작합니다.
(午前9時から授業を始めます。)

내일부터 학교에 일찍 오세요.
(明日から学校に早く来てください。)

이 꽃은 **2월부터** 펴요.

(この花は2月から咲きます。)

오늘은 **제5과부터** 공부하겠습니다.
(今日は第5課から勉強します。)

기초부터 잘 배워야 해요.
(基礎からよく学ばなければなりません。)

他の助詞、副詞、動詞の語尾に付く場合もある。

例文 **학교에서부터** 걸어 왔어요.
(学校から歩いて来ました。)

부모님으로부터 물려받은 것이 많군요.
(両親から譲り受けたものが多いですね。)

아침 **일찍부터** 서둘러야 해요.
(朝早くから急がなければなりません。)

어려서부터 재주가 있었어요.
(小さい時から才能がありました。)

태어나면서부터 벙어리야.
(生まれながらの口のきけない人だよ。)

名詞に付いて始発点または'先に'の意味を強く表す場合もある。

例文 **무엇부터** 시작할까요?
(何から始めましょうか。)

손부터 씻고 잡수세요.
(先に手を洗ってから召し上がってください。)

어떤 식당은 **돈부터** 내요.
(ある食堂では先にお金を払います。)

눈 뜨면 담배부터 피우는 사람이 있어요.
(目が覚めるとまずタバコを吸う人がいます。)

반대부터 하지 말고 내 말 좀 들어주세요.
(のっけから反対しないで、私の話をちょっと聞いてください。)

－부터－까지

時間や場所の出発地点と到着地点を同時に表す場合に用いる。

例文 저는 오전 여덟 시부터 오후 다섯 시까지 근무해요.
(私は午前8時から午後5時まで勤務します。)

제일과부터 제오과까지 시험 보겠어요.
(第1課から第5課まで試験を行います。)

일월부터 삼월까지 제일 바빠요.
(1月から3月まで一番忙しいです。)

아침부터 저녁까지 놀기만 해요.
(朝から晩まで遊んでばかりいます。)

지금부터 내일 아침까지 굶으세요.
(今から明日の朝まで何も食べないでください。)

他の助詞や動詞の語尾にも付くが、助詞'－에서'に付く場合'－에'が省略されることもある。

例文 여기서부터 집까지 걸어 갑시다.
(ここから家まで歩いていきましょう。)

지금으로부터 십 년 전까지의 역사를 알아 보세요.
(今から10年前までの歴史を調べてください。)

집에 도착해서부터 지금까지 줄곧 쉬었습니다.
(家に到着してから今までずっと休みました。)

그 약을 먹고부터 이제까지 아주 건강했습니다.
(その薬を飲んでから今までとても健康でした。)

그 사람을 만나고서부터 지금까지 행복하게 살아요.
(その人に会ってから今まで幸せに暮らしています。)

－뿐

他のものは除外してそれだけを選ぶ場合に用い、大体、後に'－이다'を用いる。

例文 내가 아는 사람은 이 사람뿐입니다.
(私が知っている人はこの人だけです。)

말뿐이지 실제는 다르다.
(口だけで実際は違う。)

나뿐 아니라 모두들 기뻐했어요.
(私のみならずみんな喜びました。)

산에 돌뿐이고 나무가 많지 않아요.
(山に石ばかりで木が多くありません。)

내 말을 듣고 있는 사람은 너뿐이구나.
(私の話を聞いている人は君だけだな。)

－(이)야

(1) 前の名詞を指定するが、対照、排他の意味を有し、'勿論、当然そうだ'という意味をさらに強調する場合に用いられる。場所や時間を表す助詞'－에, －에서'と共に用いることもある。

例文 한국생활이 재미야 있죠.
(韓国の生活が面白くはありますよ。)

말이야 쉽지만, 실천하긴 어렵죠.
(ことばは簡単ですが、実践することは難しいですよ。)

철수가 힘이야 세지요. 공부는 못하지만…
(チョルスが力は強いですよ。勉強はできませんが…)

배가 고플 때에야 라면도 맛이 있지.
(お腹がすいているときにはラーメンもおいしいよ。)

집에서야 편한 옷을 입죠.
(家では楽な服を着ますよ。)

(2) '말로'と共に '－(이)야말로'のように用いることで、前の名詞を限定し、その意味をさらに強く表現する。

例文 오늘이야말로 내게는 잊을 수 없는 날입니다.
(今日こそ私には忘れられない日です。)

불국사의 석굴암이야말로 한국 예술품의 대표입니다.
(仏国寺の石窟庵こそ韓国芸術品の代表です。)

결혼이야말로 일생에서 가장 중요한 일입니다.
(結婚こそ一生で最も重要なことです。)

그 사람이야말로 우리 회사에 없어서는 안 될 사람이다.
(その人こそ我が社になくてはならない人です。)

그 소문이야말로 믿을 수 없는 헛소문이다.
(そのうわさこそ信じられない根も葉もないうわさだ。)

(3) 動詞'－이다'の活用形'－이라'に、強勢の助詞'－야'が付いて'－(이)라야'としても用いられるが、指定の意味がさらに強い。

例文 한국사람이라야 한국말을 가르칠 수 있어요?
(韓国人であってこそ韓国語を教えることができるんですか。)

책임감이 강한 사람이라야 그 일을 할 거에요.
(責任感が強い人であってこそその仕事をするでしょう。)

부자라야 그런 집을 살 수 있을 거에요.

(お金持ちであってこそそのような家を買えるでしょう。)

연한 고기라야 노인이 잡수실 수 있습니다.
(柔らかい肉であってこそお年寄りが召し上がることができます。)

싸고 좋은 물건이라야 잘 팔립니다.
(安くて良い品物であってこそ良く売れます。)

(4) '－고 말다'に'야'が付いて'－고야 말다'の形で用いられて、本動詞の内容をさらに強調するか、連結語尾'－고'の後でその完了的意味をさらに強く表す。

例文 전 그 분의 말을 듣고야 알았습니다.
(私はその方の話を聞い分かりました。)

그 분의 목소리를 듣고야 안심을 했습니다.
(その方の声を聞いて安心しました。)

무엇을 시작하면 끝내고야 마는 성미입니다.
(何かを始めると終えてしまう性分です。)

그 분한테서 꼭 돈을 받아내고야 말겁니다.
(その方から必ずお金をもらってみせます。)

그렇게 머리가 나쁘고야 무슨 일을 하겠습니까?
(そんなに頭が悪くて、どんなことができますか。)

(5) '－이 / 가 아니고야'の形で用いられ、それでなければ後続の内容が不可能であるという意味で用いられる。すなわち、'～であるので後続の内容になる'のような意味を強く表現する。時には'－이 / 가 아니고서야'の形でも用いられる。

例文 천재가 아니고야 어찌 그걸 다 외울 수 있을까?
(天才でなくてどうやってそれを全部覚えることができるだろうか。)

바보가 아니고야 왜 그 말도 모르니?
(馬鹿でなくてどうしてその話も分からないの。)

귀신이 아니고야 어떻게 앞일을 그렇게 잘 알겠어?
(鬼神でなくてどうしてこれから先のことがそんなによく分かるの。)

사랑하는 사람이 아니고야 자기 목숨까지 버릴 리가 있겠습니까?
(愛する人でなくて自分の命まで捨てるわけがありますか。)

도둑놈이 아니고서야 남의 물건을 가져가겠니?
(泥棒でなくて人のものを持って行くの？)

－조차

期待していないのに意外にまたはとんでもないことに何かが含まれているという意味、'なおまた'の意味を表す。命令や勧誘形ではあまり用いられない。

例文 그 사람은 눈물조차 흘리지 않았습니다.
(その人は涙さえ流しませんでした。)

그것은 더 이야기할 가치조차 없습니다.
(それはこれ以上話す価値さえありません。)

선생님이 오실 줄은 생각조차 못했어요.
(先生が来られるとは思いもしませんでした。)

너무 바빠서 밥 먹을 시간조차 없습니다.
(あまり忙しくてご飯を食べる時間さえありません。)

가족들조차도 그 분의 행방을 알 수 없었어요.
(家族さえもその方の行方が分かりませんでした。)

－(이)ㄴ즉

名詞に付いて'～について言えば'の意味で用いられる。先行名詞の最後の音節に終声があれば'－인즉'、終声がなければ'ㄴ즉'が用いられる。'(이)ㄴ 즉슨'の形でも用いる。

例文 그 사람의 **애긴즉** 그 말이 사실이래요.
(その人の話によればその話は事実ですって。)

야! 이 **글씬즉** 명필이로다.
(わあ！この文字は名筆だなあ。)

이런 **시험인즉** 누워서 떡 먹기죠.
(こんな試験なら朝飯前ですよ。)

의사 **말인즉슨** 병명을 환자에게 알리는 게 도움이 된답니다.
(医者の話によると、病名を患者に知らせるのが助けになるそうです。)

사실인즉슨 그 회사는 부도나기 일보 직전이랍니다.
(実を言うとその会社は不渡り一歩手前だそうです。)

－처럼

あるものを他のものと比較したとき、ほぼ同じ程度で類似していることを表す場合に用いられる。

例文 달이 **대낮처럼** 밝아요.
(月が真昼のように明るいです。)

순희는 **사과처럼** 얼굴이 빨개졌어요.
(スンヒはりんごのように顔が赤くなりました。)

나는 **너처럼** 거짓말은 못해.
(私は君のように嘘はつけない。)

저 아이는 **어른처럼** 말합니다.
(あの子は大人のように話します。)

이처럼 맛있는 과일은 처음 먹어 봅니다.
(このようにおいしい果物は初めて口にします。)

－치고

(1) ある名詞に付いて'その全体が例外なく'の意味を表す表現で、後続文では二重否定で強い表現を用いる場合が多い。

例文 키 큰 사람치고 싱겁지 않은 사람이 없어요.
(背が高い人で味気なくない人はいません。)

우리 회사 직원치고 그렇게 늑장부리는 사람 없습니다.
(我が社の社員でそんなにぐずぐずする人いません。)

동물치고 이렇게 사람을 따르는 동물은 처음 보았다.
(動物でこんなに人になつく動物は初めて見た。)

사람치고 돈 싫어하는 사람이 있습니까?
(人間でお金が嫌いな人がいますか。)

여자가 할 수 있는 일치고 이건 너무 힘든 일입니다.
(女性ができる仕事にしては、これはあまりに力のいる仕事です。)

(2) '－치고'に'－는'を付けて強調し、'その中では'、'例外的に'などの意味を表す。

例文 중고차치고는 새 차 같다.
(中古車にしては新車のようだ。)

얼굴이 예쁜 사람치고는 마음이 고운데.
(顔がきれいな人にしては気立てが優しいね。)

아이치고는 너무 어른스럽군.
(子どもにしてはあまり大人っぽいね。)

음식 솜씨치고는 그녀를 따를 사람이 없는 것 같아.
(料理の腕前にしては彼女に及ぶ人がいないようだ。)

이름치고는 참 멋있는 이름입니다.
(名前にしては本当にすてきな名前です。)

－커녕

先行する条件より劣る条件や状況を説明しようとする場合に用いられる。ある事実を否定するのは勿論、それほどでもないことまで否定する場合に用いる表現で、'－은/는 고사하고 －조차 아니하다(～はおろか～さえしない)'における'고사하고(おろか)'の意味を持つ。主に名詞には'－은/는 커녕'を、動詞には'－기는 커녕'を用い、'－커녕'の次にくる名詞や語尾に助詞'－도'が付く。

例文 편지는 커녕 전화 한 통도 못 받았죠.
(手紙はおろか電話一本ももらえませんでしたよ。)

목이 아파서 밥은 커녕 물도 마실 수 없어요.
(喉が痛くてご飯はおろか水も飲むことができません。)

애인은 커녕 변변한 친구 하나 없답니다.
(恋人はおろか良い友達1人いないそうです。)

예습은 커녕 복습도 해 오지 않아요.
(予習はおろか復習もしてきません。)

자기는 커녕 누워 보지도 못하고 출근했어요.
(寝ることはおろか横になってみることもできず出勤しました。)

(2) '－커녕'の後に、助詞'－조차'が付いた名詞や名詞句がくると、前の名詞のみならず後の名詞にもより一層強い否定的な意味を与える。

例文 밥은 커녕 죽 한 그릇조차 못 먹었어요.
(ご飯はおろかお粥一杯さえ食べられませんでした。)

책은 커녕 잡지조차 읽지 않으니, 뭘 알겠어요?
(本はおろか雑誌さえ読まなくて、何が分かりますか(何も分かりません)。)

일은 커녕 심부름조차 해 주는 사람이 없으니, 답답하군요.
(仕事はおろかお使いさえしてくれる人がいないから心配ですね。)

피서는 커녕 수영 한번조차 못 하고 여름을 지냈습니다.

(避暑はおろか水泳一回さえできず夏を過ごしました。)

금메달은 커녕 동메달조차도 못 땄어요.

(金メダルはおろか銅メダルさえも取れませんでした。)

第十章

時 制

제 10 장

時　制

韓国語の時制は、話す人の発話時点と事件や行為、状態などが起こった時点によって現在時制、過去時制、未来時制に分けることができる。しかし、時制を表しつつ相を表現するため、必ずしも時間的意味でのみ解釈されるものではない。

韓国語の時制を表す方法は次のとおりである。

- 終結形の活用語尾による表現(参照＜表12＞)
- 冠形詞形語尾でも時制表現が可能である。これは第13章の活用語尾による特殊表現(冠形詞形語尾318頁)において扱うことにする。
- 時間を表す副詞語が文に用いられ時制をさらに明らかにする。

1. 終結形の活用語尾による表現

1 現在形

例文 학생이 학교에 간다.

(学生が学校に行く。)

아이가 지금* 밥을 먹는다.
(子どもが今ご飯を食べる。)

학생들이 노래를 배웁니다.
(学生たちが歌を習います。)

요즘 과일 값이 비쌉니다.
(この頃、果物の値段が高いです。)

김 선생님은 마음이 좋습니다.
(金先生は気立てが良いです。)

저 사람은 회사원입니다.
(あの人は会社員です。)

책상 위에 책이 있습니다.
(机の上に本があります。)

오늘은* 날씨가 참 좋아요.
(今日は天気が本当に良いです。)

* 注意:'지금'、' 오늘'は、時間副詞語で時制をさらに明らかにする。

事物の性質や現在の状態、反復する動作や習慣および不変の真理は現在形で表現する。

例文 지구는 돈다.
(地球は回る。)

인간은 만물의 영장이다.
(人間は万物の霊長だ。)

봄이 오면 꽃이 핀다.
(春が来ると花が咲く。)

사람은 누구나 한번은 죽는다.
(人は誰でも一回は死ぬ。)

나이가 차면 결혼을 해야 합니다.
(年頃になると結婚しなければなりません。)

그 아이는 늘 모자를 쓴다.
(その子はいつも帽子をかぶっている。)

発話時以降に事件が起こっても、それが予定されていたことであれば、現在形で表現する。

例文 난 내일 아침 비행기로 떠난다.
(私は明日の朝飛行機で発つ。)

시험 결과는 내일 알려 드려요.
(試験の結果は明日お知らせいたします。)

아들이 내년에 대학을 졸업해요.
(息子が来年大学を卒業します。)

30분 있으면 학교 수업이 끝나요.
(30分経てば学校の授業が終わります。)

비행기가 곧 출발합니다. 빨리 타세요.
(飛行機がもうすぐ出発します。早く乗ってください。)

2 過去形

韓国語の過去時制は、動作動詞の語幹や状態動詞の語幹に過去時制を表す語尾'－었(았, 였)'を付けて表現する。

〈表12〉 終結形の活用語尾

	－(ㄴ/는)다	－ㅂ/습니다	－어(아,여)요	－지 않아요
가다	간다	갑니다	가요	가지 않아요
보다	본다	봅니다	봐요	보지 않아요
먹다	먹는다	먹습니다	먹어요	먹지 않아요
배우다	배운다	배웁니다	배워요	배우지 않아요
쓰다	쓴다	씁니다	써요	쓰지 않아요
치다	친다	칩니다	쳐요	치지 않아요
하다	한다	합니다	해요	하지 않아요
좋다	좋다	좋습니다	좋아요	좋지 않아요
비싸다	비싸다	비쌉니다	비싸요	비싸지 않아요
예쁘다	예쁘다	예쁩니다	예뻐요	예쁘지 않아요
이다	이다	입니다	이에요	이지 않아요＊
있다	있다	있습니다	있어요	있지 않아요

＊実際は、'－이지 않아요'より'－이/가 아니에요'を多用する。

〈表13〉 過去形

	－었(았,였)다＊①	－었(았,였)습니다	－었(았,였)어요	－지 않았어요
가다	갔다＊②	갔습니다	갔어요	가지 않았어요
보다	보았다/봤다＊②	보았습니다	보았어요	보지 않았어요
먹다	먹었다	먹었습니다	먹었어요	먹지 않았어요
배우다	배웠다＊②	배웠습니다	배웠어요	배우지 않았어요
쓰다	썼다＊②	썼습니다	썼어요	쓰지 않았어요
치다	쳤다＊②	쳤습니다	쳤어요	치지 않았어요
하다	하였다/했다＊②	하였습니다/했습니다	했어요	하지 않았어요
좋다	좋았다	좋았습니다	좋았어요	좋지 않았어요
비싸다	많았다	많았습니다	많았어요	많지 않았어요
예쁘다	예뻤다	예뻤습니다	예뻤어요	예쁘지 않았어요
이다	이었다	이었습니다	이었어요	
있다	있었다	있었습니다	있었어요	있지 않았어요

＊① 動詞の語幹の母音が'ㅏ'、'ㅗ'の場合は'－았'を付け、母音が'ㅓ, ㅜ, ㅡ, ㅣ'の場合は'－었'を付ける。また'하다'動詞には'－였'を用いる。

＊② ㅏ＋ㅏ→ㅏ, ㅗ＋ㅏ→ㅘ, ㅜ＋ㅓ→ㅝ, ㅡ＋ㅓ→ㅓ, ㅣ＋ㅓ→ㅕ, ㅏ＋ㅕ→ㅐ

(1) '－었(았, 였)'を用いると、出来事や状態が過去であったことを表す。

例文 어제 비가 왔어요.
(昨日雨が降りました。)

어머님이 외출하셨습니다.
(お母様が外出されました。)

그 아이는 어릴 때 무척 예뻤어요.
(その子は幼いときとてもかわいかったです。)

그 사람은 제 한국말 선생이었습니다.
(その人は私の韓国語の先生でした。)

나는 어제 집에 있었어요.
(私は昨日家にいました。)

(2) ある出来事が完了し、その状態が現在まで継続していることを表す。

例文 그 사람은 어제 부산에 갔어요.
(その人は昨日釜山に行きました。)

지금 숙제를 다 끝냈습니다.
(今宿題を全部終えました。)

김 선생을 만났어요.
(金先生に会いました。)

그림을 그렸다가 찢어버렸어요.
(絵を描いてから破ってしまいました。)

이제 담배를 끊었습니다.
(もうタバコをやめました。)

(3) 発話時よりずっと前に起こった出来事、行為、状態を表す場合や過去の経験を表す場合には'－었(았,였)었－ 'を用いる。

例文 김 선생이 어제 여기에 왔었어요.
(金先生が昨日ここに来ていました。)

그 사람 주소를 알았었는데, 지금은 잊어 버렸어요.
(その人の住所を知っていましたが、今は忘れてしまいました。)

그 여자는 가끔 빨간 옷을 입었었다.
(彼女は時たま赤い服を着ていた。)

나는 어제 부산에 갔었어요.
(私は昨日釜山に行っていました。)

그 분은 미국에 유학갔었어요.
(その方はアメリカに留学していました。)

(4) 過去関連の副詞語'작년, 어렸을 때, 학생이었을 때, 젊었을 때'などを用い、過去であることをさらにはっきり表す。

例文 나는 작년에 부산에 갔었어요.
(私は去年釜山に行っていました。)

젊었을 때는 기억력이 좋았었다.
(若いときは記憶力が良かった。)

나도 얼마 전에 여기서 먹었었습니다.
(私もいくらか前にここで食べていました。)

오래전 그 분도 여기 선생님이었었습니다.
(ずっと前その方もここの先生でした。)

그 분은 예전에 미국에 유학갔었어요.
(その方は以前アメリカに留学していました。)

(5) 過去のある出来事を回想し、その当時の時間に戻って言う場合'-더'が用いられる。この場合、終結語尾には'-라, -군'などが用いられる制約がある。

例文 김 선생은 어제 고향 집에 가더라.
(金先生は昨日故郷の家に行ってたよ。)

어제는 날씨가 꽤 춥더군요.
(昨日はかなり寒かったですね。)

그 사람을 만나 보니 제 친구더군요.
(その人に会ってみたら、私の友達でしたね。)

새마을호는 아주 빠르더라.
('セマウル号'はとても速かったよ。)

김치가 맛이 있더군요.
(キムチがおいしかったですね。)

3 未来形

未来は'ー겠'または'ー(으)ㄹ 것 / 거'で表す。'ー겠'は話者の強い意志が入った表現で、'ー(으)ㄹ 거에요'は単純未来または'ー겠'よりは弱い意志を表す。詳細は表(表14)で示す。

例文 오늘 친구들이 집에 놀러 오겠군요.
(今日友達が家に遊びに来るんでしょうね。)

내일은 집에 있을 거에요.
(明日は家にいます。)

이 음식을 맛있게 먹겠습니다.
(この食べ物をおいしく食べます。)

그 책들은 이제 읽지 않겠어요.
(その本はもう読みません。)

오늘 영화 구경을 갈 거에요.
(今日映画を見に行きます。)

〈表 14〉 未来形

終結形 / 辞書形	－겠다	－겠습니다	－겠어요	－지 않겠어요	－(으)ㄹ 거에요
가다	가겠다	가겠습니다	가겠어요	가지 않겠어요	갈 거에요
보다	보겠다	보겠습니다	보겠어요	보지 않겠어요	볼 거에요
읽다	읽겠다	읽겠습니다	읽겠어요	읽지 않겠어요	읽을 거에요
있다	있겠다	있겠습니다	있겠어요	있지 않겠어요	있을 거에요

(2) '－겠'は、主語が1人称の場合、意志を表す。

例文 다시는 그 사람을 만나지 않겠어요.
(二度とその人に会いません。)

나는 지금 숙제를 하겠어요.
(私は今宿題をします。)

다방에 가서 커피를 마시겠습니다.
(喫茶店に行ってコーヒーを飲みます。)

내일은 꼭 그 일을 끝내겠습니다.
(明日は必ずその仕事を終えます。)

일이 있으면 집으로 연락하겠습니다.
(用があれば家に連絡します。)

(3) '－겠'は推測を表すこともある。

例文 내일은 비가 오겠군요.
(明日は雨が降るんでしょうね。)

그 사람도 부인을 만나겠지요.
(その人も奥さんに会うでしょう。)

어린 아이도 그 일은 할 수 있겠어요.
(小さい子どももその仕事はできるでしょう。)

그 문제는 나도 풀겠어요.
(その問題は私も解けるでしょう。)

김 선생님은 지금쯤 제주도에 도착했겠어요.
(金先生は今ごろ済洲島に到着したでしょう。)

4 進行形

進行形は'－고 있다'を用いる。動作動詞にのみ用いるが、大体、時制を表す名詞と共に用いる。主体を高めて言う場合は'－고 계시다'を用いる。反復する出来事や習慣を表すこともある。

例文 친구가 지금 기다리고 있습니다.
(友達が今待っています。)

아버님은 손님과 이야기하고 계십니다.
(お父様はお客さんとお話をしていらっしゃいます。)

어제는 집에서 숙제하고 있었습니다.
(昨日は家で宿題をしていました。)

그 사람은 요즘 소설을 쓰고 있어요.
(その人はこの頃小説を書いています。)

날마다 한국말을 공부하고 있습니다.
(毎日韓国語を勉強しています。)

第十一章

敬 語 法

제 11 장

敬 語 法

すでに韓国語の特徴で触れたように、韓国語の敬語法は、他のどの言語よりも発達している。敬語法の表現形態は大きく三つに分けられる。

1. 主体敬語法

主体敬語法は、動詞の語幹に尊待の接尾辞‘－(으)시’を付けて文の主体を高める方法である。ここで注意すべきことは、文の主語、話し手、聞き手の関係が直接的な影響を与えるという点である。また、年齢、親疎関係、社会的地位、話し手と高めるべき対象との個別的な関係を考慮しなければならない。聞き手や第三者が文の主体になることもあり得る。

動詞	Vst＋(시)*	Vst (으)시＋－ㅂ니다
가다	가시	가십니다
보다	보시	보십니다
읽다	읽으시	읽으십니다
좋다	좋으시	좋으십니다

예쁘다	예쁘시	예쁘십니다
이다	이시	이십니다
있다	있으시	있으십니다

＊ 母音で終わる動詞の語幹＋십니다
子音で終わる動詞の語幹＋으십니다

例文 선생님께서 학교에 가십니다.
(先生が学校に行かれます。)

저 분이 김 박사님이십니다.
(あの方が金博士でいらっしゃいます。)

아버지께서 신문을 보십니다.
(お父さんが新聞を見ていらっしゃいます。)

한국말 책이 있으십니까?
(韓国語の本がおありですか。)

그 분이 그렇게 예쁘십니까?
(その方がそんなにきれいでいらっしゃいますか。)

'－(으)시'の用法は、相当に制約を受ける。多少複雑ではあるが、いくつか例を挙げる。

1 聞き手が文の主体より年齢や社会的地位などが高い人物である場合には、主体が話し手より高い人物であっても(すなわち、尊待の関係が'聞き手＞文の主体＞話し手'である場合)'－(으)시'は用いられない。

例文 할아버지, 아버지가 지금 왔습니다.
(おじいさん、父が今来ました。)

어머니, 형이 돌아 왔어요.
(お母さん、兄が帰って来ました。)

박사님, 제 선배는 교수예요.
(博士、私の先輩は教授です。)

선생님, 이 사람이 제 형인데요.
(先生、この人が私の兄ですが。)

교수님, 김 선배가 논문을 발표했대요.
(教授、金先輩が論文を発表したそうです。)

2 主体が地位の高い人物であっても、ニュース報道や知識の伝達のための教科書などの公式的な表現では'-(으)시'は用いられない。

例文 대통령이 미국을 방문한다.
(大統領がアメリカを訪問する。)

김유신 장군은 삼국을 통일했습니다.
(金庾信将軍は三国を統一しました。)

졸업식에서 총장이 격려사를 했다.
(卒業式で総長が激励の辞を述べた。)

군 책임자가 일선을 시찰했다지요.
(軍の責任者が一線を視察したそうです。)

그 사고의 책임을 학교장이 졌다.
(その事故の責任を学校長が負った。)

3 高めるべき対象の身体の部分や個人的な所有物に関する語には、'-(으)시'を付けて間接的に高める。

例文 선생님께서는 감기가 드셨습니다.
(先生は風邪を引かれました。)

김 선생님께서는 연세가 많으십니다.
(金先生はご高齢です。)

이 선생님께서는 얼굴이 예쁘십니다.

(李先生はお顔がきれいでいらっしゃいます。)

박 사장님께서는 돈이 많으십니다.
(朴社長はお金持ちでいらっしゃいます。)

차가 없으셔서 불편하시겠어요.
(お車が無くてご不便でしょう。)

4 主体を高めることが聞き手と関係がある場合もあり、話し手が文の主体より高くても文の主体が聞き手より高い場合(尊待関係が'話し手>主体>聞き手'の場合)には'-(으)시'を用いることができる。

例文 영수야, 너의 아버지 회사에 나가셨니?
(ヨンス、君のお父さん会社に出かけられたの？)

아가야, 어머님께 빨리 오시라고 해라.
(僕、お母さんに早くおいでくださいと言いなさい。)

얘야, 아버지 진지 잡수시라고 해.
(おい、お父さんにご飯召し上がりくださいと言いなさい。)

부모님께 내일 9시에 떠나시라고 일러라.
(ご両親に明日9時にご出発くださいと言いなさい。)

삼촌께 시간 맞춰 약을 드시라고 해라.
(おじさんに時間に合わせて薬をお飲みくださいと言いなさい。)

2. 対者敬語法

話し手は聞き手の社会的地位、年齢、家族関係、親疎関係によって終結形態を選択しなければならないが、これが対者敬語法である。対者敬語法は二つに分けられるが、一つは格式体で、もう一つは非格式体である。

格式体には尊待形、中立形、下待形(＝반말)があり、非格式体には尊待形、下待形がある。次の〈表15〉は、対者敬語法における文の終結形態を示したものである。

〈表 15〉 対者敬語法

			叙述形	疑問形	命令形	勧誘形	感嘆形
格式体	尊待形	動	-ㅂ/습니다	-ㅂ/습니까	-(으)십시오	-(으)십시다	-는구료
		状	-ㅂ/습니다	-ㅂ/습니까			-구료
		叙	-(이)ㅂ니다	-(이)ㅂ니까			-(이)로구료
	中立形	動	-네,-데,-(으)ㄴ 세	-(으)ㄹ까, 는가 -던가	-게	-세	-는구먼
		状	-네, -데. -(으)이	-(으)ㄹ까, -(으)ㄴ가 -던가			-구먼
		叙	-(이)네, -(이)데, -(이)ㄹ세	-(이)ㄹ까, -(이)ㄴ가 -(이)던가			-(이)구먼
	下待形	動	-ㄴ/는다, -(더)라 -ㄴ니라, -(으)리라, -(으)마	-니, -느냐	-어(아,여)라 -너라, 거라 -(으)려무나 -(으)렴	-자	-는구나
		状	-다, -(으)니라, -(더)라	-(으)니, -(으)냐			-구나
		叙		-(이)니, -(이)냐			-(이)구나
非格式体	尊待形	動	-어(아, 여)요, -지요	-어(아, 여)요, -지요	-어(아, 여)요 -지요	-어(아, 여)요 -지요	-는군요
		状	-어(아, 여)요, -지요	-어(아, 여)요, -지요			-군요
		叙	(이)지요, -이어/여요 (이)네요, -(이)데요	-어(아,여)요, -(이)지요			-(이)군요 -(이)로군요

	下待形	動	-어(아, 여), -지	-어(아, 여), -지	-어(아, 여), -지	-어(아, 여), -지	-는군
		状	-어(아, 여), -지	-어(아, 여), -지			-군
		叙	-(이)야, -(이)지	-(이)야, -(이)지			-(이)군 -(이)로군

① 動作動詞＝動、状態動詞＝状、叙述格助詞'－이다'＝叙

② 非格式体では、文の末尾のイントネーションにより叙述、疑問、命令、勧誘の意味を表すことができる。

③ 状態動詞および叙述格助詞'－이다'は、命令形または勧誘形が成立しない。

1 格式体

格式体は儀礼的であり、表現が直接的かつ客観的であるため、公式的な場または話し手と聞き手が親密な間柄ではなくよそよそしい関係である場合に用いられる。

尊待形

話し手が聞き手に対して当然表すべき尊敬を表し、 聞き手に対する尊敬と共に話し手の謙譲が表れるもので、 丁重な対話や公式な席上で話し手が聞き手を非常に高める場合に用いる。 また話し手が聞き手に初めて会った場合やお互いに良く知らない場合には、話し手と聞き手の社会的上下関係とは関わりなく用いられることもある。

例文 철수가 집에 **갑니다**.
(チョルスが家に行きます。)

동생이 밥을 **먹습니다**.
(弟がご飯を食べます。)

도서관엔 책이 **많습니까?**
(図書館には本がたくさんありますか。)

이 꽃이 매우 예쁘구료!
(この花がとてもかわいいですね。)

저 분이 이 대학교 총장이십니까?
(あの方がこの大学の総長でいらっしゃいますか。)

천천히 말씀하십시오.
(ゆっくりお話ください。)

中立形

年齢や社会的地位の高い話し手が、 自分より下の聞き手をあまり低めないで、ある程度立てる場合に用いる。したがって、これは聞き手がある程度年を取った人である場合にふさわしい表現である。 また、 年齢の高い同年輩同士でも用いられる。

例文 여보게, 난 내일 미국으로 떠나네.
(おい、私は明日アメリカに出発するよ。)

그 분의 새 차가 멋이 있네.
(その方の新車がすてきだよ。)

내일 누가 오는가?
(明日誰が来るの。)

지금 바로 사무실로 오게.
(今すぐ事務室に来なさい。)

그 아이가 학교를 잘 다니던가?
(その子は学校にちゃんと通っていたの？)

늦었으니, 빨리 가세.
(遅れたから早く行きましょう。)

덥더니, 비가 오는구먼.
(暑いと思ったら雨が降っているね。)

下待形

年齢や社会的地位の高い人が若年者に用いる表現であるが、同年輩同士で親しい間柄である場合にも用いられる。このとき、同年輩であっても中年以上である場合には、中立形が用いられる。そして、新聞や雑誌など特定の個人を相手としない表現にも下待形が用いられるが、この場合には読者を低める意図はない。

例文 영희는 지금 잔다.
(ヨンヒは今寝ている。)

영철이는 지금 목욕을 하고 있다.
(ヨンチョルは今お風呂に入っているよ。)

그 신발 참 예쁘다.
(その靴はほんとうにかわいい。)

밥 먹었니?
(ご飯食べたの？)

학교에 늦을라. 서둘러라.
(学校に遅れるかもしれない。急ぎなさい。)

이번 주말엔 백화점에 구경가자.
(今度の週末にはデパートにウインドーショッピングしに行こう。)

참 좋은 물건이 많구나!
(本当にいい品物が多いね。)

話し手が特に丁寧な意を表すとき、聞き手を高めるため、'－(으)옵'、'삽 / 시옵 / 사오'、'잡 / 자옵 / 자오'を用いることもある。しかしこれは、昔は多く用いられたが、現在の一般的な対話ではほとんど用いられない。

例文 그동안 안녕하셨사옵니까?

(その間お元気でいらっしゃいましたか。)

안녕히 계시옵소서.
(さようなら。)

2 非格式体
非格式体は、あまり格式張らず柔らかく主観的な感じを与える。したがって、非常に親しい間柄や親近感のある聞き手に用いる。非格式体の尊待形は、下待形に'－요'を付けて用いる。

尊待形

例文 제주도는 참 아름답지요?
(済洲島は本当に美しいでしょう?)

예, 그래요.
(はい、そうです。)

지금 12시에요.
(今12時です。)

시간이 없으니, 빨리 가세요.
(時間が無いから早くお行きなさい。)

같이 먹어요.
(一緒に食べましょう。)

시간이 참 빠르군요.
(時間が本当に早いですね。)

下待形

例文 형은 지금 자.
(兄は今寝ている。)
이건 내 책이야.

(これは私の本だ。)

오늘 저녁엔 뭐 먹어?
(今日の夕食は何食べる。)

일어나, 어서 학교에 가.
(起きな、早く学校に行きな。)

그럼, 내 차로 가지.
(では、私の車で行こう。)

딸기가 참 맛이 있군!
(いちごが本当においしいなあ。)

韓国では、普通、対話の中で格式体と非格式体の'ー어(아,여)요'体を混ぜて用いる。しかし、公的なことや正式に礼儀を守らなければならない公的な席では、格式体の尊待語を用いるのが常識である。

例文 좀 서두르세요. 곧 차가 올 겁니다.
(ちょっと急いで下さい。すぐ車が来るでしょう。)

빨리 먹읍시다. 배가 고파요.
(早く食べましょう。お腹がすきました。)

좀 쉽시다. 그리고 커피 한 잔씩 마셔요.
(ちょっと休みましょう。そしてコーヒー1杯ずつ飲みましょう。)

어서 드세요. 음식은 또 있습니다.
(さあ、召し上がりください。料理はまだあります。)

그만 말씀하십시오. 다 알아요.
(話はそれくらいにしてください。全部知っています。)

'ー어(아,여)は、母音の調和によって異なる。これを表で示すと次のとおりである。

〈表 16〉 母音調和

先行母音	後続母音	短縮と脱落	例
아	아(요)	아(요)	가요
오		와(요)	봐요
어	어(요)	어(요)	서요
우		워(요)	배워요
으		어(요)	써요
이		여(요)	가르쳐요
하	여(요)	해(요)	일해요

上表のとおり、先行母音と後続母音が同じであれば(가아 → 가, 서어 → 서)一つが脱落し、異なると(쓰어 → 써)先行母音'으'が脱落することが分かる。そして、このほかの場合には短縮が生じる。先行母音と後続母音の間に子音、すなわち、終声がある場合には短縮や脱落は生じない。

動詞	動詞語幹＋-어(아,여)요
잡다	잡아요
좁다	좁아요
먹다	먹어요
죽다	죽어요
늙다	늙어요
싫다	싫어요

3. 語彙による高低の表現

韓国語には特に尊待の意味を持つ単語があり、 これを尊称語というが、すべての単語に対応して存在するものではない。しかし、高低を表現するとき、適切な尊称語を用いなければ正しい文章にならない。

単語の種類による尊称語の対応関係を示すと<表17>のとおりである。これらは高める表現と低める表現を示す特殊な語彙であるが、 単語の形態が変わったものと、高める意味のある助詞が用いられるもの、接尾辞が付いて成り立ったものなどがある。

〈表 17〉 語彙による高低表現

品　詞	日 常 語	尊 称 語	謙 譲 語
名詞	말 나이 밥 병 집	말씀 연세 진지 병환 댁	
代名詞	그 사람 나 우리	그 분	저 저희
動詞	주다 묻다 / 말하다 보다 자다 먹다 있다 죽다 데리다	드리다 여쭈다 / 여쭙다 뵙다 주무시다 잡수시다 계시다 돌아가시다 모시다	

助詞	-이 / 가 -에게	-께서 -께	
接尾詞		-님	

例文 선생님이 그렇게 말씀하셨어요.
(先生がそのようにおっしゃいました。)

제 말씀은 그것이 아닙니다.
(私の話はそれではありません。)

어머님 연세는 쉰 다섯이고 제 나이는 스물 셋입니다.
(お母様のお年は55で、私の年は23です。)

아침 진지 드세요. 할아버님.
(朝ごはんお召し上がりください、お祖父様。)

목사님! 안녕히 주무셨어요?
(牧師様、おはようございます。)

박사님, 내일 또 뵙겠어요.
(博士、明日またお目にかかります。)

아버님께 드리려고 꽃을 샀어요.
(お父様に差し上げようと花を買いました。)

어머님께서 할머님을 모시고 오라고 하셨어요.
(お母様がお祖母様をお連れしなさいとおっしゃいました。)

저희 아버님은 10년 전에 돌아가셨습니다.
(私の父は10年前に亡くなりました。)

지금 댁엔 누가 계십니까?
(今お宅にはどなたがいらっしゃいますか。)

많이 잡수세요. 과일이 싱싱하죠?
(たくさんお召し上がり下さい。果物が新鮮でしょう？)

어른께 여쭙고 친구 집에 놀러 가겠어요.

(目上の方にお話しして友達の家に遊びに行きます。)

第十二章

否　定

제 12 장

否　定

韓国語の否定は、　文の類型と叙述語の種類により異なって表現される。韓国語の否定形を表で示すと次のとおりである。

〈表 18〉 否定形

動詞の種類	文章の種類の形態	形態	
		短形否定	長形否定
動作動詞	叙述、疑問	‘안’	‘−지 않(아니하)−’
		‘못’	‘−지 못하−’
	命令、勧誘	−지 말−	
状態動詞	叙述、疑問	‘안’	‘−지 않(아니하)−’
‘이다’動詞	叙述、疑問	‘−이 / 가 아니다’	
‘있다’動詞	叙述、疑問	‘−이 / 가 없다’	
‘알다’動詞	叙述、疑問	‘−모르다’	

1. 叙述文と疑問文の否定

叙述文と疑問文の否定は、短形否定と長形否定に分かれるが、前者は動詞の前に'안'または'못'を伴い、後者は'－지 않(아니하)－'または'－지 못하－'が付く。

'안'否定文と'－지 않(아니하)－'否定文は、主体の意志による行動の否定を意味し、動作動詞と状態動詞に広く用いられる。'못'否定文と'－지 못하－'否定文は主体の意志ではない能力の不足や外的な原因のためにその行為が起こり得ないという意味の否定であり、動作動詞には適合するが、状態動詞にはよく用いられない。

例文 철수는 학교에 갔습니다.
(チョルスは学校に行きました。)

철수는 학교에 **안 갔습니다**.
(チョルスは学校に行きませんでした。)
철수는 학교에 **가지 않았습니다**. (아니하였습니다)
(チョルスは学校に行きませんでした。)
철수는 학교에 **못 갔습니다**.
(チョルスは学校に行けませんでした。)
철수는 학교에 **가지 못했습니다**. (못하였습니다)
(チョルスは学校に行けませんでした。)

철수는 학교에 갔습니까?
(チョルスは学校に行きましたか。)

철수는 학교에 안 갔습니까?
(チョルスは学校に行きませんでしたか。)
철수는 학교에 가지 않았습니까? (아니하였습니까?)
(チョルスは学校に行きませんでしたか。)
철수는 학교에 못 갔습니까?
(チョルスは学校に行けませんでしたか。)
철수는 학교에 가지 못했습니까? (못하였습니까?)
(チョルスは学校に行けませんでしたか)

그 꽃이 예쁩니다.
(その花がきれいです。)

그 꽃이 안 예쁩니다.
(その花がきれいではありません。)
그 꽃이 예쁘지 않습니다. (아니합니다.)
(その花がきれではありません。)

그 꽃이 예쁩니까?
(その花がきれいですか。)

그 꽃이 안 예쁩니까?
(その花がきれいではありませんか。)
그 꽃이 예쁘지 않습니까?
(その花がきれいではありませんか。)

ところで、短形否定文を作るとき注意しなければならない点がある。名詞に接尾辞'－하다'が付いてできた動詞は、'－하다'に付いた名詞と'－하다'

の間に'안'または'못'が入らなければならない。

例文 철수는 지금 숙제합니다.
(チョルスは今宿題をしています。)

철수는 지금 숙제 안 합니다.
(チョルスは今宿題をしていません。)
철수는 지금 숙제하지 않습니다.
(チョルスは今宿題をしていません。)

철수는 지금 한국말을 공부합니다.
(チョルスは今韓国語を勉強しています。)

철수는 지금 한국말을 공부 못합니다.
(チョルスは今韓国語を勉強することができません。)
철수는 지금 한국말을 공부하지 못합니다.
(チョルスは今韓国語を勉強することができません。)

2. 命令文と勧誘文の否定

命令文と勧誘文の否定は'-지 말-'で表現される。

例文 집에 가라 (가거라).
(家に行け。)

집에 가지 말아라.
(家に行くな。)

집에 가자.
(家に行こう。)

집에 가지 말자.
(家に行かないようにしよう。)

3. 単語による否定

'-이다'が叙述語であるときは'-이 / 가 아니다'に変えると否定文になり、'있다'は'없다'に変える。そして'알다'の否定形は'모르다'である。

例文 철수는 학생이다.
(チョルスは学生だ。)
철수는 학생이 아니다.
(チョルスは学生ではない。)

책상에 책이 있다.
(机に本がある。)
책상에 책이 없다.
(机に本がない。)

그 분은 한국말을 안다.
(その方は韓国語を知っている。)
그 분은 한국말을 모른다.
(その方は韓国語を知らない。)

4. 確認の疑問文に用いられる否定

否定の形態で表れるが、否定を意味するのではなく、叙述の内容をもう一度確認するものである。この場合は長形否定'ー지 않다'だけが用いられる。

例文 이 김치가 **맵지 않아요?**
(このキムチが辛くないですか。)

철수는 집에 **갔지 않니?**
(チョルスは家に帰ったんじゃないの?)

너는 밥을 **먹지 않았니?**
(君はご飯を食べなかったの?)

이 문장은 벌써 **배우지 않았습니까?**
(この文章はもう習いませんでしたか。)

제가 지난번에 알려 **드리지 않았습니까?**
(私がこの間お知らせいたしませんでしたか。)

第十三章

活用語尾による特殊表現

제 13 장

活用語尾による特殊表現

動詞の活用語尾には、文を完了させる終結語尾、文を完了させずさらに他の文や単語を連結させる連結語尾、 そして一つの文をより大きな文の成分に転化させる転成語尾すなわち冠形詞形語尾と名詞形語尾などがあることを第8章で詳しく説明した。これをもう少し詳しく考察することとする。

1. 終結語尾

韓国語の終結語尾は、五つに区分される。

例文 나는 집에 갑니다.
(私は家に行きます。)

나는 시장에서 사과를 사겠다.
(私は市場でりんごを買う。)

학생이 도서관에 많습니까?
(学生が図書館に多勢いますか。)

지금 무엇을 하나?

(今何してる。)

안녕히 계십시오.
(さようなら。)

이 신문을 읽게.
(この新聞を読みなさい。)

자, 점심을 먹읍시다.
(さあ、お昼を食べましょう。)

같이 영화를 보자.
(一緒に映画を見よう。)

요즘은 날씨가 매일 흐리군요.
(この頃は天気が毎日曇っていますね。)

그래 공기도 안 좋구려.
(それで空気も良くないね。)

〈表 19〉 終結語尾

種 類	動詞語幹＋終結語尾	例 文	説 明
叙述形	Vst+-ㅂ니다 -습니다 -다, -네, -(으)오	갑니다 읽습니다	動詞の語幹が 母音で終わる場合 -ㅂ니다
疑問形	Vst+-ㅂ니까 -습니까 -느냐, -는가, -오(소)	갑니까? 읽습니까?	-ㅂ니까 -십시오 -ㅂ시다
命令形	Vst+-십시오 -으십시오 -어라, -게, -(으)오	가십시오 읽으십시오	子音で終わる場合 -습니다
勧誘形	Vst+-ㅂ시다 -읍시다 -자, 세	갑시다 읽읍시다	-습니까 -으십시오 읍시다
感嘆形	Vst+-(는)군요 -구나, -구려	가는군요	状態動詞の語幹 -군요

1 終結語尾と対者敬語法

韓国語では、話し手と聞き手の年齢、社会的地位、家族関係などによって、尊待等級が異なるのが特徴である。話し手と聞き手の間のこのような尊待関係は終結語尾に表れる(参照204頁)。

2 特別な用法の終結語尾

終結語尾の中で、単純にある事実に対し文を完了させるのではなく、事実に対する話し手の感じや判断を表現するか、聞き手の意向を尋ねる様相を表すものがある。

Vst(으)ㄹ까(요)?

主語によって推定や意図の意味を表す疑問形終結語尾である。'요'を付けると敬語になる。

(1) 主語が1人称単数であれば、行動に対する聞き手の意思を尋ねる形式になる。

例文 제가 먼저 제 이름을 소개할까요?
(私が先に私の名前を紹介しましょうか。)

제가 한번 그 분 사무실에 전화해 볼까요?
(私が一度その方の事務室に電話してみましょうか。)

내가 우선 약속 장소에 나가 볼까?
(私がまず約束の場所に出かけてみようか。)

내가 그 학생을 도와 줄까?
(私がその学生を助けてあげようか。)

제가 선생님께 한 가지 여쭈어 볼까요?
(私が先生に一つお尋ねしましょうか。)

(2) 主語が1人称複数であれば、話し手の意図に対する聞き手の許しを求める形式になる。

例文 우리 같이 한 잔 할까?
(一緒に一杯やろうか。)

같이 한번 의논해 볼까?
(一緒に一度相談してみようか。)

우리 운전을 배워 볼까요?
(私たち運転を習ってみましょうか。)

틈날 때, 헬스클럽이라도 다녀 볼까요?
(暇なとき、スポーツセンターにでも通ってみましょうか。)

오랜만에 영화 구경이나 갈까요?
(久しぶりに映画でも見に行きましょうか。)

(3) 主語が客観化された1人称や2人称であれば、主語の行動や状態に対する話し手の推測が表れる。

例文 내가 혼자 이 숙제를 할 수 있을까?
(私一人でこの宿題ができるだろうか。)

내가 이 문제를 풀어 낼까?
(私がこの問題を解けるだろうか。)

네가 우리 형편을 알아줄까?
(君は私たちの事情が分かってくれるだろうか。)

너희들이 제 시간에 올까?
(君たちが定刻に来るだろうか。)

한 시간이면 그곳에 도착할 수 있을까요?
(1時間あればそこに到着できるでしょうか。)

(4) 主語が3人称であれば、主語の行動や状態に対する話し手の推測を表す。

例文 내일쯤 그 분이 서울에 도착하실까?
(明日あたりその方がソウルに到着されるだろうか。)

철수가 그 점수로 대학에 합격할 수 있을까?
(チョルスがその点数で大学に合格できるだろうか。)

김 선생이 약속을 잊지 않았을까요?
(金先生が約束を忘れていないでしょうか。)

금년 겨울에도 날씨가 추울까요?
(今年の冬も寒いでしょうか。)

혼자 외국에 가면 외롭지 않을까요?
(一人で外国に行けば寂しくないでしょうか。)

Vst(으)ㄹ까 말까

主語が動作に対する意図を確実に選択して決められずに迷っている場合に用いる。'말다'の代わりに他の動詞が用いられることもある。主に動作動詞と共に用いられる。

例文 너한테 이 비밀을 얘기할까 말까.
(君にこの秘密を話そうか話すまいか。)

다음 학기에는 학교에 올까 말까 생각 중이에요.
(次の学期には、学校に来ようか来るまいか考えているところです。)

외국 유학을 갈까 말까 망설이고 있습니다.
(外国留学に行こうか行くまいか迷っています。)

편지를 쓸까 숙제를 할까 하다가 아무 것도 못했어요.
(手紙を書こうか宿題をしようかと考えつつ何もできませんでした。)

진학을 할까 시집을 갈까 고민중이에요.
(進学しようか嫁に行こうか悩んでいるところです。)

Vst(으)ㄹ까 하다

これから起こる動作に対する推測や計画を表し、'－(으)ㄹ까 해서''－(으)ㄹ까 하고, －(으)ㄹ까 해도,－(으)ㄹ까 하니까'など多様に活用して用いられる。

例文 이번 주말에는 집에서 **쉴까 합니다**.
(今度の週末には家で休もうかと思います。)

책을 읽을까 하고 도서관에 갔습니다.
(本を読もうかと思って図書館に行きました。)

비가 **올까 해서** 우산을 가져 왔어요.
(雨が降るかと思って傘を持ってきました。)

여행을 **갈까 하고** 서울역에 나왔습니다.
(旅行に行こうかと思ってソウル駅に出てきました。)

그 친구와 **의논할까 했지만** 미덥지가 않아요.
(その友達と相談しようかと思いましたが、信用がおけません。)

Vst(으)ㄴ / 는 / (으)ㄹ걸

事実に対する断定的な表現で、 状態動詞には'－(으)ㄴ걸'または'－(으)ㄹ걸'を用い、動作動詞には三つを全部用いることができる。'－(으)ㄴ걸'はすでに起こったことを、 '－는걸'は現在進行中であるか習慣的なことを、'－(으)ㄹ걸'はこれから起こることに対する推測を表す。'－요'を付けると敬語になる。

例文 방학이지만, 도서관은 계속해서 **여는걸요**.
(休みですが、図書館は引き続き開いていますよ。)

그 사람은 남의 일이라면, 발 벗고 **나서는걸요**.
(その人は他人事なら一肌脱ぎますよ。)

그 학생은 작년에 대학원을 졸업한걸요.
(その学生は去年、大学院を卒業しましたよ。)

신호등을 보지 않고 건너면 위험한걸요.
(信号を見ないで渡ると危ないですよ。)

가을에는 호텔마다 만원일걸요.
(秋にはホテルが皆満室でしょう。)

Vst(으)ㄹ걸 (그랬다)

ある事ができなかったことを後悔するか、残念がる場合に用いる。普通、後に'그랬다'を用いるが、省略されることもある。

例文 속이 안 좋은데, 점심을 굶을걸 그랬어요.
(お腹の調子が良くないので、昼食を抜くべきでした。)

친구들이 오는 줄 알았으면, 외출하지 않을걸.
(友達が来ると分かっていたら外出しなかったものを。)

오늘부터 연휴인 줄 알았더라면, 여행이라도 갈걸.
(今日から連休であると知っていたなら旅行にでも行ったのに。)

미리 시험준비를 했더라면, 좋았을걸.
(予め試験準備をしておけば良かったのに。)

Vst던걸

'－던 것을'の短縮形で、すでに経験した事を回想しながら新しい事実を知るようになるか、既に起こった事に対する残念な気持ちや哀惜の念を表すときに用いる。'－요'を付けると敬語になる。

例文 그 애가 그림을 제법 잘 그리던걸.
(その子が絵をなかなかうまく描いてたよ。)

보기는 그래도 음식 맛이 좋던걸요.

(見た目はそうでも料理の味は良かったですよ。)

그 학생이 저녁에는 학원에 **다니던걸요**.
(その学生が夕方は塾に通っていましたよ。)

예쁘게 꾸미니까 그 여자애도 **괜찮던걸**.
(きれいに装うと、その女の子も悪くなかったよ。)

여기 저기 알아보니까 그만한 직장도 **없던걸요**.
(あちこち調べてみると、それほどの職場も無かったですよ。)

Vst(으)ㄹ게(요)

ある事実に対して話し手が確認し、念を押す場合に用いる叙述形式である。この場合の主語は常に1人称である。'－요'が付くと敬語になる。

例文 오늘은 집에 일찍 **들어 올게**.
(今日は早く家に帰るから。)

내가 그 일을 **할게**.
(私がその仕事をするから。)

숙제부터 하고 저녁을 **먹을게요**.
(宿題をしてから夕飯を食べますから。)

내일 오전에 선생님께 **전화드릴게요**.
(明日の午前、先生にお電話差し上げますから。)

시장에 가서 좋은 물건이 있으면 하나 **살게요**.
(市場に行って良い品物があれば一つ買いますから。)

Vst었(았, 였)구나
Vst(는)군 / 구나
Vst겠구나

感嘆形であり、話そうとする事実が過去に起こった事であるか、過去から現在まで継続してきた事である場合には、'－었(았, 였)구나'、現在起こって

いる事実を見知っている場合には'－(는)구나'、 これから起こることを確実に推定する場合には'－겠구나'を用いる。'－군'の後には'－요'が付いて敬語としても用いられるが、'－구나'には'요'を付けることができない(参照208頁)。

例文 한국말을 공부하시는군요.
(韓国語を勉強していらっしゃるのですね。)

저 아이들이 말을 아주 잘 하는구나.
(あの子たちは話がとても上手だね。)

넌 옛날부터 공부를 잘 했구나.
(君は昔から勉強が良くできたんだね。)

오늘 날씨가 꽤 춥군요.
(今日はかなり寒いですね。)

비가 오는 걸 보니 내일은 춥겠구나.
(雨が降っているところを見ると明日は寒いだろうね。)

Vst나(요)?

事実か否かをいくらか柔らかく尋ねる疑問形終結語尾で、後に'－요'が付くと敬語になる。また、これは'－(으)ㄴ / 는가(요)'に置き換えることができる。

例文 어떻게 하면 외국어를 빨리 배울 수 있나요?
(どうすれば外国語を早く学ぶことができるのですか。)

윗사람이 바뀌면 아랫사람도 바뀌나요?
(上の人が変われば下の人も変わるのですか。)

제가 그 서류에 서명해야 하나요?
(私がその書類に署名しなければならないのですか。)

지금 밖은 얼마나 추운가요?
(今外はどれくらい寒いのですか。)

이걸 신문에 내도 괜찮은가?
(これを新聞に出してもいいのかい。)

Vst나보다

動作動詞に多く用いるが、 過去時制を入れて用いる場合には動詞に制約がない。また動作動詞に'-는가 보다'を用いることもある。

例文 교실에 아무도 없나 봅니다.
(教室に誰もいないようです。)

그 친구는 출장을 내일쯤 떠나나 봐요.
(その友達は明日あたり出張に出るようです。)

벌써 꽃이 다 시들었나 봐요.
(もう花が全部萎れたようです。)

눈물을 흘리는 걸 보니까 좀 매웠나 봅니다.
(涙を流しているところを見ると少し辛かったようです。)

오늘 손님이 많이 오는가 봐.
(今日お客さんがたくさん来るようだ。)

Vst(으)ㄴ가 보다

状態動詞には'-(으)ㄴ가 보다'を用いる。

例文 피곤한가 봐요. 밤을 새웠다고 하던데요.
(疲れているようです。徹夜したと言っていましたよ。)

한국말 배우기가 어려운가 봐요.
(韓国語を学ぶのが難しいようです。)

밖의 날씨가 꽤 추운가 봐요.
(外はかなり寒いようです。)

기분이 안 좋은가 본데, 말 시키지 마세요.

(気分が良くないようですから話しかけないでください。)

사랑하던 사람과 결혼해서 행복한가 봐요.
(愛していた人と結婚して幸せそうです。)

Vst던가(요)?

過去のことに対して話し手自らか、聞き手の回想を尋ねるもので、疑問を表す終結語尾である。過去時制'-었'が付く場合には、動作が完了したことを表す。

例文 내가 왜 친구에게 그런 거짓말을 했던가?
(私はどうして友達にそんな嘘をついたのだろうか。)

그가 떠날 때 우리가 왜 붙잡지 않았던가?
(彼が去るとき、我々はどうして引き止めなかったのだろうか。)

어제 본 영화가 재미있던가요?
(昨日見た映画が面白かったのですか。)

그 여자 친구 마음씨가 곱던가요?
(その女友達は気立てが優しかったのですか。)

길거리에 나가보니 상점 문이 많이 열렸던가요?
(通りに出てみると、商店はたくさん開いていたのですか。)

Vst(ㄴ/는)담

'-(ㄴ/는)단 말인가'もしくは'-(이)란 말인가'の短縮形である。動作動詞と共に用いられるときは'-ㄴ/ 는담'、状態動詞と共に用いられるときは'-담'が付き、名詞と共に用いられるときは'-(이)람'が付く。独白体で、ある事実に対する話し手の不平や不満を軽く吐露するものであり、 高める意味がなく、聞き手の行動に対する話し手の不満を表すものである。

例文 무슨 말을 그렇게 한담.

(何をそんなに言うのかね。)

무슨 음식을 그렇게 소리 내어 **먹는담**.
(何をそんなに音を立てて食べるのかね。)

뭘 그렇게 **꾸물거린담**.
(何をそんなにぐずぐずしているのかね。)

저런 사람이 무슨 **양반이람**.
(あんな人が何で両班かね。)

이게 무슨 엉터리 **선물이람**.
(これは何と見かけ倒しの贈り物なんだろう。)

Vst데(요)

過去のことを回想して話すとき、または、ある事実を経験してそれに基づいて相手方に知らしめるときに、報告形式で用いられる終結語尾である。間接話法'-(ㄴ / 는)다고 해요'の短縮形'-대요'と混同しやすい。

例文 밖의 날씨가 **꽤 춥데요**.
(外はかなり寒かったですよ。)

오랜만에 땀 흘려 운동을 하고 나니까 **좋데**.
(久しぶりに汗を流して運動をし終えると気持ち良かったよ。)

산꼭대기에서는 남산이 잘 **보이데**.
(山頂からは南山がよく見えたよ。)

그 친구 벌써 머리가 **벗어졌데**.
(その人はもう頭がはげてたよ。)

새벽장에 나가보니까 말씀대로 사람이 무지 **많데요**.
(朝市に出かけてみると、おっしゃるとおり人が物凄く多かったですよ。)

Vst(으)ㄹ라

大体、動作動詞の語幹に付いて、若しや悪い結果になったらと思うと、心配なので注意しなさいという意味を表す。

例文 나무에서 떨어질라. (올라가지 마라)
(木から落ちるかも知れないよ。(登るな))

좋은 사람 놓칠라. (꽉 잡아라)
(いい人を逃すかも知れないよ。(しっかり引き止めなさい))

과속하다가 사고날라.
(スピードを出し過ぎて、事故を起こすかも知れないよ。)

배 아플라. 그만 먹어라.
(お腹が痛くなるかも知れないよ。もう食べなさんな。)

말 막하다가 욕 먹을라.
(やたらに喋ると悪口を言われるかも知れないよ。)

AVst(으)ㄹ락 말락(하다)

動作がなされそうでなされないことを表す。 否定の'말다'と共に用いられ、'하다'を伴い'-(으)ㄹ락 말락 하다'の形で用いられることもある。先行文の動詞は動作動詞に限られる。

例文 그 남녀는 들릴락 말락한 작은 소리로 속삭였어요.
(その男女は聞こえそうで聞こえない小さい声でささやきました。)

아침부터 비가 올락 말락하는군요.
(朝から雨が降りそうで降らないですね。)

그 남자는 무슨 말을 할락 말락 망설이다가 그만두었어요.
(その男の人は何か話があるようでためらってましたが、話しませんでした。)

애기가 잠이 **들락 말락할 때** 손님이 와서 깼어요.
(赤ちゃんが寝入りそうなとき、お客さんが来て目を覚ましました。)

용돈이 **떨어질락 말락할 때** 고향에서 돈이 왔어요.
(お小遣いがなくなりそうなとき、故郷からお金が届きました。)

AVst(으)ㄹ래(요)

動作動詞の語幹に付いて、主語が1人称である場合には話し手の意志を表し、2人称である場合には聞き手の考えを尋ねる表現である。3人称の場合には用いられない。相手を高める場合には'요'を付ける。

例文 난 김치볶음을 **먹을래**.
(私はキムチ炒めを食べるよ。)

넌 졸업 후에 뭐 **할래?**
(君は卒業の後に何をするの。)

난 그 사람을 다시는 **안 만날래요**.
(私はその人に二度と会いませんよ。)

영수야, 너 적금을 **들래, 안 들래?**
(ヨンス、君、積み立てするかい、しないかい。)

선생님, 언제쯤 만나 **주실래요?**
(先生、いつ頃会ってくださいますか。)

Vst(으)랴?

疑問を表す半語形終結語尾で、将来話し手自身がすべき行動について相手方の意思を尋ねるものである。物事の筋道から推し量ってみれば、そのようなことはあり得ないという意味で、話し手の考えを反語的に表すこともある。

例文 힘들면 내가 **도와주랴?**
(大変なら私が手伝って上げようか。)

생일선물로 뭘 사주랴?
(誕生日プレゼントに何を買って上げようか。)

우리가 널 만나보러 가랴?
(私たちが君に会いに行こうか?)

이제 후회한들 무슨 소용이 있으랴?
(今さら後悔したって何の役に立とうか。)

뛰어간다고 떠나버린 버스를 따라잡을 수 있으랴?
(走って行ったとして出てしまったバスに追いつくことができようか。)

反復形'－으랴, －(으)랴'は、連結語尾で扱うことにする(参照298頁)。

Vst(으)려무나 / (으)렴

目下の者に自分の思いどおりにすることを承諾するか、柔らかく命令するときに用いられる終結語尾である。'－렴'は'－려무나'の短縮語である。

例文 먹고 싶으면 먹어보려무나.
(食べたければ食べてみなさいよ。)

피곤하거든 좀 눈 좀 붙이렴.
(疲れているならちょっと眠りなさいよ。)

심사숙고해서 결정하려무나.
(深思熟考して決定しなさいよ。)

슬슬 뒤따라 가보렴, 어디로 가나.
(ゆっくり跡を付けてみなさいよ。どこに行くのか。)

Vst(으)리라

話し手の推測や未来のことに対する意志を表す未来形終結語尾である。

例文 객지에서 살다보면 외로우리라.

(客地で暮らしてみると寂しいだろう。)

그가 바라는 것은 돈만이 아니리라.
(彼が望むのはお金だけではないだろう。)

시간이 주어지면 세계여행을 떠나리라.
(時間が与えられたら世界旅行に出かけるよ。)

오후에 비가 오리라고 생각했지요.
(午後に雨が降るだろうと思いましたよ。)

철이 들면 깨달으리라고 봅니다.
(分別がつけば悟るだろうと思います。)

Vst(으)셔라

主体の尊待'－(으)시'に感嘆形の語尾'－어라'が付いた形態で、大体、状態動詞や'－이다'と共に用いられる。主体を高めつつ話し手の感じを表す。感嘆を表すことば(아유, 아이고, 어머나, 아따)と共に用いられる場合が多い。

例文 아유, 부진런도 하셔라.
(まあ、何と勤勉でいらっしゃるのでしょう。)

어머나, 예쁘기도 하셔라.
(あらまあ、何ときれいでいらっしゃるのでしょう。)

아이고, 인정도 많으셔라.
(ああ、何と情け深いのでしょう。)

아따, 성미도 급하셔라.
(まあ、何と気が短いのでしょう。)

어머나, 기억력도 좋으셔라. 제 이름을 기억하시다니….
(あらまあ、何と記憶力が良くていらっしゃるのでしょう。私の名前を

覚えていらっしゃるとは・・)

Vst지(요)

話し手の強い意思を表現するか、ある事実を話し手も聞き手も承知していることを表すときに用いられる。'－지요'が'－죠'に短縮されることもある。

例文 네가 김 영수라는 학생이지?
(君がキムヨンスという学生だろう?)

한국에 처음 오신 게 아니지요?
(韓国にはじめて来られたのではないでしょう?)

저 좀 도와주실 수 있으시죠?
(私をちょっとお手伝いいただけるでしょう?)

늦었는데 빨리 가시지요.
(遅れたから早くお行きください。)

예, 그러죠. 내일 다시 오겠어요.
(はい、そうしましょう。明日また来ます。)

2. 連結語尾

二つ以上の文や単語を連結するとき、 先行文の動詞に付いて一つの文にする役割をなす。

例 여름은 덥다 + 겨울은 춥다.
- 고

→ 여름은 덥고 겨울은 춥다.
(夏は暑くて冬は寒い。)

철수가 학교에 간다　+　철수가 공부를 한다.
- 어(아, 여)서
→ 철수가 학교에 가서 공부를 한다.
(チョルスが学校に行って勉強をする。)

連結語尾は、特別な意味を表すべく二つの文を連結させるため、それぞれ機能や意味に違いがある。以下、連結語尾を一つずつ例を挙げ、その機能と用法を考察することとする。

Vst거나

(1) 二つ以上の動作や状態を羅列するときに用い、'-거나 -거나 하다'としても用いる。

例文 주말엔 등산을 가거나 수영을 해요.
(週末には登山に行くか、水泳をします。)

병원에 가 보거나 약이라도 좀 사다 드세요.
(病院に行ってみるか、薬でもちょっと買ってきて飲んでください。)

슬프거나 외로울 땐 부모님께 전화를 하죠.
(悲しいか、寂しいときは両親に電話をしますよ。)

출타중에 누가 찾아오거나 전화가 오거나 하면 적어 놓으세요.
(外出中に誰かが訪ねてきたり電話がかかってきたりしたらメモして置いてください。)

말이 많거나 행동이 가볍거나 한 사람은 믿을 수 없어요.
(口数が多かったり行動が軽率だったりする人は信じることができません。)

(2) ある存在や動作の内容を一まとめにして区別しない場合に用いる。意味を強調する場合は'-간에'と共に用いて'-거나 간에'とし、このとき'-거나'を'-건'に短縮することもある。

例文 혼자 있을 때에는 누구이거나 간에 문을 열어주지 마라.
(一人でいるときは誰であれドアを開けるな。)

옆 사람이 무슨 짓을 하건 간에 참견하지 않는게 좋아요.
(隣の人がどんな行いをするにせよ、お節介をやかない方が良いです。)

예쁘거나 밉거나 간에 마음씨가 고우면 돼요.
(美しかろうが醜かろうが気立てが優しければ良いです。)

어른이 무슨 말을 하건 간에 끝까지 들어야 해.
(大人がどんな話をするにせよ終わりまで聞かなければならない。

다른 식구들은 먹거나 굶거나 간에 아버지는 술만 마셔요.
(他の家族は食べようが飢えようが、父はお酒ばかり飲みます。)

(3) 互いに反対であるか、違う意味を持つ二つの用言が結合され、'－거나 －거나'または'－거나 말거나'として用いられる。どちらか一方を選択しようとも関係なく、後続文の内容が重要であることを表す。

例文 음식이 맛이 있거나 없거나 배고프면 먹어야죠.
(食べ物がおいしくてもおいしくなくても、お腹がすいたら食べなければならないですよ。)

내가 가거나 네가 오거나 하여튼 만나면 되지 않겠니?
(私が行こうが君が来ようが、とにかく会えばいいじゃない?)

남이야 잠을 자거나 일을 하거나 당신이 상관할 바 아니에요.
(人が寝ようが働こうが、あなたが干渉するところではありません。)

그 선생님은 학생들이 듣거나 말거나 혼자만 얘기합니다.
(その先生は学生たちが聞こうが聞くまいが、自分一人だけで話します。)

울건 말건 내버려두세요.
(泣こうが泣くまいが、放って置いてください。)

Vst거늘

当然の事実や真理などを先行文に置いて、話し手の考えを後続文に置く構成である。すなわち、先行文の当然の事実や真理に照らして後続文の自分の考えを導き出すという意味がある。

例文 김치는 늘 먹는 음식이거늘 한 끼 거른들 어떠리.
(キムチはいつも食べている食べ物だから、一食抜かしたところでどうだろう。)

사람은 나이를 먹으면 누구나 늙는 것이거늘 뭘 그리 속상해 하나?
(人は年を取ると誰でも老いるのに、何をそんなに気を病んでいるの。)

자기 무덤을 자기가 팠거늘 이제 와서 후회한들 뭣해요.
(自分の墓穴を自分で掘ったのに、今さら後悔してどうしますか。)

그 사람은 늘 늦는 사람이거늘 새삼 말할 필요도 없죠.
(その人はいつも遅れる人なので、改めて言う必要もないですよ。)

사람은 빈손으로 왔다가 빈손으로 가는 것이거늘 뭘 그리 욕심내세요?
(人は手ぶらでこの世に来て手ぶらで逝くものなのに、何をそんなに欲張りますか。)

Vst거늘 하물며

後続文が反語的な疑問文で表され、先行文の内容が事実であるので後続文も当然それと同じでなければならないということを強く表現する。この場合、後には'하물며(まして)、어찌(どうして)…'などの副詞が来るのが普通である。

例文 남의 자식도 은공을 알거늘, 하물며 친자식으로서 그런 짓을 해?
(他人の子も恩を知っているのに、ましてや実の子がそんなまねをするか。)

초등학생도 저렇게 열심히 하거늘, 어찌 대학생이 놀 수가 있겠니?

(小学生もあんなに一生懸命なのに、どうして大学生が遊べようか。)

짚신도 짝이 있거늘, 하물며 저에게 신랑감이 없겠어요?
(わらじも片一方がある(破れ鍋に綴じ蓋)のに、ましてや私に花婿候補がいないでしょうか。)

외국인도 한국말을 잘 하거늘, 하물며 한국인이 한국말을 모른대서야 되겠어요?
(外国人も韓国語が上手いのに、 ましてや韓国人が韓国語を知らないといってはだめじゃないですか。)

애들도 교통법규를 지키려고 하거늘, 하물며 어른이 안 지켜서야 말이 됩니까?
(子どもたちも交通法規を守ろうとするのに、 ましてや大人が守らなくて話になりますか。)

Vst거니 하다

(1) 話し手や先行文の主語一人だけの考えである事実を認めるという意味である。

例文 누구에게나, 자신이 제일이겠거니 하는 생각이 무의식 중에 있어요.
(誰にでも自分が一番だろうという考えが無意識の中にあります。)

그 친구한테서 편지가 오겠거니 했지만, 그건 잘못된 생각이었어요.
(その友達から手紙が来るだろうと思ったが、それは誤った考えでした。)

누가 내 일을 도와 주겠거니 하다가 일만 밀리고 말았어요.
(誰かが私の仕事を手伝ってくれるだろうと思っていたら、 仕事だけ溜ってしまいました。)

비록 남의 집이지만, 내 집이거니 하고 잘 가꾸어야지요.
(たとえ人の家だとしても、自分の家だと思ってよく手入れをしなければなりませんよ。)

모든 걸 부모님이 해결해 주시겠거니 하는 의타심은 버렸으면 해요.
(すべてのことを両親が解決してくださるだろうと思う依存心は捨てて欲しいです。)

(2) 二つの相反する意味を持つ動詞の後に用いられると二つの動作が続けて繰り返されることを表す。時には間接引用文の次に現れることもある。

例文 아이들이 서로 주거니 받거니 이야기가 많았어요.
(子どもたちがお互いにやりとりしながらたくさんの話をしました。)

우리는 앞서거니 뒤서거니 하면서 달리기 연습을 했습니다.
(私たちは抜きつ抜かれつランニングの練習をしました。)

두 남매는 빌린 돈을 갚았다거니 안 받았다거니 하고 다투고 있어요.
(2人の兄弟は借りたお金を返したとか貰っていないとかと言って争っています。)

부부는 큰 집으로 이사하자거니 새로 집을 짓자거니 의견이 분분했어요.
(夫婦は大きな家に引っ越そうとか新しく家を建てようとか意見がまちまちでした。)

주인과 손님은 물건값이 바싸다거니 싸다거니 하면서 말씨름을 했습니다.
(主人とお客さんは値段が高いとか安いとか言いながら言い争いをしました。)

Vst거니와

すでに存在する事実を認めながら、さらに一歩進んだ事実を付け加えようとする場合に用いられる連結語尾である。

例文 여름에는 날씨도 덥거니와 습기도 많아요.
(夏は暑いうえに湿気も多いです。)

돈도 없거니와 시간도 없어서 여행을 못 가.
(お金もないうえに時間もないので旅行に行けない。)

공부도 안 했거니와 배우려는 의욕도 없었지.
(勉強もしなかったうえに学ぼうとする意欲もなかったよ。)

거듭 말하거니와 다시는 이런 비극이 없었으면 좋겠어요.
(繰り返して言いますが二度とこのような悲劇がなければと思います。)

어찌 보면 가엽기도 하거니와 한편으로 밉기도 해.
(見方によってはかわいそうでもあるが、一方では憎くもあるよ。)

Vst거든

先行文は事実に基づいた主観的な条件や仮定を表す。この場合、後続文には命令形または勧誘形を用いるのが自然である。

例文 바쁘지 않거든 놀러 오세요.
(忙しくなければ遊びに来てください。)

그 분한데서 전화가 오거든 연락해라.
(その方から電話がかかってきたら連絡しなさい。)

할 말이 있거든 해 보시지요.
(言いたいことがあるなら言ってみてください。)

돈이 필요하시거든 언제든지 말씀해 주세요.
(お金が必要でしたらいつでもおっしゃってください。)

아버지 오시거든 먹겠어요.
(お父さんがいらしたら食べます。)

意図を表す'－(으)려'の後に'－거든'を付けて動作に対する仮定を表す。動詞は動作動詞に限られ、普通、先行文と後続文の主語は同じでなければならない。

例文 그 분을 만나려거든 미리 약속을 해두세요.
(その方に会おうとするなら、予め約束をしておいてください。)

실력을 **쌓으려거든** 책을 많이 읽어요.
(実力を積もうとするなら、本をたくさん読みなさい。)

남에게 지지 **않으려거든** 그만큼 애써야지.
(人に負けたくないなら、その分努力しなければならないよ。)

등산을 **가려거든,** 등산 장비를 준비하십시오.
(登山に行こうとするなら、登山の装備を準備してください。)

종합 진단을 **받으려거든** 아침을 굶고 나오세요.
(綜合診断を受けようとするなら、朝食を抜いてお越しください。)

Vst거들랑

先行する内容が条件や仮定を表す。聞き手が目上の人または地位の高い人の場合には、普通'ー거들랑'は用いられない。

例文 꽃이 **피거들랑** 소풍갑시다.
(花が咲いたらピクニックに行きましょう。)

소식이 **없거들랑** 희소식인 줄 알아요.
(便りがなければ朗報だと思いなさい。)

본국에 **돌아가거들랑** 편지 해요.
(本国に帰ったら手紙を寄越してください。)

문제가 **생기거들랑** 저한테 전화를 걸어 주세요.
(問題が生じたら私に電話をかけてください。)

소화가 안 **되거들랑** 이 약을 한 알만 잡수세요.
(消化が悪ければこの薬を1錠だけお飲みください。)

Vst거든(요)

これは終結語尾だが、話し手の行為や状態に対する理由を表す。

例文 왜 아직 퇴근 안 하셨어요?

(なぜまだ退勤なさらなかったのですか。)
밀린 일이 아직 많거든요.
(溜った仕事がまだ多いからなんですよ。)

왜 혼자 식사를 하세요?
(どうして一人で食事をなさいますか。)
모두들 외출을 했거든.
(皆外出したものだから。)

왜 기분이 좋지 않아요?
(どうして気分が良くありませんか。)
집안에 걱정거리가 생겼거든.
(家に心配事ができたものだから。)

왜 낮잠을 주무셨어요?
(どうして昼寝をなさいましたか。)
어제 밤에 잠을 못 잤거든요.
(昨夜寝れなかったからなんですよ。)

왜 동대문 시장까지 가셨어요?
(どうして東大門市場まで行かれましたか。)
거긴 물건 값이 싸거든요.
(そこは値段が安いからなんですよ。)

Vst건대

話す人がこれから述べようとする事実に対して、自分の立場や態度を前もって明らかにする場合に用いる。すなわち、後続文が先行文の動詞の対象になる。

例文 바라건대, 꼭 성공하고 돌아오길 바라네.
(願わくは必ず成功して戻って来られんことを。)

내가 미리 말하건대, 이번 결정 사항은 승락할 수 없습니다.
(私が予め言うなれば、今回の決定事項は承諾することができません。)

우리 모두 기원하건대, 그들이 무사하길…
(我々皆が祈るところ、彼らが無事であらんことを…)

내가 듣건대, 그곳은 앞으로 큰 지진이 일어날거라고 하던데요.
(私が聞くところ、そこは今後、大きな地震が起きるだろうといったんですよ。)

내가 장담하건대, 이번 일은 꼭 성공할 걸세.
(私が断言するところ、今回の事は必ず成功するよ。)

Vst건마는

先行条件を認めるものの、先行文の状況からして当然なされるべきことがなされず残っていることを表す。短縮して'－건만'の形でも用いられる。

例文 시간이 꽤 흘렀건만 수재민들의 상처는 아직 남았군요.
(時間がかなり経ちましたが、水害による被災者の傷はまだ残っていますね。)

나이는 먹을 대로 먹었건마는 철은 안 들었어요.
(年は取るだけ取りましたが、分別はついていません。)

아들이 용서를 빌었건마는 아버지는 아직도 노여움을 풀지 않으셨습니다.
(息子が許しを請いましたが、お父さんはまだ怒りを解かれませんでした。)

세월이 빠르건만 해 놓은 일은 없으니 한심해요.
(歳月の流れは速いですが、成し遂げた事はないので情けないです。)

할 일은 많건마는 일이 손에 잡히지 않아서 큰일입니다.
(やるべきことは多いですが、仕事が手につかなくて大変です。)

Vst게끔

副詞的機能を持つ語尾'－게'に'－끔'が付き、'－도록(～ように)、－정도로(～程度に)'の意味を表す。時には'－게시리'の形でも用いられる。

例文 알아들을 수 **있게끔** 천천히 말씀해 주세요.
(理解できるようにゆっくりおっしゃってください。)

6시에 저녁을 **먹게끔** 준비했어요.
(6時に夕食を食べられるように準備しました。)

돈이 모자라지 **않게끔** 넉넉히 가져왔니?
(お金が不足しないように十分に持ってきたの?)

서로가 서로를 **이해하게끔** 노력해 봐.
(お互いがお互いを理解するように努力してみなさい。)

남들의 눈에 띄지 **않게시리** 눈치껏 하세요.
(人目につかないように気を利かせてやってください。)

Vst고

(1) 二つ以上の事実を単純に羅列する。

例文 새가 **울고,** 꽃이 핍니다.
(鳥が鳴き、花が咲きます。)

김선생은 서울에서 **살고,** 이 선생은 부산에서 삽니다.
(金先生はソウルに住んでいて、李先生は釜山に住んでいます。)

하늘은 **높고,** 바다는 깊어요.
(空は高く、海は深いです。)

저 배는 **깊고** 푸른 바다를 항해하고 있습니다.
(あの船は、深く青い海を航海しています。)

산에는 **크고** 작은 나무들이 많이 있어요.

(山には大小の木々がたくさんあります。)

(2) 二つの出来事が同時に発生する場合に用いる。

例文 나는 피아노를 치고, 동생은 노래를 불렀습니다.
(私はピアノを弾き、弟は歌を歌いました。)

영수는 극장에 가고, 철수는 학교에 갑니다.
(ヨンスは劇場に行き、チョルスは学校に行きます。)

어제는 비가 오고, 바람도 불었어요.
(昨日は雨が降り、風も吹きました。)

우리는 다방에서 기다리고, 그 분은 식당에서 기다렸습니다.
(私たちは喫茶店で待ち、その方は食堂で待ちました。)

그 아이는 잠자고, 우리는 이야기하고 있었습니다.
(その子は寝て、私たちは話しをしていました。)

(3) 二つ以上の事実を述べるとき、後に来る内容より前の内容が先になされることを表す。

例文 아침 밥을 일찍 먹고 학교에 갔습니다.
(朝食を早く食べて学校に行きました。)

책을 읽고 독후감을 씁니다.
(本を読んで読後感を書きます。)

나는 어제 일을 끝마치고 친구와 다방에 갔어요.
(私は昨日仕事を終えて友達と喫茶店に行きました。)

그 사람이 사람을 죽이고 도망쳤습니다.
(その人が人を殺して逃げました。)

손을 씻고 저녁 식사를 합니다.
(手を洗って夕食を食べます。)

(4) 動詞によっては、先行文の動作が完了してその状態が後続文で持続することを表すこともある。

例文 형이 새 옷을 **입고** 외출했습니다.
(兄が新しい服を着て外出しました。)

김 선생은 내 손을 **잡고** 기뻐했습니다.
(金先生は私の手を取って喜びました。)

어제 기차를 **타고** 부산에 갔습니다.
(昨日汽車に乗って釜山に行きました。)

배낭을 **메고** 산에 올라갑니다.
(リュックを背負って山に登ります。)

가방을 **들고** 밖으로 나갔습니다.
(カバンを持って外に出ました。)

(5) 先行文の内容が後続文の動作や出来事の根拠や理由になる。

例文 그 친구를 **믿고** 돈을 빌려주었네.
(その友達を信じてお金を貸してやったよ。)

복어를 잘못 **먹고** 죽은 이도 있어요.
(フグを食べ間違えて死んだ人もいます。)

어젯밤에 **과음을 하고** 늦잠을 잤군, 그래.
(昨夜飲みすぎて寝坊をしたんだね。)

뇌물을 **받고** 구속이 되었답니다.
(賄賂をもらって拘束されたそうです。)

도둑을 **맞고** 기절까지 했지, 뭐에요.
(泥棒に遭って気絶までしましたよ。)

A Vst고는

動作動詞の語幹に付いて、 先行動作が完了した後に後続動作がなされることを強調する場合に用いる。

例文 그 분하고 약속을 하고는 한번도 어겨본 적이 없습니다.
(その方と約束をしてからは、一度も破ったことがありません。)

한번 싸우고는 다시는 나타나지 않았어요.
(一度けんかをしてからは、二度と現れませんでした。)

매일 샤워를 하지 않고는 통 잠을 이루지 못해요.
(毎日シャワーをしなくては全く眠れません。)

술을 한잔하고는 노래를 부르기 시작했어.
(お酒を一杯やってからは歌を歌い始めたよ。)

좋은 말로 타이르고는 야단은 치지 않았거든요.
(やさしく言い聞かせてからは叱ってはいなかったからなんですよ。)

Vst고도

'－고'に、'또한(同じように)'、'역시(やはり)'の意味を持つ助詞'－도'が付いた形式である。先行動作が完了した後に、そのような先行動作の後に予想される自然な状態ではない他の状態になることを表す。

例文 대학까지 졸업을 하고도 집에서 빈둥빈둥 놀고 있다네.
(大学まで卒業して家でのらりくらりと遊んでいるんだよ。)

저녁을 실컷 먹고도 또 간식을 먹으니, 원!
(夕食をたらふく食べて、また間食するとは！)

좋은 일을 보고도 웃지 않으니, 참!
(良い事を見ても笑わないなんて！)

한번 실수하고도 정신을 못차리니 어떻게 하죠?

(一度失敗してしっかりしないんだからどうしますか。)

연락을 받고도 오지 않았단 말이에요?
(連絡を受けても来なかったということですか。)

Vst고 보다

動作動詞の語幹に付いて、先行動作が完了した後にその結果を待ってみるという意味で用いられる終結語尾である。'条件'を表す'－(으)면'と共に'－고 보면'、原因や理由を表す連結語尾'－(으)니'と共に'－고 보니'の形でも用いられる。状態動詞に連結されると話し手が一時的にではあるが、その動詞の表す内容を最も重要視していることを表す。

例文 외상 술이니 우선 마시고 보자.
(つけで飲む酒だからまず飲んでみよう。)

사귀고 보면 나쁜 사람이 별로 없어요.
(付き合ってみると、悪い人はあまりいません。)

사연을 듣고 보니 딱하군요.
(事情を聞いてみると気の毒ですね。)

여자는 예쁘고 봐야 해.
(女はきれいでなければならないよ。)

키는 크고 볼 일이에요.
(背は高くなってみるものです。)

A Vst고서

(1) '－고'の意味をより強調して表す表現で、先行文の動作がなされた後に引き続き後続文の動作がなされる継起的な順序を表す。しかし否定的に、期待に反する後続文が連結されることもある。先行文の動詞は動作動詞に限られる。'－고서'の後に'－는'、'－도'などの補助詞が付いてより強調されるこ

ともある。

例文 일을 다 하고서 돈을 받아야지요.
(仕事を全部してからお金を受け取るべきですよ。)

농사를 짓고서 수확할 날만 기다리고 있지요.
(農作業をしてから収穫する日だけ待っていますよ。)

거짓말을 하고서도 눈 하나 깜짝하지 않는군요.
(嘘をついても顔色一つ変えないんですね。)

교통법규를 지키지 않고서는 사고를 막을 수가 없다구요.
(交通法規を守らなくては事故を防ぐことができないんですよ。)

책을 읽고서는 반드시 독후감을 써 보도록 하렴.
(本を読んでから必ず読後感を書いてみるようにしてごらん。)

Vst고서야

(2) '－고서'に強調を意味する助詞'－야'が付いた形態である。

例文 상처한 후 10년을 지내고서야 결혼을 했대요.
(妻に先立たれてから10年を過ごしてやっと結婚したそうです。)

그 사람의 신분을 확인하고서야 보증을 설 수 있지요.
(その人の身分を確認してから保証人になることができますよ。)

거짓말을 하고서야 어찌 떳떳할 수 있겠어요?
(嘘をついておいてどうして堂々としていられるでしょうか。)

좋은 일이 있지 않고서야 저렇게 기분 좋아할 수 있을까?
(良いこと無くしてあんなに愉快になり得るでしょうか。)

비행기 착륙 소식을 듣고서야 마음을 놓았을 거예요.
(飛行機の着陸の知らせを聞いてやっとほっとしたでしょう。)

Vst고서라도

助詞'－라도'と共に用いられた形態で、満足できる方法ではないものの、強いて区別せず先行動作を終えて後続文の結果をもたらそうとするという意味を表す。

例文 잠이 안오니 수면제를 먹고서라도 잠을 청해야겠어.
(眠れないので睡眠薬を飲んででも眠ろうとしなければならない。)

귀를 솜으로 막고서라도 일을 하겠어요.
(耳を綿で塞いででも仕事をします。)

열쇠로 문을 잠그고서라도 일을 보고 와라.
(鍵でドアを閉めてでも用を済ませて来い。)

택시를 타고서라도 빨리 다녀오겠습니다.
(タクシーに乗ってでも急いで行ってきます。)

웃돈을 주고서라도 마음에 드는 그 물건으로 바꿔오세요.
(差額を払ってでも気に入ったその品物に換えてきてください。)

Vst고자

大体、 動作動詞の語幹に付いて動作に対する内的な意図または希望を表す。'하다'が後に付いて'－고자 하다'の形でも用いられる。

例文 휴가를 얻어 고향에 내려가서 좀 쉬고자 합니다.
(休暇をもらい故郷に下ってちょっと休もうと思います。)

학생들은 누구나 원하는 대학에 입학하고자 최선을 다하죠.
(生徒たちは誰でも希望する大学に入学しようと最善を尽くしますよ。)

그 분은 출세하고자 하는 의욕이 아주 강합니다.
(その方は出世しようとする意欲がとても強いです。)

선진국 대열에 서고자, 국민들이 모두 매일 애쓰고 있어요.

(先進国の隊列に立とうと国民が皆毎日頑張っています。)

아프고자 해서 아픈 사람이 어디 있겠어요?
(具合が悪くなろうとして具合が悪くなる人がどこにいますか。)

Vst고 해서

羅列の意味で用いられる'－고'に、'理由'、'原因'を意味する'해서'が付いたもので、いろいろな原因を羅列せずその中の代表的な理由を挙げて、後続文の結果がそれから始まったことを表す。

例文 (값도 비싸고) 질이 안 좋고 해서 그 물건을 사지 않았어요.
((値段も高いし)質が良くないので、その品物を買いませんでした。)

(졸리기도 하고) 영화 내용이 재미없고 해서 중간에 나왔어요.
((眠くもあり)映画の内容が面白くないので、途中で出てきました。)

몸도 아프고 해서 집에서 쉬었습니다.
(体の具合も悪いので、家で休みました。)

그 친구는 믿을만 하고 해서 일을 시키기로 했죠.
(その友達は信じるに値するので、仕事をさせることにしましたよ。)

말을 조리있게 잘 하고 해서 대표로 내세웠대요.
(話を筋道立てて上手にするので、代表に立てたそうです。)

Vst(으)ㄴ/는가 하면

疑問を意味する'－(으)ㄴ가 하다'に条件を意味する'－(으)면'が付いた形で、先行文の内容と後続文の内容が相反するか、異なる内容であることを表す。二つの文の間では'그런가 하면'の形で用いられる。

例文 그 상점은 문이 열려 있는가 하면 닫혀 있는 경우도 많아요.
(その店は開いているのかと思えば、閉まっている場合も多いです。)

기분이 좋은가 하면 금방 화를 내더군요.

(気分が良いのかと思えば、すぐ怒りましたよ。)

쉬운 말이 있는가 하면 어려운 말도 있기 마련이죠.
(易しいことばがあるかと思えば、難しいことばもあるものですよ。)

인종차별 문제가 있는가 하면 남녀차별 문제도 있어요.
(人種差別の問題があるかと思えば、男女差別の問題もあります。)

출퇴근 시간엔 길이 많이 막혀요. 그런가 하면 뜻밖에 차가 잘 빠질 때도 있어요.
(ラッシュアワーには道がとてもつかえます。そうかと思えば、意外に車がよく流れるときもあります。)

Vst(으)ㄴ/는가 하다

ある動作や状態に対する考えや推測を表し、'ー나 하다'の形でも用いられる。動作動詞は'ー는가 하다'、'ー나 하다'、状態動詞は'ー(으)ㄴ가 하다'を多く用いる。また'ー는가 하다'の語尾を活用して多様に用いられる。

例文 까치가 울기에 어디서 좋은 소식이 오나 했어요.
(カササギが鳴くので、どこからか良い知らせが来るのかと思いました。)

사무실이 조용해서 아무도 안 계시나 했어요.
(事務室が静かなので、どなたもいらっしゃらないのかと思いました。)

주무시나 해서 전화를 바꿔 드리지 않았습니다.
(お休みになっていらっしゃるのかと思い、電話をお取り次ぎ致しませんでした。)

비가 오는가 하면 개고, 개는가 하면 옵니다.
雨が降るのかと思えば晴れて、晴れるのかと思うと降ります。)

대학에 입학했나 했더니, 어느새 졸업이군요.
(大学に入学したのかと思ったら、いつの間にか卒業ですね。)

Vst(으)나

先行文の事実に対して後続文が相反するか、先行の事実に従わない場合、二つの文を連結して互いに逆接関係であることを表す。

例文 비가 오나 바람은 불지 않는군요.
(雨が降りますが、風は吹きませんね。)

약은 먹었으나 아직도 감기가 낫지 않았어요.
(薬は飲みましたが、まだ風邪が治っていません。)

그 의견에 따르긴 하겠으나 책임은 지지 못하겠습니다.
(その意見に従いはしますが、責任は負いかねます。)

값은 좀 비싸나 그래도 질은 괜찮지요.
(値段は少し高いですが、それでも質は良いですよ。)

그 사람은 얼마 전엔 부자였으나 이제 거지가 되고 말았어요.
(その人は少し前は金持ちでしたが、今は乞食になってしまいました。)

(2) '-(으)나 -(으)나'の形で用いられると互いに相反するある動作や状態にこだわらずに後続文の内容が起こる場合に用いられる。

例文 자나 깨나 술타령 뿐이라네.
(寝ても覚めても酒浸りなんだよ。)

괴로우나 즐거우나 나라 사랑하세.
(辛くても楽しくても国を愛しよう。)

앉으나 서나 그대 생각을 해요.
(座っても立ってもあなたのことを思います。)

같이 있으나 떨어져 있으나 마음은 늘 같이 있어요.
(一緒にいても離れていても、心はいつも共にあります。)

보나 안 보나 뻔한 일이랍니다.
(見ても見なくても、明らかなことだそうです。)

N(으)로 보나

特にどれかを選択しなくても後続文の内容が成り立つことを意味する。この場合、先行する名詞や名詞句は、後続文のようにいうことができる評価の方向や基準を意味する。

例文 그 학생은 어느 모로 보나 모범생이군요.
(その学生はどこから見ても模範生ですね。)

무엇으로 보나 그 분은 지성인입니다.
(どこから見てもその方は知性人です。)

경제면으로 보나 정치면으로 보나 그 나라는 장래가 없어요.
(経済面から見ても政治面から見ても、その国は将来がありません。)

말하는 것으로 보나 행동으로 보나 참 보잘 것 없는 사람이에요.
(話すことから見ても行動から見ても、本当につまらない人です。)

집의 위치로 보나 전망으로 보나 집값이 비싼 건 아니지요.
(家の位置から見ても見晴らしからみても、家の値段が高い訳ではありませんよ。)

DVst(은)나 DVst(으)ㄴ

状態動詞の語幹に付けて同じことばを繰り返し用いることによって強調するとき用いる連結語尾である。'－(으)나'の代わりに'－디'を用いる場合もある。

例文 머나 먼 고향 산천을 그리워 했다오.
(はるか遠い故郷の山河を懐かしみました。)

크나 큰 사랑을 받고 살았어요.
(大いなる愛を受けて暮らしました。)

기나 긴 여름을 어찌 지내지요?
(長い長い夏をどう過ごしましょうか。)

높으나 높은 산을 등반하고 돌아왔어요.
(非常に高い山を登攀して帰って来ました。)

싸디 싼 물건이 산더미처럼 쌓였어요.
(激安の品物が山積みになっています。)

Vst(으)나 마나

否定を意味する'말다'と連続的に用いられ、先行する動詞の行動や状態が役に立たないか無駄なことであることを表す。

例文 그런 책임감 없는 분은 만나나 마납니다.
(そのように責任感のない方は、会っても会わなくても同じです。)

너무 늦어서 지금은 가나 마나에요.
(あまり遅れたので、今は行っても行かなくても同じです。)

그것쯤 먹으나 마나지.
(それくらい食べても食べなくても同じだ。)

남의 공책을 베끼는 숙제는 하나 마나에요.
(他人のノートを写す宿題は、してもしなくても同じです。)

그 사람에게는 부탁하나 마나 들어주지 않을 겁니다.
(その人には頼んでも聞いてくれないでしょう。)

Vst(으)나마

先行文の内容が十分ではないことを意味し、'－더라도(～ても)'、'－지만(～けれども)'の意味を表す。

例文 많지는 않으나마, 성의로 받아 주십시오.
(多くはありませんが、誠意として受け取ってください。)

맛은 좋지 않으나마, 좀 들어 보세요.
(味は良くありませんが、少し召し上がってみてください。)

이것은 적으나마, 제 성의로 받아 주세요.
(これは少ないですが、私の誠意として受け取ってください。)

직접 오지는 못하나마, 전화라도 못하나?
(直接来ることはできなくとも、電話くらいできないのか。)

비록 도움은 못 주나마 약은 올리지 맙시다.
(たとえ手助けできなくとも、怒らせないようにはしましょう。)

A Vst느니

先行文の内容より後続文の内容が良いということを表現する。 後続文で'차라리(むしろ)'などの副詞と呼応することもある。 先行文の動詞は、動作動詞に限られ、比較を表す助詞'－보다'を付けて'－느니보다'の形で用いることもある。

例文 그 아이를 기다리느니 내가 가지.
(その子を待つより私が行くよ。)

이렇게 사느니보다 죽는 게 낫겠어요.
(このように生きるより死ぬ方がましでしょう。)

추운 하숙집에 가느니 교실에 있는 게 편해.
(寒い下宿に行くより教室にいるのが快適だ。)

그에게 일을 시키느니 네가 해.
(彼に仕事をさせるより君がしなさい。)

개 죽음을 당하느니 차라리 싸우다 죽는 게 낫겠어요.
(犬死にするよりむしろ戦って死ぬ方がましでしょう。)

相反する内容が相重なって'－느니 －느니'の形で用い、他人が話したいろいろな話を伝え、後続文では先行文の状況を要約して表現する。間接引用文の後に用いられることもある。

例文 두 사람이 가느니 안 가느니 야단입니다.
(二人が行くの行かないのと騒いでいます。)

아침부터 백화점으로 가느니 시장으로 가느니 의견이 분분하더군요.
(朝からデパートに行くの市場に行くのと意見がまちまちでしたよ。)

관광지로는 경주가 좋다느니 설악산이 좋다느니 말이 많아요.
(観光地としては慶州が良いとか雪嶽山が良いとか意見が多いです。)

부산엘 기차로 가자느니 고속버스로 가자느니 비행기로 가자느니 의견이 많았어요.
(釜山に汽車で行こうとか高速バスで行こうとか飛行機で行こうとか意見が多かったです。)

주말에 오라느니 주중에 오라느니 말만 하다가 헤어졌죠.
(週末に来いとか週の半ばに来いとか言うだけで別れました。)

A Vst느라고/느라니까/느라면

(1) '−느라고'の形で用いられると、先行文が後続文に対する理由や原因を表す。この場合、先行文と後続文の主語は同一でなければならず、後続文の内容は話し手の期待とは異なるものとなる。また、先行文の動詞は動作動詞に限られるが、先行文の動作が継続され、後続文の望ましくない結果に至るようになったことを意味する。

例文 자느라고 도둑이 들어온 걸 몰랐어요.
(寝ていたので、泥棒が入ったことが分かりませんでした。)

이사하느라고듣 혼났어요.
(引越しで大変でした。)

공부하느라고 주름살이 많이 생겼어요.
(勉強のためにしわがたくさんできました。)

집을 지키느라고 아무데도 못 갔어요.

(留守番のためにどこにも行けませんでした。)

내 생각만 하느라고 남의 생각을 못했어요.
(自分のことばかり考えていたので人のことを考えられませんでした。)

(2) '-느라니까, -노라니, -노라니까'の形で用いられると、先行文の動作が理由、原因となって後続文の結果を発見するようになるという意味である。この場合にも先行文の動詞は動作動詞に限られるが、 先行文と後続文の主語が異なる場合が多い。

例文 누워서 책을 읽노라니까 잠이 오더군요.
(横になって本を読んでいると眠くなりましたよ。)

참노라니까 화가 나서 못 견디겠어.
(我慢しようとしたら腹が立ってたまらないよ。)

그 아이의 말을 듣고 있느라니까 저절로 웃음이 나더군요.
(その子の話を聞いていると自然に笑いが出ましたよ。)

같은 문장을 여러 번 되풀이해 읽노라니까 외우게 되었어요.
(同じ文章を何回も繰り返して読んでいると覚えるようになりました。)

고향의 부모님을 생각하고 있노라니까 저절로 눈물이 나더군요.
(故郷の両親のことを思っていると自然に涙が出てきましたよ。)

(3) '-느라면, -노라면'の形で用いられて、先行文の行動が持続されることを仮定するとすれば、後続文の結果に至るようになることを表す。先行文の動詞は動作動詞に限られる。

例文 바쁘게 일을 하느라면, 배고픈 것도 잊어 버리죠.
(忙しく仕事をしていたらお腹がすくのも忘れてしまいますよ。)

어머니 사진을 보느라면, 어머니가 보고 싶어져요.
(母の写真を見ていたら母に会いたくなりますよ。)

그 노래를 부르노라면 옛일이 되살아나요.

(その歌を歌っていたら昔がよみがえります。)

여기서 오래 사노라면 이 나라 사람을 이해하게 될 겁니다.
(ここで長く住んでいたらこの国の人を理解するようになるでしょう。)

한평생을 지내노라면 어려움이 따르게 마련입니다.
(生涯を過ごしていたら困難は付きものです。)

Vstㄴ/는대서야

間接話法'ㅡㄴ/는다고 하다'に原因を表す'ㅡ 어(아, 여)서'と強調を意味する'ㅡ야'を連結した'ㅡㄴ/는다고 하여서야'の短縮形である。先行文の原因では決して後続文の結果をもたらすことができないことを意味し、'어찌(どうやって), 어떻게(どのようにして)'が後に来ることもある。終声がある場合は'ㅡ는대서야'、終声がない場合は'ㅡㄴ대서야'、また、状態動詞の場合は'ㅡ대서야'が用いられる。

例文 비싸게 산 물건인데 질이 나쁘대서야 말이 됩니까?
(高く買った品物なのに質が悪いなんて話になりますか。)

자기 일도 못한대서야 어른이라고 할 수 없죠.
(自分のこともできないなんて大人だといえないですよ。)

친구를 악용한대서야 양심 없는 사람이죠.
(友達を悪用するなんて良心のない人ですよ。)

남의 입장을 생각하지 않는대서야 사회생활을 어찌 할 수 있겠어요?
(人の立場を考えないなんて社会生活をどうやって営むことができるでしょうか。)

경찰이 도둑을 잡을 생각을 안 한대서야 시민이 어떻게 마음 놓고 살겠어요?
(警察が泥棒を捕まえようとしないなんて市民はどうやって安心した暮らしができるでしょうか。)

Vst(으)ㄴ/는데

後続文の内容を引き出すため、 直接的または間接的に関連し得る状況を説明する場合に用いる連結語尾である。

例文 비가 **오는데,** 우산이 있습니까?
(雨が降っていますが、傘はありますか。)

제가 책을 **읽는데,** 좀 조용히 해 주세요.
(私が本を読んでいるので、ちょっと静かにしてください。)

그 사람은 어굴이 **예쁜데,** 왜 싫어합니까?
(その人は顔がきれいなのに、どうして嫌いですか。)

오늘은 **토요일인데,** 사무실에 가십니까?
(今日は土曜日ですが、事務所に行かれますか。)

내일이 시험 보는 **날인데,** 왠지 공부하기가 싫군요.
(明日が試験日なのに、なぜか勉強したくないんですよ。)

先行文と後続文の連結により、反対の概念、時間、理由、条件などの具体的な意味で表現されることもある。

例文 계속 치료를 **하는데,** 감기가 낫지 않아요.
(続けて治療をしているのに風邪が治りません。)

형은 **공부하는데,** 동생이 밤에 들어 왔어요.
(兄は勉強しているのに、弟は夜帰ってきました。)

비가 **오는데,** 밖에 나가지 마세요.
(雨が降っているから外に出ないでください。)

날씨가 **좋은데,** 야외로 나갑시다.
(天気が良いから野外に出かけましょう。)

동대문까지 **가는데,** 몇 분쯤 걸려요?

(東大門まで行くのに何分ぐらいかかりますか。)

Vst(으)ㄴ/는데도

主に'불구하고'を伴い、'－(으)ㄴ/는데도 불구하고'の形で用いられるが、'불구하고'が省略される場合も多い。先行文の内容にかかわらず後続文の内容がなされることを意味する。名詞形と共に用いられるときは、'－(으)ㅁ에도 불구하고'の形になる。

例文 알고 있는데도 모르는 체 하더라고요.
(知っているのに知らないふりをしましたよ。)

돈이 많은데도 생활은 형편없이 해요.
(お金がたくさんあるのに暮らし向きは非常に悪いです。)

몇 번씩이나 주의를 주었는데도 까먹으니 참!
(何回も注意したのに忘れるんだから、もう!)

미리 예고를 했음에도 불구하고 안 듣고 사고를 내더군요.
(予め予告をしたのにもかかわらず、聞かないで事故を起こしましたね。)

Vst(으)니까

先行文の動作や状態が、後続文の理由となる場合に用いる。'－어(아,여)서'が主に一般的な理由を表すのに対し、'－(으)니까'は、話し手の主観的な感じや考えを表すといえる。後続文の終結語尾としては、命令形や勧誘形が多く用いられる。

例文 오늘은 날씨가 추우니까 옷을 많이 입으세요.
(今日は寒いから、服をたくさん着てください。)

그 분은 한국에서 오래 살았으니까 한국말을 잘 할 거에요.
(その方は韓国に長く住んでいたから、韓国語を上手に話すでしょう。)

제가 잘못했으니까 제가 사과하겠습니다.

(私が悪かったから、私が謝ります。)

버스는 복잡하니까 택시를 탑시다.
(バスは混みますから、タクシーに乗りましょう。)

내일은 일요일이니까 집에서 쉬십시오.
(明日は日曜日ですから、家で休んでください。)

先行文の動作が、後続文の内容を確認するか、発見するようにする時間的な契機になったことを意味する。この場合、疑問文を除いて先行文の主語は話し手である。

例文 집에 가니까 친구의 편지가 있었습니다.
(家に帰ると友達の手紙がありました。)

이 약을 먹으니까 감기가 낫더군요.
(この薬を飲むと風邪が治りましたよ。)

한국말을 공부해 보니까 재미있어요?
(韓国語を勉強してみると面白いですか。)

김 선생님 말을 들으니까 저도 잘 할 수 있겠다는 생각이 들어요.
(金先生の話を聞くと私も上手く出来るだろうという気がします。)

김 선생을 만나 보니까 아주 좋은 분이더군요.
(金先生に会ってみるととても良い方でしたよ。)

Vst(으)니

先行文の内容が結果的に後続文に帰着することを表すが、 先行文と後続文の内容によって具体的な意味が現れる。

先行文が後続文の理由や原因、根拠になることを表し、'-(으)니까'を代わりに用いることができる(参照271頁)。この場合、後続文の終結語尾として

は主に、命令形や勧誘形が用いられる。

例文 시간이 **없으니,** 좀 서둘러 공항으로 가세요.
(時間がないからちょっと急いで空港に行ってください。)

부지런히 일하는 걸 **보니,** 성공할 것 같습니다.
(勤勉に働くのを見ると成功しそうです。)

몸이 좀 **불편하니,** 오늘 하루는 집에서 쉽시다.
(ちょっと体の具合が悪いので、今日一日は家で休みましょう。)

12시가 **되니** 시장기가 생기는군요.
(12時になるとお腹がすいてきますね。)

해가 지니 석양에 저녁 놀이 져서 예쁘군요.
(日が沈むと夕日に夕焼けが映えてきれいですね。)

ある事実を先行文で提示し、 その事実が後続文に連結されることを意味する。この場合の終結語尾には、大体、命令形や勧誘形は用いられない。

例文 해가 뜬 지 오랜데 아직도 **안 일어나니** 웬일일까?
(とうに日が昇ったのに、まだ起きないとはどういうことだろうか。)

매일 같이 **지각을 하니** 한심하군요.
(毎日のように遅刻をするとは情けないですね。)

돈이 다 **떨어졌으니** 뭘 먹고 살까.
(お金がすっかりなくなったから、何を食って暮らそうか。)

집안이 쥐 죽은 듯 **조용하니** 아무도 안 계신가 봅니다.
(家の中がしんと静まり返っているから、どなたもいらっしゃらないようです。)

이렇게 날이 **가무니** 어찌 농산들 짓겠어요.
(こんなに日照りが続いてどうやって耕作をしますか。)

Vst(으)니 만큼

先行文が後続文の原因や根拠になることを表す連結語尾'－(으)니'に名詞'만큼'が付いた形である。 先行文の内容に因って後続文の結果が現れることを意味する。

例文 부모가 잘 생겼으니 만큼, 그 집의 딸들도 예쁘게 생겼을거야.
(両親の顔が整っているから、その家の娘たちもきれいだろう。)

귀한 손님들이니 만큼 각별히 조심하거라.
(大切なお客さんたちだから、格別気をつけなさい。)

시간이 촉박하니 만큼 일찍부터 서둘러야 해요.
(時間が差し迫っているから、初めから急がなければなりません。)

복을 많이 받았으니 만큼 남을 위해 베풀고 싶어요.
(福運に恵まれたから、人のために施しをしたいです。)

요즘은 장마철이니 만큼 제때제때 빨래를 말려야 할 거에요.
(この頃は梅雨時だから、 頃合いを見計らって洗濯物を乾かさなければならないでしょう。)

Vst다가

継続していた状態や動作が中断し、他の動作に変わるか、新たな事が生じることを表す。時には'－다'のみを用いることもある。

例文 학교에 가다가 친구를 만났어요.
(学校に行く途中友達に会いました。)

소설을 읽다가 친구하고 같이 외출했습니다.
(小説を読んで友達と一緒に外出しました。)

도서관에서 공부하다가 늦게 집에 돌아 왔습니다.
(図書館で勉強して遅く家に帰りました。)

어젯밤에 텔레비전을 보다가 숙제를 했습니다.
(昨夜テレビを見て宿題をしました。)

편지를 쓰다가 문득 생각이 나서 전화를 걸었습니다.
(手紙を書いていてふと思い出し電話をかけました。)

Vst었(았, 였)다가

過去または完了を表す'－었(았, 였)'が前にくると、先行文の動作が完了して中断されたことを意味する。この文型は先行文と後続文の内容が相反する場合によく用いられる。

例文 약속을 했다가도 취소할 수 있습니까?
(約束をしてからも取消すことができますか。)

배웠다가도 안 쓰면 잊어버립니다.
(習ってからも使わなければ忘れてしまいます。)

물건을 샀다가 마음에 안 들면 바꿀 수 있어요?
(品物を買ってから気に入らなければ取り替えることができますか。)

그는 화가 나면 방안을 왔다 갔다 합니다.
(彼は腹が立つと部屋の中を行ったり来たりします。)

눈을 떴다 감았다 해 보세요.
(目を開けたり閉じたりしてみてください。)

Vst다가는

'－다가'に補助詞'－는'が付いたもので、先行文の動作や状態が継続すれば後続文に良くない結果が伴うという意味で先行の動作を警戒する意味を持つ連結語尾である。

例文 그렇게 놀기만 하다가는 낙제한다.
(そんなに遊んでばかりいては落第するよ。)

잘난 척하다가는 언젠가 큰 코 다칠 줄 알아라.
(偉そうな顔をしていては、いつかひどい目にあうと思え。)

부모님 말씀을 거역하다가는 나중에 후회할지도 몰라요.
(両親のおことばに逆っていては、後で後悔するかも知れません。)

돈을 물쓰듯 하다가는 늙어서 고생해요.
(お金を湯水のように使っていては、年を取って苦労しますよ。)

아이를 너무 애지중지하다가는 버릇 없는 아이가 되고 말아요.
(子どもを猫かわいがりしていては、無作法な子どもになってしまいますよ。)

Vst다가도

連結語尾'－다가'に補助詞'－도'が付いたものである。

例文 보통 때 잘 하다가도 하라고 하면 못합니다.
(普段よくやっていてもやれというとできません。)

그는 잠을 자다가도 가끔 깜짝깜짝 놀라요.
(彼は寝ながらもときたまびっくりします。)

참 알다가도 모를 게 사람의 마음입니다.
(本当に分かっていながらも分からないのが人の心です。)

평소에는 잘 참다가도, 어떤 땐 심하게 화를 냅니다.
(普段はよく我慢していても、あるときはひどく怒ります。)

빨간 색이 좋다가도 싫증날 때가 있어요.
(赤い色が好きでも嫌気がさすときがあります。)

Vst다(가) 보면

先行文はある時点からその時まで継続してきた過程を表し、後続文は先行文を通じて感じられる結果的な感情や事実、経験などを表現する。

例文 한솥밥을 먹다가 보면 미운정 고운정이 다 듭니다.
(同じ釜の飯を食べてみると愛憎が入り交じります。)

같이 생각하다 보면 좋은 안이 떠오를 때가 있죠.
(一緒に考えてみると良い案が浮かんで来るときがありますよ。)

살다 보면 별별 일이 다 생길 겁니다.
(暮らしてみるといろいろなことが起きるでしょう。)

틀에 박힌 생활을 하다가 보면 짜증이 날 때가 많습니다.
(枠にはまった生活をしてみるとかんしゃくを起こすときが多いです。)

혼자 고생하며 살다 보면 독립심과 자신감이 생기죠.
(独りで苦労しながら暮らしてみると、独立心と自信が生まれますよ。)

Vst다(가) 보니

先行文はある時点からその時まで過ごしてきた過程を表し、そのような過程に基づき後続文の結果が表れたことを意味する。

例文 그 일에 열중하다가 보니, 시간 가는 줄 몰랐습니다.
(その仕事に熱中していたら、時の立つのを忘れました。)

한참 먹다가 보니, 앞에 앉았던 분이 없어졌더군요.
(しばらく食べていたら、前に座っていた方がいなくなりましたね。)

열심히 살다 보니, 어느새 얼굴엔 주름살이 생겼군요.
(一生懸命暮らしていたら、いつの間にか顔にはしわができましたね。)

친구들과 한잔하다 보니, 귀가 시간이 늦어졌어요.
(友達と一杯やっていたら、帰宅時間が遅くなりました。)

생각없이 돈을 쓰다 보니, 한 달 봉급이 다 날아가 버렸어요.
(考えないでお金を使っていたら、一ケ月の給料が全部飛んでしまいました。)

A Vst(으)려다가

意図を表す'－(으)려'に'－다가'が付いた構成で、'－(으)려고 하다가'から'－고 하－'が省略された形である。先行文の意図や考え、計画が実現されず、後続文の結果が起こることを表す。先行文の動詞は動作動詞に限られる。

例文 재혼하려다가 아이들 때문에 못 했습니다.
(再婚しようとしましたが、子どもたちのためにできませんでした。)
전화를 걸려다가 너무 늦어서 못 걸었습니다.
(電話をかけようとしましたが、遅すぎてかけることができませんでした。)

회사측에 건의하려다가 보류하기로 했어요.
(会社側に建議しようとしましたが、保留することにしました。)

원료 수입을 하려다가 자체 생산키로 결정했습니다.
(原料の輸入をしようとしましたが、自社生産することに決定しました。)

아이들을 혼내주려다가 한번 더 눈 감아주기로 했습니다.
(子どもたちをとっちめてやろうと思いましたが、もう一度目をつむってやることにしました。)

Vst(으)려다(가) 말고

'－(으)려다(가)'に否定や禁止の意味を持つ'－말다'が連結され、先行文の動作をしようとする意図はあったが、実際には行わなかったという意味を表す。

例文 자려다 말고 일어나서 뭘 하세요?
(寝ようとしたのをやめて、起きて何をなさっていますか。)

택시를 타려다 말고 버스 쪽으로 뛰어갔습니다.
(タクシーに乗ろうとしたのをやめて、バスの方に走って行きました。)

뭔가 한마디 하려다 말고 나가 버리더군요.
(何か一言言おうとしたのをやめて、出て行ってしまいましたね。)

뭔가 말을 하려다 말고 울음을 터뜨렸습니다.
(何か話そうとしたのをやめて泣き出しました。)

용돈을 주려다 말고 돈 지갑을 그냥 주머니에 넣었어요.
(お小遣を上げようとしたのをやめて、財布をそのままポケットに入れました。)

Vst다 못해

先行文の動作や状態が持続することができないか、その程度がひどくなったことを表す。特に程度がひどくなったことを表す場合には、後続文の動作や状態を表す名詞に'ー까지'を付ける。

例文 그녀는 참다 못해 울음을 터뜨리고 말았어요.
(彼女はこらえきれず泣き出してしまいました。)

그 음식을 먹다 못해 개에게 주었어요.
(その料理は食べきれず犬にやりました。)

야단치다 못해 때리기까지 했어요.
(叱るだけでは飽き足りず殴打までしました。)

그 글을 보고 놀라다 못해 까무러치기까지 했습니다.
(その文を見てあまりにも驚いて気絶までしました。)

거짓말을 하다 못해 이젠 속이기까지 하니?
(うそをつくだけでは飽き足りず今度はだますことまでするの？)

Vst어(아,여)다(가)

動作動詞の語幹に付いて用いられ、先行文の動作の結果が後続文につながることを表す。この場合、二つの動作の対象は一つであるが、動作が起きる場所は各々異なる。すなわち、先行文で提示された物の場所の移動が必須的に行われる。

例文 그 상에 있는 화병 좀 가져다 주시겠습니까?
(その食卓にある花瓶をちょっと持って来てくださいますか。)

음식을 만들어다가 친구한테 주었더니 좋아하던데요.
(料理を作って行って友達に上げたら喜びましたよ。)

양복감을 사다가 양복점에 맡겼어요.
(洋服の生地を買って来て洋服店に預けました。)
가끔 저녁을 중국집에서 시켜다가 먹어요.
(ときどき夕食を中華料理店から出前をとって食べます。)

원자재를 수입해다가 만들어서 수출을 합니다.
(原資材を輸入してから製造して輸出します。)

Vst다손 치더라도

話者が先行文の内容を簡単に受け入れることはできないが、それでも仮定的に認めても、後続文の状況は認めて受け入れることができないことを強く表現する。たとえ先行文の内容はそうだと認めても、後続文の内容は認めないという意味である。

例文 아무리 욕심이 많다손 치더라도 그만하면 만족하겠지.
(いくら欲深いといっても、それくらいならば満足するだろう。)

갈 때는 비행기로 간다손 치더라도 올 때에는 비행기로 올 수 없어요.
(行くときは飛行機で行くにしても、帰るときは飛行機で帰ることができません。)

아무리 버릇이 없다손 치더라도 어른 앞에서 담배를 피울 수 있나요?
(いくら行儀が悪いにしても、目上の人の前でタバコを吸うことができますか。)

아무리 세상이 믿을 수 없다손 치더라도 자식이 부모를 못 믿다니!
(いくら世の中が信じられないにしても、子どもが親を信じられないとは！)

아무리 시간이 없다손 치더라도 밥 먹을 시간쯤이야.
(いくら時間がないにしても、ご飯を食べる時間くらいはあるだろう。)

Vst다시피

主に'알다, 보다, 듣다'など、経験を表す動詞に付いて慣用的に用いられ、主語が'経験したとおり、経験したように'などの意味を表す。したがって、後続文は経験の内容に対する再確認を意味する。

例文 보시다시피, 눈코뜰새 없이 바쁩니다.
(ご覧のとおり目が回るほど忙しいです。)

방송을 들으셨다시피, 작년에 비해 물가가 많이 내렸어요.
(放送をお聞きになられたとおり、昨年に比べて物価が大いに下がりました。)

여러분도 아시다시피, 세계 정세가 말이 아닙니다.
(皆さんもご存知のとおり、世界情勢が話しにならないほどひどいです。)

보시다시피, 우리는 지금 어려운 처지에 놓여 있습니다.
(ご覧のとおり、私たちは今難しい立場に置かれています。)

선생님도 아시다시피, 나는 한국에 처음 왔어요.
(先生もご存知のとおり、私は韓国にはじめて来ました。)

後に'하다'が付くと'－다시피 하다'の形になって、先行動作の内容とほぼ同様になされることを大げさに表現する。

例文 그는 우리 집을 제 집 드나들다시피 합니다.
(彼は我が家をあたかも自分の家に出入りするようにしています。)

작은 아버지가 그의 학비를 거의 다 대다시피 했어요.
(叔父が彼の学費をほぼ全額出すも同然でした。)

약을 먹고 하루 종일 자다시피 했다네.
(薬を飲んでほとんど一日中寝たよ。)

어젯밤은 뜬 눈으로 새우다시피 했습니다.
(昨夜はほとんど一睡もせずに夜明かししました。)

너무 바빠서 뛰어다니다시피 하거든요.
(あまりに忙しくてほとんど走り回っているんですよ。)

Vst더니

回想を表す'ー더'(参照199頁)と説明の語尾'ー(으)니'(参照272頁)が結合した形態で、先行文には過去の経験を基にした根拠を提示し、後続文はその結果に至ったことを表すが、 先行文・後続文の内容によってその具体的な意味が現れる。

話し手が実際に過去に直接経験した事実が、 継続的に起こる後続文の内容に対する根拠や原因となる。主語は普通、2,3人称である。

例文 연습을 열심히 하더니 이젠 퍽 잘 하는군요.
(練習を一生懸命したので今は非常に上手ですね。)

애기가 울더니 잠이 들었어요.
(赤ちゃんが泣いていましたが寝入りました。)

그녀가 편지를 읽더니 울기 시작했습니다.
(彼女は手紙を読むと泣き始めました。)

그 애가 과식을 하더니 배탈이 난 모양이죠.
(その子が過食をしてお腹をこわしたようです。)

빛깔이 좋더니 맛도 좋군요.

(色が良かったが味も良いですね。)

先行文は直接経験したことを回想する内容を表し、　後続文は時の流れによってその後に変化した内容を表す。

例文 어렸을 땐 늘 울더니 아주 어른스러워졌어요.
(幼いときはいつも泣いていたのにとても大人っぽくなりました。)

이곳이 주택지더니, 지금은 유흥업소로 꽉 찼군요.
(ここが住宅地だったのに今は風俗営業所でいっぱいですね。)

어제는 춥더니 오늘은 따뜻하네요.
(昨日は寒かったのに今日は暖かいですね。)

어제는 그 분의 기분이 좋더니, 오늘은 저조해 보이는군요.
(昨日はその方の気分が良かったのに今日は低調のようですね。)

바람이 불더니 이제 비까지 오는군.
(風が吹いていたのに今度は雨まで降るね。)

前に'ー었(았, 였)'が付いて、実際に経験した出来事の完了的結果が、継続的に続く後続文の根拠や原因になることを表す。主語は普通、話し手自身である。先行文と後続文の主語が大体は異なる。

例文 내가 학교에 일찍 갔더니, 그가 벌써 와 있었습니다.
(私が学校に早く行くと彼はもう来ていました。)

그 분을 만났더니, 무척 반가워하시더군요.
(その方に会ったらとても喜ばれましたよ。)

어제 옷을 한두 벌 샀더니, 월급이 다 달아났습니다.
(昨日服を1,2着買ったら給料が全部なくなりました。)

웃었더니 배가 다 아픕니다.
(笑ったらお腹まで痛いです。)

그 아이를 좀 타일렀더니 울더군요.
(その子にちょっと言い聞かせたら泣きましたよ。)

限定の意味を持つ'－만'が付いて'－더니만'の形で用いられると'－더니'をさらに強調するものである。主語は普通、2,3人称である。

例文 한번 가더니만, 다시는 오지 않았습니다.
(一度行くと二度と来ませんでした。)

애기가 주사를 한번 맞더니만, 그만 울어 버립니다.
(子どもが注射を一度打たれるとつい泣いてしまいます。)

어머니가 과로를 하시더니만, 그만 몸살이 나셨어요.
(母が過労なさって病気になりました。)

오랫동안 앓더니만, 몸이 많이 야위었군요.
(長い間病気を患って体がとてもやつれましたね。)

동생이 술을 한잔하더니만, 기분이 매우 좋아졌어요.
(弟が酒を一杯やると気分がとてもよくなりました。)

Vst더라도

先行文の内容を仮定的に認めるが、 結果的には後続文の内容になるべきことを意味する。'아무리'などの副詞と共に用いられると、 先行文の事実を認めながらもむしろ後続文の内容をさらに強調するという意味である。

例文 아무리 일이 어렵더라도 도중에 포기해서는 안 돼요.
(いくら仕事が難しくても途中であきらめてはいけません。)

아무리 비바람이 치더라도 길을 떠나겠소.
(いくら嵐が吹きつけても旅立ちます。)

아무리 고생이 되더라도 참고 견디며 살아 보겠습니다.
(いくら苦労しても耐え忍びながら暮らしてみます。)

아무리 자신이 **있더라도** 충고를 듣는 게 좋을 겁니다.
(いくら自信があっても忠告を聞くのが良いでしょう。)

아무리 자기 **돈이더라도** 낭비하면 안 돼요.
(いくら自分のお金であっても無駄遣いしてはいけません。)

Vst었(았, 였)더라면

過去の事実を仮定的に顧みながら、その結果が実際とは異なり後続文のようになっただろうと推測する表現である。したがって後続文には、後悔や推測の意味が現れる場合が多い。

例文 집에서 좀 일찍 **떠났더라면** 기차를 안 놓쳤을걸.
(家をちょっと早く出たなら汽車に乗り遅れなかったのに。)

주말에 좀 **쉬었더라면** 몸살은 안 났을텐데.
(週末にちょっと休んだなら過労のため病気にはならなかったはずなのに。)

조심을 **했더라면** 망신은 당하지 않았을 겁니다.
(気をつけたなら恥はかかなかったでしょう。)

평소에 **성실했더라면** 좌천은 당하지 않았겠죠.
(普段誠実だったなら左遷はされなかったでしょう。)

용돈을 좀 절약해 **썼더라면,** 남에게 손을 벌리지 않아도 되었을 겁니다.
(お小遣を少し節約して使ったなら人に施しを乞わなくてもよかったでしょう。)

Vst던데

回想を表す'－더'に状況の説明語尾'－(으)ㄴ데'が結合した形態である。後続文を導き出すため、それと関連し得る過去の事実をまず回想し提示する場合に用いられる。

例文 조금 전에 점심을 **먹던데** 벌써 배가 고프세요?
(少し前に昼食を食べていたのにもうお腹がすきましたか。)

전 사원이 임금 문제로 말이 **많던데,** 괜찮으세요?
(全社員が賃金の問題でやかましかったですが、大丈夫ですか。)

그 색이 잘 **어울리시던데,** 바꿔 입으셨군요.
(その色がよくお似合いだったのに着替えられたんですね。)

사장님이 굉장히 화가 **나셨던데** 무슨 일이 있었어요?
(社長が非常に怒っていらっしゃいましたが、何があったのですか。)

그 그림 값이 꽤 **비싸던데,** 두 점이나 사셨어요?
(その絵の値段がかなり高かったのに2点もお買いになったのですか。)

Vst(으)ㄴ들

先行文の内容が後続文の制約になり得ないことを意味する。すなわち、先行文の動作や状態を仮定的に認めても、それに拘束されず後続文の結論に到達するようになるという意味である。'〜といってもどうして'の意味で、後続文には反語的な疑問文が多く用いられる。

例文 값이 **비싼들** 얼마나 비싸겠니?
(値段が高いといってもどれほど高かろう。)

기름이 없으니 난로가 **있은들** 무슨 소용이 있어요?
(油がないのでストーブがあったとしても何の役に立ちますか。)

그 분 고집이 세니 **얘기한들** 뭘 해요?
(その方は頑固だから話をしたところでどうなりますか。)

누가 뭐라고 **한들** 자기 일만 잘하면 되지, 뭐.
(誰が何と言ったって自分の事だけちゃんとやればいいんだよ。)

실패하고 나서 **후회한들** 무슨 소용이 있겠니?
(失敗してから後悔したって始まらないよ。)

叙述格助詞の'－이다'が語尾の活用をする場合には、'－으'の代わりに'－이다'の'－이'が用いられる。したがって、'－(으)ㄴ들'は'－(이)ㄴ들'になるが、叙述語の主語は文に現れないため、連結語尾ではなく'名詞＋助詞'のような構成になる。

例文 돈이 없으니 **난들** 어쩌겠니?
(お金がないから私だってどうする。)

그 **사람인들** 무슨 힘이 있겠어요?
(その人だとてどんな力がありますか。)

실력이 있으면 그런 **일인들** 못하겠어요?
(実力があればそんなことだってできるでしょう。)

그렇게 좋은 환경에서 **누군들** 성공 못하겠습니까?
(そのように良い環境では誰だって成功できるでしょう。)

부모님의 상을 당했으니 그 분 **마음인들** 얼마나 슬프겠어요?
(両親の死に直面してその方の心だってどんなに悲しいでしょう。)

Vst었(았, 였)던들

過去のある事実を反対に仮定してみるとき、 現在の実際の結果とは異なる結果になったであろうという仮定的推測の意味を表す。

例文 그때 내가 **있었던들** 그런 일이 생기지 않았을 거야.
(そのとき私がいたならそんなことは起きなかっただろう。)

자네가 **없었던들** 내 인생이 얼마나 괴로웠을까?
(あなたがいなかったなら私の人生はどんなに辛かっただろうか。)

그날 그곳에 **가지 않았던들** 사고는 없었겠지.
(その日そこに行かなかったなら事故はなかっただろう。)

내 나이가 조금만 더 **젊었던들** 도봉산쯤이야 올라갔겠지.
(私の年がもう少しだけ若かったなら道峰山くらいは登っただろう。)

서로 한 발자국씩 양보했던들 싸우지는 않았을 거예요.
(お互いに一歩ずつ譲ったならけんかはしなかったでしょう。)

Vst던지

回想を表す'－더'と疑問を表す'－(으)ㄴ지'が結合した形態であるが、先行文・後続文の内容によって具体的な意味が現れる。

(1) 過去のことを考えながら、具体的に現れない内容を漠然と回想してみる表現である。

例文 내가 왜 울었던지 모르겠어요.
(私がなぜ泣いたのか分かりません。)

그때 그가 어디에 있었던지 생각이 나요?
(そのとき彼がどこにいたのか思い出せますか。)

작년 이맘 때 어디서 뭘 했던지 통 모르겠어요.
(昨年の今頃どこで何をしていたのか全く分かりません。)

회의에 누가누가 참석했던지 기억하세요?
(会議に誰々が出席していたのか覚えていますか。)

고향에서 편지가 오기를 얼마나 기다렸던지 할 일을 다 잊어버렸어요.
(故郷から手紙が来るのをどんなに待っていたのか、やることを全部忘れてしまうほどでした。)

(2) 先行文の内容を振り返りながら、それが後続文の理由になったことを表す。'어찌, 어떻게, 얼마나'と共に用いられ、先行文の内容がすごかったことを表す。

例文 어찌 춥던지 얼어 죽는 줄 알았어.
(どんなに寒かったか、凍え死ぬと思った。)

어떻게나 좋았던지 껑충껑충 뛰었어요.
(どんなに良かったのか、ぴょんぴょん飛び跳ねました。)

술을 얼마나 **마셨던지** 정신이 하나도 없어요.
(酒をどれほど飲んだのか、何が何だか全く分かりません。)

어제는 얼마나 **피곤했던지** 그냥 쓰러져 잤어요.
(昨日はどんなに疲れていたか、そのままベッドに倒れ込んで寝てしまいました。)

얼마나 **웃었던지** 배가 다 아팠어요.
(どれほど笑ったか、お腹まで痛かったです。)

Vst도록

'－었(았, 였)'や'－겠'とは共に用いない。

(1) 動作の程度や限界を表す。

例文 어제 밤이 **새도록** 공부했습니다.
(昨日夜が明けるまで勉強をしました。)

배가 **터지도록** 많이 먹었어요.
(お腹がはち切れるほどたくさん食べました。)

김 선생은 **죽도록** 그 여자를 사랑했어요.
(金先生は死ぬほどその女性を愛していました。)

목이 **터지도록** 노래를 불렀습니다.
(喉が裂けるほど歌を歌いました。)

6월이 **되도록** 꽃이 피지 않았습니다.
(6月になるまで花が咲きませんでした。)

(2) 意識的に導く方向や目標を表す。

例文 김 감독은 이번 경기에서 **이기도록** 선수들을 격려했습니다.
(金監督は今度の競技で勝つように選手たちを激励しました。)

나무가 잘 **자라도록** 정성껏 돌봐 줍니다.
(木がよく育つように真心をこめて世話してあげます。)

교통사고가 나지 않도록 조심하십시오.
(交通事故が起きないように気をつけてください。)

학생들이 이해할 수 있도록 쉽게 설명해 주십시오.
(学生たちが理解できるように易しく説明してください。)

아이들의 손이 닿지 않도록 이 약을 높은 곳에 두세요.
(子どもたちの手が届かないようにこの薬を高い所に置いてください。)

(3) ある状態に到達するための動作を表す終結語尾である。

例文 배가 고프면 식사하도록 해요.
(お腹がすいたら食事するようにしてください。)

내일 아침에 일찍 일어나도록 하세요.
(明日の朝早く起きるようにしてください。)

김 선생을 만나려면 사무실로 가 보도록 하세요.
(金先生に会おうとするなら事務所に行ってみるようにしてください。)

이 그릇이 깨지지 않게 조심하도록 하겠습니다.
(この器が割れないように気を付けるようにします。)

이제부터 열심히 공부하도록 하겠습니다.
(これから一生懸命勉強するようにします。)

Vst되

'-었'や'-겠'とは共に用いない。

(1) ある事実を言及し、それに関連するより詳しい内容を後続文に表す。大体、後続文の内容は先行文とは対立的である。

例文 바람이 불되 그리 세게 불진 않아요.
(風が吹きますが、それほど強く吹きはしません。)

술은 좋아하되 자주 마시진 않아요.

(酒は好きですが、よく飲みはしません。)

잠은 자되 깊은 잠을 못 잔답니다.
(寝るけれども、熟睡できないそうです。)

생활비는 많이 들되 월급으로 모자라진 않아요.
(生活費はたくさんかかりますが、給料で足りなくはありません。)

돈은 많되 돈이 많은 체를 별로 안하는군요.
(お金はたくさんありますが、お金があるふりをさほどしませんね。)

(2) 先行文の事実を認めるか、許すけれども、後続文では制限する場合に用いる。後続文では命令形や'ー어(아, 여) 해요'が多く用いられる。

例文 일은 하되, 과로하진 마세요.
(仕事はしても働きすぎはしないようにしてください。)

술은 마시되, 적당히 마시세요.
(酒は飲んでも適度に飲んでください。)

외출은 하되, 오후 2시까진 돌아오세요.
(外出はしても午後2時までには帰って来てください。)

건물을 확장하되, 공사는 봄부터 시작하세요.
(建物を拡張するにしても工事は春から始めてください。)

회의를 소집하되, 전원이 참석해야 합니다.
(会議を招集するにしても全員が出席しなければなりません。)

N(이)로되

(1) 名詞または名詞句や名詞節に付いて、先行文の事実を認めながら、後続文に条件を付ける場合に用いられる。'ー되'より強調された表現である。

例文 이것은 한국에서 만든 것이로되 잘 생각해 보고 사거라.
(これは韓国で作ったものではあるが、よく考えてみて買いなさい。)

네가 잘못한 일은 **아니로되** 사과를 하도록 하렴.
(君が間違ったことではないが、謝るようにしなさい。)

사고를 낸 것은 **사실이로되** 부득이한 사고였다고 설명하세요.
(事故を起こしたのは事実ではあるが、 やむを得ない事故であったと説明してください。)

당신 물건은 **아니로되** 좀 들어줘요.
(あなたの物ではないが、ちょっと持ってください。)

(2) 後続文の事実が先行文の内容に拘束されないことを表す表現である。

例文 봄은 **봄이로되** 꽃도 피지 않았군요.
(春は春ですが、花も咲いてないですね。)

학생은 **학생이로되** 어쩐지 학생티가 안나는구먼.
(学生は学生だが、何となく学生らしくないね。)

귀한 것은 **귀한 것이로되** 좁은 공간에 들여놓을 틈이 없다오.
(珍しいものではありますが、狭い空間に入れて置く余地がないですよ。)

상표는 **외제상표로되** 외제는 아닌 것 같구려.
(商標は外国製の商標ではあるが、外国製ではないようだね。)

꽃은 **꽃이로되** 호박꽃이로군요.
(花は花ですが、カボチャの花ですね。)

Vst든지

何を選んでも構わないことを表す場合またはそれらを列挙する場合に用いられる。'ー든가'の形でも用いられる。 未知称代名詞と共に用いられるか、'ー든지 ー든지'の形でも用いられる。または、'ー든지 말든지'の形で用いられて、同一の動詞に対する肯定や否定の選択を表すこともある。

例文 네가 무엇을 **하든지** 난 상관하지 않겠어.
(君が何をしようが、私は干渉しないよ。)

누구를 만나든지 친절히 대해야지요.
(誰に会っても親切に接しなければなりません。)

책을 읽든지 말든지 마음대로 해.
(本を読もうが読むまいが勝手にしろ。)

술을 마시든지 담배를 피우든지 지나치게 하지 마세요.
(酒を飲んでもタバコを吸っても度を超さないでください。)

가든가 안 가든가 빨리 결정하세요.
(行くか行かないか早く決めてください。)

注意：'－든지'の'－지'が省略され'－든'の形でも用いられる。

例文 아내가 무슨 부탁을 하든 난 들어줄 생각이야.
(妻がどんなお願いをしようと、私は聞いてやるつもりだ。)

대학을 다녔든 안 다녔든 사람 됨됨이를 보라구요.
(大学を出ていようが出てなかろうが、人となりを見てください。)

Vstㄴ/는다든지

間接引用文の構成である'－ㄴ/는다고 하든지'から'－고 하－'が省略された構成である。

例文 건강이 좋지 않으니까 휴학을 한다든지 해야 할 것 같아요.
(健康が良くないから休学するとかしなければならないようです。)

의견을 물으면, 좋다든지 나쁘다든지 대답을 해야지요.
(意見を尋ねたら、良いとか悪いとか答えなければなりません。)

아버지께서 가라든지 하셔야 제가 마음놓고 떠날 수 있습니다.
(お父さんが行けとかおっしゃらないと、私は安心して発つことができません。)

약을 먹으라든지 주사를 맞으라든지 의사가 말을 해 주겠지요.
(薬を飲めとか注射を打ってもらえとか医者が言ってくれるでしょう。)

친구가 오랜만에 한잔하자든지 하는 경우엔 어떻게 하시겠어요?
(友達が久しぶりに一杯やろうとかいう場合にはどうされますか。)

Vst듯

先行動詞の内容と'ほぼ同様に'または'そのように'の意味で用いられる。時には、'-듯이'の形で表すこともある。名詞'듯'とは意味が似ているが用法は異なる(参照39頁)。

例文 물 쓰듯이 돈을 쓰면 되겠니?
(湯水のようにお金を使っていいの?)

비 오듯이 흐르는 눈물을 어떻게 막을 길이 없었어요.
(とめどもなく流れる涙をどうにも止める方法がありませんでした。)

그는 뛰어가듯 빠른 걸음으로 가 버렸습니다.
(彼は走っていくように早足で行ってしまいました。)

그는 밥 먹듯이 거짓말을 하는 사람입니다.
(彼は平気で嘘をつく人です。)

강물이 바다에서 다시 만나듯이 우리도 언젠가는 다시 만날 겁니다.
(川の水が海で再び出会うように私たちもいつかはまた出会うでしょう。)

A Vst(으)ㄹ 라치면

動作動詞の語幹に付いて用いられ、先行文の動作をしようと考えるか、仮定すると、後続文の内容が現れるという意味の連結語尾である。何回か経験したことを抽象的に仮定する場合に用いる。

例文 잘 놀다가도 엄마가 밖에 나갈라치면 애기가 울더군요.
(よく遊んでいてもお母さんが外に出ようとすると赤ちゃんが泣きましたね。)

요즘 바깥 청소를 할라치면 꼭 비가 오더라구요.

(近頃、外の掃除をしようとすると必ず雨が降りましたよ。)

그 남자는 내가 좀 관심을 **표할라치면** 꼭 미운짓을 해요.
(その男は私がちょっと関心を示そうとすると、決まって憎らしいことをします。)

비가 **올라치면** 반드시 구름이 끼어요.
(雨が降りそうになると必ず雲がかかります。)

저축 좀 **할라치면** 예외없이 돈 쓸 일이 생기더라고요.
(貯蓄をちょっとしようとすると例外なくお金を使う用事ができましたよ。)

Vst(으)ㄹ 뿐더러

ある事柄がそれで終わらず、そのほかの事柄がさらにあることを表す。'-(으)ㄹ+뿐+더러'で構成されており、'-(으)ㄹ뿐만 아니라'(参照48頁)を代わりに用いることができる。

例文 그는 공부도 **잘 할뿐더러** 집안 일도 잘 돌봐.
(彼は勉強も良くできるだけでなく家事も良く手伝うよ。)

그는 **학자일뿐더러** 정치가이기도 합니다.
(彼は学者であるのみならず政治家でもあります。)

요즘은 날씨도 **더울뿐더러** 습기도 많지요.
(この頃は暑いばかりか湿気も多いですよ。)

돈을 벌기도 **어려울뿐더러** 쓰기도 힘들어요.
(金もうけが難しいばかりか使うことも難しいです。)

그 책은 내용도 **충실할뿐더러** 문장도 아름답습니다.
(その本は内容が忠実であるばかりか文章も美しいです。)

Vst(으)ㄹ수록

(1) ある動作や状態がさらに進行することを表す。

例文 한국말은 **공부할수록** 재미있습니다.
(韓国語は勉強すればするほどおもしろいです。)

바쁠수록 운전을 조심해야 합니다.
(忙しければ忙しいほど運転に注意しなければなりません。)

그 분은 **만날수록** 좋은 사람인 것 같아요.
(その方は会えば会うほど良い人のようです。)

훌륭한 **사람일수록** 많은 사람에게서 존경을 받습니다.
(立派な人であるほど多くの人から尊敬されます。)

(2) '-(으)면'と結合して程度が進行することをさらに強調する。

例文 여행을 **하면 할수록** 견문이 넓어집니다.
(旅行をすればするほど見聞が広がります。)

그 노래를 **들으면 들을수록** 새로운 느낌이 듭니다.
(その歌を聞けば聞くほど新しい感じがします。)

날씨가 **추우면 추울수록** 사람들의 활동이 적어집니다.
(寒ければ寒いほど人々の活動が少なくなります。)

세월이 **가면 갈수록** 어린 시절이 그립습니다.
(歳月が過ぎれば過ぎるほど幼年時代が懐かしいです。)

정이 **들면 들수록** 헤어지기는 더욱 힘든 법입니다.
(情が移れば移るほど別れるのは一層難しいものです。)

Vst(으)ㄹ지라도

ある動作や状態を仮定的に認めるとしても、それとは関係なくあることをしなければならないという拘束的な意味が後続文に表れる。

例文 난 날씨가 **좋지 않을지라도** 떠나겠소.
(私は天気が良くなくても出発します。)

친척 **사이라 할지라도** 공과 사는 구별할 줄 알아야 해요.
(親戚の間柄であっても公私の区別をわきまえなければなりません。)

야단을 **맞을지라도** 할 말은 해야지요.
(叱られても言うことは言わなければなりませんよ。)

아무리 **어린아이일지라도** 무시해서는 안 되지요.
(いくら小さい子どもといえども無視してはいけませんよ。)

아무리 **급할지라도** 과속해서는 안돼요.
(いくら急いでも速度を出し過ぎてはいけません。)

Vst(으)ㄹ지언정

先行文と後続文は普通相反する内容であるが、もし二つのうちの一つを選ぶとすれば、後続文よりはむしろ先行文を選ぶという強い意志を表すとき用いる。

例文 **늦을지언정** 과속은 하지 않겠어요.
(遅れることがあろうと速度を出し過ぎはしません。)

차라리 권익을 **다툴지언정** 권세를 다투지 않겠습니다.
(いっそ権益を争おうとも権勢は争いません。)

동냥할지언정 그 사람 밑에서 일하지는 않겠어요.
(物乞いをしようともその人の下で働きはしません。)

굶을 땐 **굶을지언정** 오늘은 잘 먹어야겠군요.
(食えないときは食えないにしても今日はたっぷり食べなければなりませんね。)

죽을 땐 **죽을지언정** 수술은 받겠어요.
(死ぬときは死ぬにしても手術は受けます。)

Vst(으)ㄹ진대

先行文の事実が当然そうであろうと認めながら先行文が後にくることばの根拠や条件になることを意味する。

例文 나라를 사랑하고 아낄진대 어찌 군복무를 마다하겠어요?
(国を愛し大事にするなら、どうして軍の服務を厭いますか。)

세계 평화를 염려할진대 핵무기 생산을 왜 안 막으리오.
(世界の平和を心配するなら、 核兵器の生産をどうして止めないことができようか。)

지구의 앞날을 걱정할진대 환경 오염을 어찌 방관하겠어요?
(地球の未来を心配するなら、環境汚染をどうして傍観し得ますか。)

굶주림의 무서움을 알진대 왜 아프리카 난민을 모른다 하겠습니까?
(飢餓の恐ろしさを知っているなら、どうしてアフリカの難民のことを知らないと言えますか。)

Vst(으)랴, Vst(으)랴

動作動詞に付いて、同時にあれもこれもすることを表す。

例文 노래하랴, 춤추랴 숨이 꽤 차겠네.
(歌ったり踊ったり息がかなり切れるだろうなあ。)

악수하랴, 인사하랴 제 정신이 아니었답니다.
(握手したりあいさつしたり気が狂いそうでしたよ。)

이달에는 재산세 내랴, 자동차세 내랴 돈이 엄청 들겠어요.
(今月は財産税を納めたり自動車税を納めたりお金がものすごくかかるでしょう。)

아들 눈치 보랴, 며느리 눈치 보랴 신경이 많이 쓰이시겠네요.
(息子の顔色をうかがったり嫁の顔色をうかがったり非常に神経を使うでしょうね。)

예습하랴, 복습하랴 아르바이트 할 시간이 어디 있겠어요.
(予習したり復習したリアルバイトをする時間がどこにありますか。)

A Vst(으)려고

(1) これからあることをしようとする意図を表す。状態動詞とは共に用いられない。

例文 한국말을 배우려고 한국어학당에 다닙니다.
(韓国語を学ぼうと韓国語学堂に通います。)

부모님께 드리려고 선물을 샀습니다.
(両親に差し上げようとプレゼントを買いました。)

부산에 가려고 기차를 탔습니다.
(釜山に行こうと汽車に乗りました。)

시원한 공기를 마시려고 창문을 열었습니다.
(涼しい空気を吸おうと窓を開けました。)

설악산에 여행가려고 한 달 전부터 계획을 세웠습니다.
(雪嶽山に旅行しようと一ケ月前から計画を立てました。)

(2) 動詞'하다'と連結して意図や予定、計画などを表す。この場合、'－고'が省略され'－(으)려 하다'の形で用いられることもある。

例文 생활의 여유가 생기면 도자기를 모으려고 합니다.
(生活の余裕ができたら陶磁器を集めようと思います。)

퇴근한 후에는 맥주집에 들러서 한잔하려고 해요.
(退社した後にはビヤホールに寄って一杯やろうと思います。)

말 많고 입이 가벼운 사람하고는 사귀지 않으려고 합니다.
(口数が多くて口が軽い人とは付き合わないようにしようと思います。)

돈이 생기면 친구들한테 한턱을 내려 합니다.
(お金が入ったら友達に奢ろうと思います。)
휴가를 얻으면 설악산으로 등산을 가 보려 합니다.

(休暇をもらったら雪嶽山に登山に行ってみようと思います。)

'-(으)려고 하다'に連結語尾'-(으)면, -는데, -(으)니까, -다가, -던'などが付いて用いられることもある。

例文 여권 신청을 **하려고,** 외무부에 갑니다.
(旅券の申請をしようと外務部に行きます。)

진급을 **하려면,** 열심히 공부해야 합니다.
(進級しようと思えば一生懸命勉強しなければなりません。)

피곤해서 잠을 **자려는데,** 전화가 걸려왔습니다.
(疲れて寝ようとするのに電話がかかってきました。)

좋은 취직 자리를 **구하려니까,** 힘이 듭니다.
(良い就職先を求めようとするから大変です。)

오후 5시에 **출발하려던** 비행기가 엔진 고장으로 연착되었어요.
(午後5時に出発しようとしていた飛行機が、エンジンの故障で延着しました。)

화를 **내려다가** 그만 꾹 참기로 했지요.
(怒ろうと思いましたが、じっと我慢することにしましたよ。)

Vst(으)려거든

'-(으)려고 하거든'の短縮形で、先行文の意図が事実であれば後続文のことをするのが当然であることを意味する。後続文は大体、命令形や勧誘形である。

例文 잠을 **자려거든** 불을 끄고 자거라.
(寝ようとするなら電気を消して寝なさい。)

성공을 **하려거든** 끈기 있게 노력해야 한다.
(成功しようとするなら粘り強く努力しなければならない。)

출근 시간에 **맞추려거든** 아침 일찍 일어나세요.
(出勤時間に合わせようとするなら朝早く起きてください。)

−도둑을 **잡으려거든** 도둑보다 빨리 뛰어야 해요.
(泥棒を捕まえようとするなら泥棒より速く走らなければなりません。)

집을 **지으려거든** 기초부터 튼튼히 하십시오.
(家を建てようとするなら基礎から頑丈にしてください。)

Vst(으)려니

一人きりの推測で'そうだろう'の意味を表す。 後に'−하다'が付いて推測する行動や状況を表すが、このときの主語は2,3人称である。

例文 나는 그가 나를 **사랑해 주려니** 하고 믿었어요.
(私は、彼が私を愛してくれるだろうと信じました。)

어제는 그가 **오려니 하고** 기다렸습니다.
(昨日は、彼が来るだろうと待っていました。)

나는 그가 **정치가려니** 생각했어요.
(私は、彼が政治家だろうと思いました。)

나는 그가 그 일을 **못 하려니** 생각했는데, 잘 해냈습니다.
(私は、彼がその仕事をなし得ないだろうと思いましたが、良くやり遂げました。)

나는 네가 먼저 **사과하려니** 생각하고 기다렸어.
(私は、君が先に謝るだろうと思って待っていたよ。)

ところで、主語が話し手自身であるか、文の中の主語が行動の主体であるときは、'−(으)려니'が−(으)려고 하니'から'−고 하−'が省略された形で、主語の意図を表す。すなわち、先行文の内容を意図したものの、それが完了していない状態で後続文の結果が現れることを示す。この場合、先行文の

動詞は動作動詞に限られる。

例文 남을 주려니 아깝고, 내가 먹으려니 맛이 없군요.
(人に上げようとすると惜しいし、私が食べようとするとおいしくないですね。)

여행을 하려니 돈이 없고, 집에 있으려니 심심했습니다.
(旅行をしようとするとお金がないし、家にいようとすると退屈でした。)

혼자 하려니 힘에 겹고, 도움을 받으려니 자존심 상해.
(一人でしようとすると手に余り、助けを借りようとするとプライドが傷つくよ。)

밤을 새워가면서 이 일을 끝내려니 저절로 한숨이 나오네요.
(徹夜をしながらこの仕事を終えようとすると、おのずとため息が出ますね。)

이 무거운 짐을 혼자 다 옮기려니 허리가 끊어질 듯 아프군요.
(この重い荷物を一人で全部運ぼうとすると、腰が折れそうに痛いですね。)

Vst(으)려니와

先行文の内容を後続文に付け加えて、未来のことや仮定的なことに関して'そうであることは勿論であり'の意味を表す。

例文 앞으로는 그 분을 만나지도 않으려니와 만날 필요도 없습니다.
(今後はその方に会いもしなければ会う必要もありません。)

유럽에 가면 독일에도 들르려니와 영국에도 가겠어요.
(ヨーロッパに行けばドイツにも寄りますがイギリスにも行きます。)

그 여자는 마음씨도 고우려니와 부지런하기도 합니다.
(彼女は気立ても優しいですが勤勉でもあります。)

오늘은 기분도 좋으려니와 날씨도 아주 좋군요.

(今日は気分もいいですが天気もとてもいいですね。)

동대문 시장은 물건도 많으려니와 값도 쌉니다.
(東大門市場は品物も多いですが値段も安いです。)

Vst기도 하려니와

二つ以上の動作や状態を羅列する場合によく用いられるが、このとき話し手が述べようとする対象は同じである。

例文 그는 똑똑하기도 하려니와 노력도 대단합니다.
(彼は利口でもありますが努力も大したものです。)

갈비는 맛이 있기도 하려니와 영양가도 높아요.
(カルビはおいしくもありますが栄養価も高いです。)

필요할 땐 도와 주기도 하려니와 충고도 할거야.
(必要なときは手伝いもするが忠告もするよ。)

성격이 좋기도 하려니와 이해심이 많습니다.
(性格が良くもありますが思いやりも深いです。)

체격이 크기도 하려니와 건강하기도 해.
(体格が大きくもあるが健康でもあるよ。)

N도 N(이)려니와

前の名詞も問題の対象、今後の計画、全体的に言及しようとする対象に属するが、後続文のような内容も含めなければならないという意味を表す。

例文 돈도 돈이려니와 시간이 문제에요.
(お金もさることながら時間が問題です。)

식사도 식사려니와 목욕부터 하고 싶은데요.
(食事もさることながら先にお風呂に入りたいですが。)

그 분의 말도 말이려니와 행동에도 문제가 있습니다.
(その方のことばもさることながら行動にも問題があります。)

그 분도 문제려니와 주위 환경도 문제입니다.
(その方も問題ですが周囲の環境も問題です。)

시간도 시간이려니와 성의가 없습니다.
(時間もさることながら誠意がありません。)

Vst으련마는

主語が1人称であれば意図を意味し、 3人称であれば推測を意味するが、ある状態や出来事に対して仮定的に表現する先行文に対し、 後続文はその期待に及ばない現実的な状態を表す。短縮して'－(으)련만'の形でも用いられる。

例文 벙어리는 아니련마는 왜 말을 못할까?
(口のきけない人ではなかろうにどうして話せないだろうか。)

분별력이 있으련마는 일을 그르치고 말았어.
(分別力があろうに仕事をしくじってしまったよ。)

여유만 있으면, 수재민을 도울 수 있으련만….
(余裕さえあれば、水害による被災者を助けることができるだろうに…)

다시 태어나면 후회 없이 살 수 있으련만, 그게 어디 될법한가요?
(生まれ変わったら後悔しないように生きることができるだろうに、一体そんなことができるものでしょうか。)

쉬운 일은 할 수 있으련만, 아무 일도 안 하려고 하는군요.
(易しいことならできようものを、何もしようとしませんね。)

Vst(으)면

(1) 仮定の意味があるので後続文の動作や状態が成り立つための前提条件を

表す。

例文 가을이 **되면** 단풍이 듭니다.
(秋になれば紅葉します。)

돈이 **있으면** 빌려 주십시오.
(お金があれば貸してください。)

비가 **올 것 같으면** 우산을 들고 나갑니다.
(雨が降りそうなら傘を持って出かけます。)

감기에 **걸리면** 집에서 쉬어야 해요.
(風邪を引いたら家で休まなければなりません。)

수입품이라면 값이 무척 비쌀 거에요.
(輸入品であれば値段がとても高いでしょう。)

(2) '－(으)면'に強調の意味を持つ助詞'－야'が付き、かつ先行文の事実が仮定や条件になる場合には、後続文の結果が当然であることを意味する。

例文 안개가 낀 **날이면야** 비행기가 뜨기 힘들죠.
(霧が立ち込めた日であるなら、飛行機が出発するのが難しいですよ。)

식사를 **했으면야** 배가 고플 리가 없죠.
(食事をしたなら、お腹がすいているはずがないですよ。)

연락을 **하면야** 오겠죠.
(連絡をすれば来るでしょう。)

2부제를 **계속하면야** 어느 정도 정체를 막을 수 있죠.
(2部制〔10日に1度運休〕を続ければ、 ある程度渋滞を防ぐことができますよ。)

그 분이 사과를 **한다면야** 나도 굳이 기분 나빠할 필요가 없죠.
(その方が謝るなら、私もあえて機嫌を損ねる必要がありませんよ。)

(3) '－(으)면'の後に'좋다'や'하다'動詞を用いて文の主語の希望を表す。語尾

'－었(았,였)'が用いられたら強調の意味がある。

例文 내일은 나가지 말고 집에 있으면 좋겠어요.
(明日は出かけないで家にいればと思います。)

심심할 때는 친구들하고 놀 수 있으면 얼마나 좋을까요?
(退屈なときは友達と遊ぶことができればどんなにいいでしょうか。)

통일이 되었으면 하는 사람들이 많아요.
(統一できればと思う人が多いです。)

국민은 정부가 올바른 정치를 하였으면 하고 바랍니다.
(国民は政府が正しい政治をしたらと願っています。)

앞으로 무슨 일을 했으면 좋겠어요?
(今後どんなことをしたらいいでしょうか。)

Vst(으)면서

ある二つの動作や状態が同時に起こるか、動作が瞬間的に継続して起こることを表す。先行文と後続文の主語は同じでなければならない。

例文 밥을 먹으면서 재미있는 이야기를 했습니다.
(ご飯を食べながら面白い話をしました。)

그 아이는 큰 소리를 지르면서 울었어요.
(その子は大声を出しながら泣きました。)

우리는 모두 노래를 부르면서 산에 올라 갔습니다.
(私たちは皆歌を歌いながら山に登りました。)

김 선생 부인은 웃으면서 우리를 맞아 주셨습니다.
(金先生の奥さんは笑いながら私たちを迎えてくださいました。)

하루 종일 뒹굴면서 지냈단다.
(一日中ごろごろしながら過ごしたんだよ。)

Vst(으)면서(도)

先行文の内容と後続文の内容が互いに対立するか、相反することを強調する意味で用いる。'－도'が省略されても意味は同じである。

例文 서로 **좋아하면서도** 그런 표시를 하지 않아요.
(お互いに好きでいながらもそんな素振りを見せません。)

먹기 **싫으면서도** 체면상 먹고 체했대요.
(食べたくないながらも体面上食べて、胃もたれしたんですって。)

아는 사람끼리 **만났으면서도** 얼굴을 돌렸대나봐요.
(知っている人同士会ったのにそっぽを向いたそうです。)

이야기를 **들으면서도** 무슨 말인지를 몰랐나봐요.
(話を聞きながらもどんな話かが分からなかったようです。)

이 옷은 **가벼우면서도** 따뜻합니다.
(この服は軽いながらも暖かいです。)

Vst(으)며

(1) 動詞が動作動詞で主語が同じであるとき、二つ以上の動作が同時に起こることを意味する。

例文 여자 가수가 **춤을 추며** 노래를 부르고 있어요.
(女性歌手が踊りながら歌を歌っています。)

반은 **졸며** 공부했어요.
(半分居眠りしながら勉強しました。)

일평생 약을 **먹으며** 살아왔어요.
(一生薬を飲みながら生きてきました。

일하며 공부하기가 쉬운 일은 아니지요.
(働きながら勉強するのが容易なことではありませんよ。)

그 분은 남을 위해 **봉사하며** 한평생을 지내셨습니다.
(その方は人のために奉仕しながら一生を過ごされました。)

(2) 二つ以上の動作や状態を単純に羅列する場合に用いる。したがって、この場合は継起的や完了的な意味はない。

例文 이 다방은 **조용하며,** 커피도 좋아요.
(この喫茶店は静かでコーヒーもおいしいです。)

결혼을 한다고 하니까 **좋기도 하며**, 한편 섭섭하기도 합니다.
(結婚をするというから嬉しくもあり、一方寂しくもあります。)

오늘은 한때 **흐리며** 비도 오겠습니다.
(今日は一時曇り、雨も降るでしょう。

장미는 **예쁘며** 향기도 좋아요.
(バラはきれいで香りもいいです。)

값도 싸고 **좋으며** 색깔도 예뻐요.
(値段も安くて良く、色もきれいです。)

＊名詞と共に用いる場合は助詞として扱う(参照163頁)。

Vst(으)므로

原因や根拠を表す。大体、叙述形の終結語尾を伴う。

例文 이 물건은 **수입품이므로** 세금이 붙습니다.
(この品物は輸入品なので税金がかかります。)

오늘은 **토요일이므로** 오전에만 근무해요.
(今日は土曜日なので午前だけ勤務します。)

그 아이는 워낙 혼자 있기를 **좋아하므로** 친구가 많지 않습니다.
(その子はもともと一人でいるのが好きなので友達が多くありません。)

내가 관여할 일이 **아니므로** 물어보지도 않았지요.

(私が関与することではないので尋ねもしませんでしたよ。)

이 돈은 내것이 아니므로 주인을 찾아 돌려줘야 합니다.
(このお金は私のものではないので持ち主を探して返して上げなければなりません。)

Vst(으)ㅁ으로

名詞形の語尾'-(으)ㅁ'に助詞'-(으)로'が付いたもので、先行文が後続文の原因や根拠になることを表す。すなわち、先行文の内容によって後続文の内容が成り立つことを意味する。'-써'を伴うこともある。

例文 책을 많이 읽음으로써 지식을 넓힙니다.
(本をたくさん読むことによって知識を広げます。)

과학적인 실험을 함으로써 사실을 증명할 수 있어요.
(科学的な実験をすることによって事実を証明することができます。)

늘 조심에 조심을 함으로써 사전에 사고를 예방하죠.
(常に用心の上に用心をすることによって事前に事故を予防しますよ。)

참고 견딤으로 결국엔 승리할 수 있대요.
(我慢して耐えることで結局は勝利することができるそうです。)

달리기를 함으로 평소에 건강을 유지하고 있습니다.
(ランニングをすることで普段健康を維持しています。)

Vst어(아, 여)도

仮定や譲歩を意味する連結語尾である。

(1) 後の'좋다, 괜찮다, 되다'などと結合して先行文の内容を許容するか、相手の意向を尋ねる意味がある。

例文 지금 집에 가도 좋습니다.
(今家に行ってもいいです。)

이 음식은 **먹어도 괜찮아요.**
(この食べ物は食べても大丈夫です。)

서울역에 가려면, 이 버스를 **타도 됩니다.**
(ソウル駅に行くにはこのバスに乗ってもいいです。)

음식이 **매워도 괜찮아요?**
(食べ物が辛くても大丈夫ですか。)

옷이 좀 **커도 됩니까?**
(服がちょっと大きくてもいいですか。)

(2) 先行文の事実は認めるが、後続文とは関係がないことを表す。副詞'아무리'と共に用いられて意味を一層明らかにすることもある。

例文 내일 비가 **와도** 소풍을 가겠습니다.
(明日雨が降っても遠足に行きます。)

그 사람은 키가 **작아도** 운동을 잘 합니다.
(その人は背が低くても運動がよくできます。)

아무리 크게 **불러도** 그 아이는 대답하지 않았어요.
(いくら大声で呼んでもその子は答えませんでした。)

아무리 돈이 **많아도** 그 부자는 행복하지 않았습니다.
(いくらお金がたくさんあってもその金持ちは幸せではありませんでした。)

배가 **고파도** 혼자 다 먹을 수는 없지요.
(お腹がすいていても一人で全部食べることはできませんよ。)

(3) '어(아,여)도'が疑問文に用いられて相手の許しを求める内容の場合、それに対する答えが否定であれば'－(으)면'が用いられる。

例文 내일 아침에 늦게 **일어나도 됩니까?**
(明日の朝遅く起きてもいいですか。)

아니오, 늦게 **일어나면 안 됩니다**.
(いいえ、遅く起きてはいけません。)

소풍갈 때, 비가 **와도 갑니까?**
(遠足に行くとき雨が降っても行きますか。)
아니오, 비가 **오면 가지 않습니다**.
(いいえ、雨が降れば行きません。)

시험 성적이 **나빠도 괜찮습니까?**
(試験の成績が悪くてもいいですか。)
아니오, 시험 성적이 **나쁘면 안 됩니다**.
(いいえ、試験の成績が悪くてはいけません。)

Vst어(아, 여)서

(1) 先行文が後続文の理由や原因になることを表す。先行文の動詞には'－었(았, 였)"や'－겠'が用いられることはなく、後続文の終結語尾に命令形や勧誘形は用いられない。

例文 저는 **바빠서** 회의에 참석하지 못하겠습니다.
(私は忙しくて会議に出席できません。)

아이가 배가 **아파서** 울고 있습니다.
(子どもがお腹が痛くて泣いています。)

그 여자는 **부끄러워서** 얼굴이 빨개졌어요.
(彼女は恥ずかしくて顔が赤くなりました。)

나는 시인이 **아니어서** 그런 것은 잘 모릅니다.
(私は詩人ではないのでそんなことはよく分かりません。)

바람이 심하게 **불어서** 나뭇잎이 떨어졌습니다.
(風が強く吹いて木の葉が落ちました。)

(2) 順序的に先行文の動作が後続文の動作に先立ち、先行文の動作が完了した後の状態をそのまま維持しながら後続文の動作が行われることを意味する。したがって、先行文の動詞にはある程度持続性を有する動作動詞が用いられ、後続文の終結語尾には制約がない。

例文 시장에 가서 여러 가지 물건을 삽니다.
(市場に行っていろいろな物を買います。)

철수가 책을 사서 동생에게 선물했습니다.
(チョルスが本を買って弟にプレゼントしました。)

어제 김 선생을 만나서 재미있는 이야기를 했어요.
(昨日金先生に会っておもしろい話しをしました。)

이 의자에 앉아서 잠깐만 기다리십시오.
(この椅子に座ってしばらくお待ち下さい。)

모두들 교실에 들어가서 공부합시다.
(皆教室に入って勉強しましょう。)

Vst어(아, 여)야

(1) 先行文の内容が必ず前提とならなければ、後続文の結果が成り立たないことを表す。'－이다'、'아니다'は'(이)라야'の形でもよく用いられる。

例文 김 선생을 만나야 고향 소식을 알 수 있어요.
(金先生に会わなければ故郷の便りが分かりません。)

가을에 날씨가 좋아야 벼가 잘 익어요.
(秋に天気がよくなければ稲が実りません。)

수염이 석 자라도 먹어야 삽니다.
(ひげが3尺でも食べなければ生きられません。)

그 사람을 실제로 만나 보아야 속이 시원하겠습니다.
(その人に実際に会ってみなければ気持ちがすっきりしません。)

학식이 많은 사람이라야 그 문제를 풀 수 있어요.
(学識が豊かな人でなければその問題を解くことができません。)

注意：'－어(아 여)야'に'－만'を付けて'－어(아, 여)야'の意味をより強調することもある。

例文 비행기나 배를 타야만 제주도에 갈 수 있어요.
(飛行機か船に乗ってこそ済洲島に行くことができます。)

학교에 다녀야만 교양인이 될 수 있는 건 아니지요.
(学校に通ってこそ教養人になれるということではありませんよ。)

돈이 있어야만 행세를 하는 세상이니, 원.
(お金があってこそ権勢を振るうことができる世の中であるとは。)

산에 가야만 호랑이를 잡을 수 있다고요?
(山に行ってこそ虎を捕まえることができるんですって？)

직업을 가져야만 안정된 생활을 할 수 있어요.
(職業を持ってこそ安定した生活をすることができます。)

(2) 後に否定の内容を伴えば、あることをするとしても無駄であることを表す。

例文 너무 늦어서 지금 가봐야 김 선생을 만날 수 없을 겁니다.
(あまり遅いので、今行ってみても金先生に会えないでしょう。)

이 약은 먹어 봐야 별 소용이 없어요.
(この薬は飲んでみてもあまり効き目がありません。)

뛰어 봐야 이미 늦은걸요.
(走ってみてもすでに遅いものを。)

주머니를 다 털어 봐야 동전밖에 없어요.
(ポケットを全部はたいてみても小銭しかありません。)

변명을 해 봐야 오히려 오해만 사게 될 거예요.
(弁解をしてみてもかえって誤解を招くだけでしょう。)

Vst어(아, 여)야 하다

当然の義務や必要な条件を表す。

例文 학생은 열심히 **공부해야 한다**.
(学生は一生懸命勉強しなければならない。)

너도 이 약을 **먹어야 한다**.
(君もこの薬を飲まなければならない。)

하루에 여덟 시간은 **일해야 합니다**.
(一日に8時間は働かなければなりません。)

외국에 가려면 여권을 **받아야 합니다**.
(外国に行くには旅券をとらなければなりません。)

사람은 마음이 **착해야 합니다**.
(人は善良でなければなりません。)

Vst자

後続の動作が時間的に先行の動作にすぐ続いて継続することを表す。'－자마자'の形でも用いられる。

例文 부산에 **도착하자마자** 친구에게 전화하겠습니다.
(釜山に到着したらすぐ友達に電話します。)

배가 고파서 집에 **오자마자** 저녁을 먹었습니다.
(お腹がすいて家に帰るやいなや夕食を食べました。)

그 가수가 무대에 **나타나자** 청중들이 박수를 쳤습니다.
(その歌手が舞台に現れるや聴衆が拍手をしました。)

까마귀 날자 배 떨어진다.
(カラスが飛ぶや梨が落ちる。)

내가 집을 **사자** 집 값이 오른거에요.

(私が家を買うや家の値段が上がったのです。)

N이자

名詞の後に'ー이다'が付いて前後の名詞が互いに兼ねていることを表す。

例文 이 사업은 나라의 **이익이자** 또 자신의 이익이 되는 거예요.
(この事業は国の利益であると同時にまた自分の利益になるものです。)

졸업은 **끝이자** 시작이란 개념을 갖고 있습니다.
(卒業は終わりであると同時に始まりという概念を持っています。)

가정이란 **안식처이자** 보금자리입니다.
(家庭とは安息所であると同時に住みかです。)

그 분은 제 **스승이시자** 어버이 같은 분입니다.
(その方は私の師であると同時に親のような方です。)

처음이자 마지막으로 백두산에 올랐습니다.
(最初で最後に白頭山に登りました。)

Vst자니

'ー고자 하니'の短縮形である。行おうとする意図を説明する表現で、先行文の動作を行おうとするが、 後続文がそれを制約する条件になることを表す。先行文の動詞は動作動詞に限られる。

例文 **가자니** 몸이 아프고, 여관에 **묵자니** 돈이 없습니다.
(行こうと思うと体の具合が悪いし、 旅館に泊まろうと思うとお金がありません。)

죽자니 청춘이요, **살자니** 고생이에요.
(死のうと思うと青春だし、生きようと思うと骨が折れます。)

공부하자니 싫고, **놀자니** 마음이 놓이지 않아요.
(勉強しようと思うと嫌いだし、遊ぼうと思うと安心できません。)

부모님께 말씀드리자니 야단맞을 것 같고, 그렇다고 안 할 수도 없군요.
(両親に申し上げようと思うと叱られそうだし、だからといって言わない訳にもいきませんね。)

남 주자니 아깝고 내가 먹자니 벅차군요.
(人に上げようと思うと惜しいし、私が食べようと思うと手に負えませんね。)

Vst었(았, 였)구나 싶자

先行文の内容に対して感じたとき、 すぐ後続文の内容が現れることを意味する。先行文の出来事に対する感じやその感じによる行動の変化を後続文に表す。'－거니 싶자'の形でも用いられる。

例文 개가 죽었구나 싶자 몸이 떨리기 시작했어요.
(犬が死んだなと思うと体が震え始めました。)

앞으로 만날 수도 없겠거니 싶자 눈물이 앞을 가리지 않겠어요?
(今後会うこともできないだろうと思うと涙が視界をさえぎるではありませんか。)

말을 잘못 했구나 싶자 그 다음 말이 생각나지 않았어요.
(間違って話したなと思うとその次に言うことが考え付きませんでした。)

아무도 없이 혼자구나 싶자 갑자기 쓸쓸해졌어요.
(誰もおらず独りだなと思うと急に寂しくなりました。)

내 차례구나 싶자 막 떨리더군요.
(私の番だなと思うとひどく震えましたよ。)

Vst어(아, 여) 보았자

試みの意味を表す'－어(아, 여)보다'に'－자'が連結された形で、先行文の内容を試みても期待に及ばないことを表す。

例文 이 라면 한 그릇 먹어 봤자 간에 기별도 안 갈걸요.
(このラーメン1杯食べてみても食べた気がしないでしょう。)

그 사람하고 상대해 보았자 밑천도 건지지 못해요.
(その人の相手をしてみても元も子もないです。)

부탁해 보았자 들어 줄 사람도 아닌데 뭘.
(頼んでみても聞いてくれる人でもないんだよ。)

운전을 배워 보았자 자동차도 없는데 쓸 데 없죠, 뭐.
(運転を習ってみても車もないのに必要ないですよ。)

매달 용돈 얼마 받아 보았자 버스 타고 차 몇 잔 마시면 다 없어져요.
(毎月お小遣をいくらかもらってもバスに乗りお茶何杯か飲んだら全部なくなります。)

Vst어(아, 여) 보았댔자

先行文の内容に対しそのようになるだろうと仮定的に認めるとしても、 後続文ではその否定的な結果が現れることを意味する。上の'－어(아, 여) 보았자'より'－어(아, 여) 보았댔자'が先行文の内容に対する仮定の度合が大きい。

例文 월급을 인상해 달라고 버티어 보았댔자 소용없어요.
(給料を引き上げてくれと頑張ってみたところで無駄です。)

그 문제에 대해 반대해 보았댔자 듣지도 않을 거예요.
(その問題に対して反対してみたところで聞いてもくれないでしょう。)

그 사람에게 충고해 봤댔자 입만 아파요.
(その人に忠告してみたところで甲斐がありません。)

뛰어 봤댔자, 그 사람을 따라갈 수는 없어.
(走ってみたところでその人に付いて行くことはできないよ。)

아무리 머리를 써 봤댔자, 좋은 생각이 나올 것 같지 않군.

(いくら頭を使ってみたところでいい考えが思い付きそうではないね。)

Vst지

前の内容を確認するか、強く肯定しながらも、後の内容を否定して二つの事実を比較する場合に用いる。時には後続文に反語的な疑問形が来て意味を強調することもある。

例文 넌 **너지** 내가 아니야.
(君は君であって私ではない。)

콩 심은 데 콩 **나지** 팥이 날까?
(豆をまいた所に豆が出るのであって小豆が出るか。)

그만하면 **됐지** 더 바랄 게 있어요?
(それくらいならいいのであってまだ望むことがありますか。)

그는 나이만 **먹었지** 하는 짓이 아직 어려요.
(彼は年を食っているだけでやっていることはまだ幼稚です。)

말만 잘 **하지** 실천에 옮기질 못해.
(口が達者なだけで実践に移すことができない。)

3. 冠形詞形語尾

転成語尾の一つで、動詞の語幹に付いて名詞を修飾する機能をする。冠形詞形の語尾は時制と相を表す機能も持っており、動詞の種類により異なって現れる。

〈表 20〉 冠形詞形語尾

区　分	動作動詞	状態動詞	'있다'	'－이다'
現在(持続)	－는	－(으)ㄴ	－는	－ㄴ
過去(完了)	－(으)ㄴ			
未来(推測)	－(으)ㄹ	－(으)ㄹ	－을	－ㄹ
過去(回想)	－던	－던	－던	－던

A Vst는

動作動詞にのみ用い、動作がある時点で持続的な状態にあることを意味する。

例文 저기 가는 분이 이 선생입니다.
(あそこを行く方が李先生です。)

그 일은 어느 비 오는 날에 일어났습니다.
(それはある雨の日に起こりました。)

이 책이 요즘 많이 팔리는 것입니다.
(この本が最近よく売れるものです。)

한국말을 배우는 사람이 늘어갑니다.
(韓国語を学ぶ人が増えていきます。)

저기 보이는 산이 남산입니다.
(あそこに見える山が南山です。)

Vst(으)ㄴ

動作動詞に付いて、ある時以前に終わったことを表し、状態動詞や'－이다'に付いて現在の状態や事実を表す。

例文 경찰이 잃은 물건을 찾아 주었습니다.
(警察が失った物を捜してくれました。)

어제 쓴 편지를 우체국에 가서 부쳤어요.
(昨日書いた手紙を郵便局に行って送りました。)

그 분은 마음이 좋은 사람입니다.
(その方は気立ての良い人です。)

겨울이 되면 흰 눈이 내립니다.
(冬になれば白い雪が降ります。)

이 사람은 내 친구인 김영수입니다.
(この人は私の友達であるキムヨンスです。)

Vst(으)ㄹ

まだ実現していないことを表す。

例文 비가 오니까 쓰고 갈 우산을 준비해야 합니다.
(雨が降るから、さして行く傘を準備しなければなりません。)

그 사람은 입을 옷도 없고 먹을 밥도 없어요.
(その人は着る服もく、食べるご飯もありません。)

이번 주말에 여행 갈 계획을 세우고 있습니다.
(今度の週末に旅行に行く計画を立てています。)

어머님 말씀이 조금도 틀릴 것이 없어요.
(お母さんのおことばは少しも間違いがありません。)

저녁에 먹을 음식을 준비하겠어요.
(夕食に食べる食べ物を準備します。)

Vst던

(1) 過去に持続した状態や反復した動作、習慣、完了していないことに対する回想を表す。

例文 큰 소리로 울던 아이가 갑자기 울음을 그쳤습니다.

(大声で泣いていた子どもが急に泣き止みました。)

여기에 살던 사람이 어제 이사했습니다.
(ここに住んでいた人が昨日引っ越しました。)

여름에 푸르던 나뭇잎이 노랗게 단풍이 들었어요.
(夏に青かった木の葉が黄色く紅葉しました。)

이 음악은 내가 자주 듣던 것입니다.
(この音楽は私がよく聴いていたものです。)

여기 내가 마시던 커피 누가 가져 갔나요?
(ここの私が飲んでいたコーヒー、誰が持っていったのですか。)

(2) '-었(았, 였)'と結合すると完了の意味がさらに明らかとなり、経験を表すこともある。

例文 어제 만났던 사람을 오늘 또 만났어요.
(昨日会った人に今日また会いました。)

며칠 전에 갔던 집인데 도무지 찾을 수가 없어요.
(数日前に行った家なのに全く見つけることができません。)

코가 비뚤어지도록 술을 마셨던 적이 있어요.
(鼻が曲がるほど酒を飲んだことがあります。)

예뻤던 얼굴에 이젠 주름살이 생겼어요.
(きれいだった顔にもうしわができました。)

3년 전에 헤어졌던 친구에게서 전화가 왔습니다.
(3年前に別れた友達から電話がきました。)

4. 名詞形語尾

動詞を名詞化し体言のような成分として用いることができる語尾をいうが、動詞の種類に関係なく語尾'－(으)ㅁ'または'기'の形で表す。ところで'－기'と'－(으)ㅁ'は互いに異なる意味を持っており、それが現れる場合も異なるので'－기'と'(으)ㅁ'が現れる文の前後関係をよく調べなければならない。

1 Vst기

名詞的機能を持っているが、動作の意味がある。名詞形語尾'－기'は'－(으)ㅁ'よりはるかに多様に用いられる。後続する動詞の種類によって異なる助詞がつけ加えられ、主語、目的語、副詞語などの成分をなすこともあり、他の要素と結合して別の語尾に変わるか、慣用的表現をなすこともある。

Vst기가

'－기'の後に主格助詞'－가'が付いて主語の役割をするようになるが、'좋다, 싫다, 편하다, 불편하다, 쉽다, 어렵다, 재미있다, －와/과 같다'などと共に用いられることが多い。

例文 외국에서 살기가 재미있을 것 같다.
(外国で住むことがおもしろそうだ。)

걷기가 매우 편해요.
(歩くのがとても楽です。)

희기가 눈과 같아요.
(白さが雪のようです。)

아이들에겐 활동하기가 편한 옷이 제일 좋아요.
(子どもたちには動きやすい服が一番いいです。)

맵지 않아서 먹기가 좋아요.
(辛くなくて食べやすいです。)

Vst기(가) 쉽다

'－기(가)'の次に'쉽다'が付くと'多分そうだろう'程度の蓋然性を表す。'－기'の前に'－었(았, 였)'がくることもある。

例文 이 선생은 지금 이 시간엔 집에 없기가 쉬워요.
(李先生は今この時間には多分家にいないでしょう。)

그 분의 출국 일자는 연기되기가 쉽습니다.
(その方の出国日は多分延期されるでしょう。)

그는 오래 집을 떠나 있어서 그 사실을 모르기가 쉽습니다.
(彼は長い間家を離れていて多分その事実を知らないでしょう。)

지금쯤 그들은 신혼여행을 떠났기가 쉬워.
(今ごろ彼らは多分新婚旅行に出発したでしょう。)

사장님은 해외에 나갔기가 쉬워요.
(社長は多分海外に出かけたでしょう。)

'－기'は、他の助詞ともよく結合する。

例文 감기가 빨리 낫기를 바랍니다.
(風邪が早く治ることを願っています。)

그 분이 착한 사람이기를 바랬습니다.
(その方が善良な人であることを願いました。)

일하기를 좋아하는 사람도 많아요.
(働くことが好きな人も多いです。)

오늘은 소풍가기에는 적당하지 않군요.
(今日は遠足に行くには適当ではありませんね。)

듣기에 좋은 말이 반드시 옳은 말은 아니죠.
(耳触りのいいことばが必ずしも正しいことばではありません。)

Vst기는

対照の意味を持つ補助詞'ー는'と結合した形態で、 後に'하다'を付けて'ー기는 하다'になるか、同じ動詞が反復して先行文の内容を是認する場合に用いられる。

例文 그 분을 만나기는 하겠습니다.
(その方に会いはします。)

한국에 오기는 16년 전에 왔지만, 한국말은 아직도 잘 모릅니다.
(韓国に来るのは16年前に来ましたが、韓国語はまだよく分かりません。)

질이 좋긴 하지만 너무 비싼데요.
(良質ではありますが、高すぎますね。)

열심히 하기는 했지만 성과가 없습니다.
(一生懸命しはしましたが、成果がありません。)

먹기는 먹겠지만 소화가 될지 모르겠어요.
(食べはしますが、消化できるか分かりません。)

Vst기는 커녕

'ー커녕' が付いて後続文の内容をはっきりさせるため先行文を強く否定する意味で用いられる。

例文 주말에 쉬기는 커녕 밥 먹을 틈도 없이 일했어요.
(週末に休むどころかご飯を食べる間もなく働きました。)

돈을 벌기는 커녕 있는 돈까지 다 써버렸어요.
(お金を稼ぐどころか持っているお金まで全部使ってしまいました。)

날씨가 좋기는 커녕 천둥까지 쳤어요.

(天気が良いどころか雷まで鳴りました。)

병이 낫기는 커녕 더 심해졌대요.
(病気が治るどころかもっとひどくなったそうです。)

그 남자를 좋아하기는 커녕 만나 주지도 않는답니다.
(その男性が好きどころか会ってもくれないそうです。)

Vst기는(요)

文を終結させながら、 相手の称賛に謙譲の気持ちを表しつつ相手の意見に同意できないという意思を表示するとき用いられる。後に'요'を付けると敬語になる。

例文 기억력이 좋으신데요?
(記憶力が良いですね。)
좋기는요. 저도 자주 잊어 버려요.
(良いだなんて。私もよく忘れてしまいます。)

시장 물건이 싸지요?
(市場の品物が安いでしょう?)
싸기는요. 백화점 물건값과 비슷해요.
(安いだなんて。デパートの物の値段とほとんど同じです。)

그 사람 부지런히 일하죠?
(その人は勤勉に働くでしょう?)
일하기는요. 옆사람과 얘기만 하고 있던데요.
(働くだなんて。隣の人とおしゃべりばかりしていましたよ。)

김 선생은 떠났습니까?
(金先生は出発しましたか?)

떠나기는요. 이제야 떠날 준비를 하고 있어요.
(出発しただなんて。今になってやっと出発する準備をしています。)

점심을 드셨어요?
(お昼を召し上がりましたか。)
먹기는요. 아직 30분은 기다려야 해요.
(食べただなんて。まだ30分は待たなければなりません。)

Vst기도

'やはり'の意味を持つ'ー도'が付いて用いられ、後に'하다'がくる。

例文 그 물건은 비싸기도 하지만 귀하기도 해.
(その品物は高くもあるが珍しくもあるよ。

그 분의 말이 그럴듯하기도 해요.
(その方の話がもっともらしくもあります。)

그는 돈을 벌기도 잘하고 쓰기도 잘합니다.
(彼はお金をよく稼ぎもし、よく使いもします。)

그 영화는 사람을 웃기기도 하고 울리기도 했습니다.
(その映画は人を笑わせもし、泣かせもしました。)

과자를 만들어 먹기도 하고 사서 먹기도 해요.
(お菓子を作って食べもし、買って食べもします。)

Vst기만

'単独'や'排他'の意味を持つ補助詞'ー만'と結合した構成で、後に'하다'が付く。

例文 그 분은 날 보기만 하면 극장에 가자고 졸라요.
(その方は私に会いさえすれば劇場に行こうとねだります。)

술을 마시기만 하면 배가 아픕니다.

(酒を飲むと必ずお腹が痛いです。)

그가 일을 시작하기만 한다면 제가 돕겠어요.

(彼が仕事を始めさえすれば私が手伝います。)

그 놈은 놀기만 하지, 도무지 책상 앞에 앉지 않아요.

(そいつは遊んでばかりいて全く机の前に座りません。)

아주머니는 듣기만 하실 뿐, 아무 대답이 없으십니다.

(おばさんは聞いてばかりいるだけで、何もお答えになりません。)

Vst기에

'Vst기'に副詞格助詞'－에'が付いて副詞語となり、後続文の判断基準になるか、先行文が後続文に対する原因または理由を表す。原因や理由を意味する場合には、一つの語尾のように用いられ、'－길래'と置き換えて用いることもある(参照330頁)。

例文 일을 하기에 바빠, 누가 들어 오는지도 몰랐어요.

(仕事をするのに忙しくて、誰が入ってくるのかも分かりませんでした。)

아직 결혼하기에는 이른 나이다.

(結婚するにはまだ若い年だ。)

혼자 먹기에는 너무 많군요.

(1人で食べるには多すぎますね。)

친구가 앓고 있기에 병문안을 갔다 왔어요.

(友達が病気を患っているので、お見舞に行ってきました。)

친구가 취직을 하고 싶어하길래 알아봐 주었지요.

(友達が就職したがっているので、調べてあげましたよ。)

Vst(ㄴ/는)다기에

'(－ㄴ/는)다고 하기에'の短縮形である。この場合、'－에'は先行文が後続

文に対する原因や理由になることを表す。

例文 좋은 사람이라기에 만나 보았을 뿐입니다.
(いい人だというので、会ってみただけです。)

그 친구가 내일 여행을 떠나자기에 그러기로 약속했습니다.
(その友達が明日旅行に行こうというので、そうすることに約束しました。)

이사 간다기에 도우러 왔습니다.
(引っ越すというので、手伝いに来ました。)

한국에 왜 왔냐기에 공부하러 왔다고 했습니다.
(韓国にどうして来たのかというので、勉強しに来たといいました。)

사업에 투자해 보라기에 했더니 결과가 괜찮더군요.
(事業に投資してみろというのでしたら結果がよかったですね。)

Vst기로

副詞格助詞'－(으)로'が付いたもので、後に'하다, 정하다, 작정하다, 결심하다, 마음 먹다'などの動詞とともに用いられて結果的に選択された事実をいうとき用いられる。

例文 신혼 여행을 제주도로 가기로 했습니다.
(新婚旅行を済洲島に行くことにしました。)

남의 흉은 보지 않기로 마음 먹었어요.
(人の悪口は言わないことに決めました。)

술 담배는 끊기로 결심했습니다.
(酒とタバコは止めることに決めました。)

오늘부터 규칙적인 생활을 하기로 작정했어.
(今日から規則的な生活をすることに決めたよ。)

늘 성실하게 살기로 결심했어요.

(いつも誠実に生きることに決めました。)

Vst기란

後続文で記述しようとする内容の主題や対象を先行文に提示する。

例文 새로운 일을 **시작하기란** 여간 어렵지 않아요.
(新しい仕事を始めるということは、難しいなんてものではありません。)

상대방의 입장에 서서 **생각하기란** 그리 쉬운 일이 아니에요.
(相手の立場に立って考えるということは、そんなに簡単なことではありません。)

일류 대학에 **입학하기란** 하늘의 별 따기처럼 힘들어요.
(一流大学に入学するということは、空の星を取ることのように難しいです。)

늘 기계적인 생활을 **하기란** 상당히 피곤한 일입니다.
(常に機械的な生活をするということは、相当疲れることです。)

혼자서 **살기란** 여간 힘든 일이 아니다.
(1人で生きるということは、大変なんてもんじゃない。)

Vst기야

強勢の意味を持つ助詞 '－야'が付いて動詞の意味を強調し、動詞 '하다'を '－기야'の後に置いて '－기야 하다'の形で用いられるのが普通である。'하다'の代わりに動詞を繰り返して用いる場合が多い。先行文の内容を強く認めるものの後続文には先行文と相反する内容を伴う。

例文 이 물건이 **좋기야 하지만**, 값이 좀 비싸군요.
(この品物が良いことは良いですが、値段がちょっと高いですね。)

이 수학문제를 **배우기야 배웠지만**, 잊어 버렸어요.
(この数学の問題を学ぶことは学びましたが、忘れてしまいました。)

이 방이 넓기야 하지만, 식구에 비해 작은 편이죠.
(この部屋が広いことは広いですが、家族に比べて小さいほうですよ。)

전 직원이 제시간에 출근을 하기야 합니다.
(全社員が定刻に出勤することはします。)

내용을 알기야 알지만, 남에게 알리고 싶지 않습니다.
(内容を知っていることは知っていますが、人に知らせたくありません。)

Vst길래

先行文の内容が後続文の内容の根拠や理由になることを意味する。 後続文の主語は大体、1人称である。'－기에'の形でも用いることができる(参照327頁)。

例文 그의 주머니에 돈이 없길래 넣어 주었어.
(彼のポケットにお金が無いので入れてあげたよ。)

그 사람이 주소를 묻길래 가르쳐 주었습니다.
(その人が住所を尋ねるので教えてあげました。)

다리가 아프길래 쉬었다가 올라갔습니다.
(足が痛いので休んでから登りました。)

그 사람이 손을 흔들길래 나도 손을 흔들었을 뿐이야.
(その人が手を振るので私も手を振っただけだよ。)

이 편지가 책상 위에 있길래 펴 보았어요.
(この手紙が机の上にあるので開けてみました。)

Vst기로서니

先行文で説明した事実や状況を理解しながらも納得することができない部分をもう少し具体化して後続文で明らかにする場合に用いる。時には '－기로'だけでも用いられる。

例文 달빛이 **밝기로서니** 햇빛만큼 밝지는 못하다.
(月光が明るいといっても日光ほど明るくはない。)

아무리 그를 **좋아한다기로서니** 나보다 좋아하진 않을 거야.
(いくら彼が好きだといっても私より好きではなかろう。)

아무리 **바쁘기로서니** 편지 쓸 시간이 없단 말입니까?
(いくら忙しいといっても手紙を書く時間がないというのですか。)

돈이 **없기로** 남의 물건을 어찌 훔친담.
(お金がないといって人の物をどうして盗むのかね。)

아무리 기분이 안 **좋기로서니** 남을 때려요?
(いくらむしゃくしゃするからといっても人をたたきますか。)

(1) 'Vst기 N(이/가) 없다'の構成

主に状態動詞の内容が大したものであることや甚だしいことを表すが、この場合、名詞によって意味が少しずつ異なることがある。

Vst기 그지없다

例文 홀로 서 있는 나무가 **쓸쓸하기 그지없어요**.
(1本だけ立っている木が寂しいことこの上ありません。)

타향에서의 생활은 **외롭기 그지없어요**.
(他郷での生活は寂しいことこの上ありません。)

설악의 설경은 **아름답기 그지없다고들** 합니다.
(雪岳の雪景色は美しいことこの上ないそうです。)

인간의 마음이란 **간사하기 그지없습니다**.
(人間の心とは狡賢いことこの上ありません。)

절간에서 들려오는 목탁 소리 **처량하기 그지없어**.
(寺から聞こえてくる木魚の音は物悲しいことこの上ないよ。)

Vst기 짝이 없다.

前の状態動詞の内容が非常に極端であることを表す。

例文 그 분의 생각은 **답답하기 짝이 없습니다.**
(その方の考えは融通のきかないことこの上ないです。)

저 때문에 일이 안 되어서 **부끄럽기 짝이 없습니다.**
(私のためにことがうまく行かなくて恥ずかしいことこの上ありません。)

그는 **싱겁기 짝이 없는** 사람입니다.
(彼は面白みのないことこの上ない人です。)

할 말을 못해서 **분하기 짝이 없어요.**
(言いたいことを言えなくて、悔しいことこの上ありません。)

그 골목은 **더럽기 짝이 없더군.**
(その路地は汚いことこの上なかったね。)

Vst기 한이 없다

'한이 없다'とは、'果てしない'という意味で、先行する状態動詞の内容の程度が無限であることを強調する。

例文 아들을 다시 만나게 되어 **기쁘기 한이 없어요.**
(息子に再び会えて嬉しいこと限りありません。)

그 책은 **어렵기 한이 없다**고들 합니다.
(その本は難しいこと限りないそうです。)

이 가방에 무엇이 들었는지 **무겁기 한이 없군요.**
(このかばんに何が入っているのか、重いこと限りないですね。)

그 분의 갑작스런 죽음은 **슬프기 한이 없습니다.**
(その方の突然の死は悲しいこと限りありません。)

형제간의 싸움은 **부끄럽기 한이 없는** 일이에요.

(兄弟間の喧嘩は限りなく恥ずかしいことです。)

(2) 'Vst기 N이다'の構成

Vst기(가) 일쑤(이)다

'しばしばそうする'または'そうする回数がとても多い'の意味で、 ほとんどの場合、あまり望ましくない動作がしばしば繰り返して起こるとき用いられる。

例文 어린 아이들은 걷다가 넘어지기가 일쑤다.
(幼い子どもは歩いていて転ぶのが常だ。)

비가 오다 그치면 버스에 우산을 두고 내리기가 일쑤입니다.
(降っていた雨が止むとバスに傘を置いて降りてしまうのが常です。)

그는 공부한다고 책상에 앉으면, 졸기 일쑤입니다.
(彼は勉強するといって机に向かうと居眠りするのが常です。)

그에게 집을 보라고 하면, 잠을 자기 일쑤입니다.
(彼に留守番しろというと寝てしまうのが常です。)

점심때는 찬밥 먹기가 일쑤지.
(お昼は冷や飯を食べるのが常だよ。)

Vst기 마련이다

'そうすることが当然だ'の意味を表す。'-게 마련이다'の形でも用いられ、主に人為的ではない自然的な結果を述べるとき用いられる。

例文 사람은 누구나 죽기 마련입니다.
(人は誰でも死ぬものです。)

나쁜 짓을 하면 벌을 받기 마련이지요.
(悪いことをすると罰を受けるものですよ。)

가을이 되면 단풍이 들기 마련이야.
(秋になると紅葉するものだよ。)

게으르면 가난하게 마련이에요.
(怠けると貧乏するものですよ。)

자주 만나면 사이가 가까워지게 마련입니다.
(しばしば会うと親しくなるものです。)

(3) 名詞化した場合

次の場合は、'−기'が付いて動詞が名詞に派生し、完全に名詞の機能をする場合である。動作性のある動詞によく見られるが、例外もある。

例文 쓰기는 쉬운데 말하기는 어려운 편이지요.
(書くのは容易いですが、話すのは難しいほうですよ。)

김유신은 어렸을 때부터 말타기와 활쏘기를 배웠습니다.
(金庾信は幼い時から乗馬と弓道を習いました。)

씨름의 기술 중에는 들어메치기라는 것이 있어요.
(シルムの技の中には肩越し投げというものがあります。)

그 사람의 성공은 많은 사람들의 본보기가 되었습니다.
(その人の成功は多くの人々の手本になりました。)

이번 내기에 져서 점심을 사게 되었어요.
(今回の賭けに負けたので、昼食をおごることになりました。)

(4) 諺や格言の場合

昔から伝えられてきた諺や格言の場合は、文を'−기'で結ぶ場合がある。

例文 누워서 떡먹기.
(寝てもちを食う。)

쇠 귀에 경읽기.
(牛の耳に経を読む。)

엎드려 절받기.
(身を伏せてお辞儀を受ける。)

소 잃고 외양간 고치기.
(牛を失って牛舎を直す。)

땅 짚고 헤엄치기.
(底に手をついて泳ぐ。)

(5) 慣用的に用いられる場合

Vst기 전에

前の動作より後の動作が先になされる場合に用いる。

例文 김 선생이 오기 전에 일을 끝내야겠어요.
(金先生が来る前に仕事を終えなければなりません。)

식사를 하기 전에 기도합니다.
(食事をする前にお祈りをします。)

열매가 맺기 전에 꽃이 핍니다.
(実が実る前に花が咲きます。)

결혼하기 전에 몇 년간 교제를 했습니까?
(結婚する前に何年間交際しましたか。)

말을 하기 전에 생각을 많이 했습니다.
(話す前に大いに考えました。)

Vst기 때문에

前の動作の理由(または原因)で後の動作がなされることを表す。

例文 머리가 아프기 때문에 좀 쉬어야겠어요.
(頭が痛いのでちょっと休まなければなりません。)

아침을 너무 많이 먹었기 때문에 점심은 먹고 싶지 않아요.
(朝食をあまり多く食べたので昼食は食べたくありません。)

그 사람은 내 친구이기 때문에 같이 지내고 있습니다.

(その人は私の友達なので一緒に過ごしています。)

돈이 모자랐기 때문에 값을 깎아야 했습니다.
(お金が足りなかったので値切らなければなりませんでした。)

그 사람은 범인이 아니기 때문에 벌을 받지 않았어요.
(その人は犯人ではないので罰を受けませんでした。)

Vst기 위해서 / 위하여

前の動作をなそうとする目的で後の動作を行うことを意味する。

例文 공부하기 위해서 학교에 다닙니다.
(勉強するために学校に通います。)

먹기 위해 삽니까, 살기 위해 먹습니까?
(食べるために生きますか、生きるために食べますか。)

미국에 유학 가기 위해서 영어를 배우고 있습니다.
(アメリカに留学するために英語を習っています。)

건강해지기 위해서 매일 아침 운동을 합니다.
(健康になるために毎朝運動をします。)

기분 전환하기 위해서 술을 한잔합니다.
(気分転換するために酒を一杯やります。)

2 Vst(으)ㅁ

'ー기'が、一般化されたか、期待される事実に対する動作や状態を表現するとすれば、'ー (으)ㅁ'は、動作がすでに決定されたか、具体化され現場にすでに存在することを表す。'ー(으)ㅁ'も助詞と結合して主語、目的語、副詞語などになり得るが、'ー기'ほどは多用されず、'ー(으)ㄴ 것'を代わりに用いる場合が多い。

Vst(으)ㅁ이

主格助詞'－이'が付いて主語の機能をするが、 大体'분명하다, 당연하다, 이상하다, 옳다, 확실하다'などの評価的意味を持つ動詞と共に用いられる。

例文 그가 외국으로 **떠났음이** 분명해요.
(彼が外国に行ったことは明らかです。)

죄인이 벌을 **받음은** 당연합니다.
(罪人が罰を受けることは当然です。)

약속을 지키지 **않음은** 옳지 못한 일이지요.
(約束を守らないことは正しくないことですよ。)

그가 집에 **없음은** 확실합니다.
(彼が家にいないことは確かです。)

그 사람이 아직도 살아 **있음이** 사실이군요.
(その人がまだ生きていることは事実ですね。)

Vst(으)ㅁ을

目的格助詞'－을'が付いて目的語の役割をするが、大体'알다, 모르다, 발표하다, 지적하다, 깨닫다, 주장하다, 전하다, 확실하다'などの動詞と共に用いられることが多い。

例文 그 범인은 죄가 **없음을** 주장했습니다.
(その犯人は無罪を主張しました。)

그는 사람들이 자기를 **미워함을** 잘 알고 있었지요.
(彼は人々が自分を憎んでいることをよく知っていましたよ。)

그 회사에서 새로운 상품이 **개발되었음을** 발표했습니다.
(その会社で新しい商品が開発されたことを発表しました。)

김 선생은 한국말 발음이 **어려움을** 여러 번 지적하였어요.

(金先生は韓国語の発音が難しいことを何回も指摘しました。)

그는 자신이 **죄인임을** 깨닫지 못합니다.
(彼は自分が罪人であることを悟ることができません。)

Vst(으)ㅁ에

副詞格助詞'－에'が付いた形で、後に'반하여, 대하여,－도 불구하고'などが共に用いられる。

例文 열심히 **노력했음에 반하여** 결과는 좋지 않았어.
(一生懸命努力したのに反して、結果は良くなかったよ。)

그가 정보 계통의 **사람임에는** 틀림없다.
(彼が情報系統の人であることには間違いない。)

오늘의 아픔도 세월이 **지남에** 따라 잊을 수 있으리라.
(今日の痛みも歳月が過ぎるに従い忘れることができるだろう。)

성적이 **부진함에** 대하여 무슨 변명이 그리 많나?
(成績が振るわないことについて何の言い訳がそんなに多いの。)

그 아이는 여러 번 충고를 **받았음에도 불구하고** 또 거짓말을 했어요.
(その子は何回も忠告を受けたにもかかわらず、また嘘をつきました。)

(1) 文章の終結語尾として用いられる場合

'－(으)ㅁ'が終結語尾としても用いられ、ある内容を多くの人に知らせる意味を持つ。

例文 이곳에는 **들어갈 수 없음**. (공고문)
(ここには立ち入ることはできない。(公告文))

그 사건은 사실이 아님을 **공고함**. (게시문)
(その事件は事実でないことを公告する。(掲示文))

오늘은 할머니 댁에 **갔음**. (일기문)

(今日は祖母の家に行った。(日記文))

성적이 우수하여 상장을 수여함. (상장)
(成績が優秀で賞状を授与する。(賞状))

김영수 올림. (편지)
(キムヨンス拝(手紙))

(2) 名詞化した場合

時には、動詞が完全に名詞に変わる場合もある。

例 걷다(歩く) → 걸음(歩み) 자다(寝る) → 잠(眠り)
울다(泣く) → 울음(泣き) 웃다(笑う) → 웃음(笑い)
기쁘다(嬉しい) → 기쁨(喜び) 슬프다(悲しい) → 슬픔(悲しみ)
아프다(痛い) → 아픔(痛み) 즐겁다(楽しい) → 즐거움(楽しみ)
죽다(死ぬ) → 죽음(死)

例文 너무 오랜만에 만나서 기쁨을 감추지 못했습니다.
(あまり久しぶりに会ったので、喜びを隠すことができませんでした。)

우린 다른 사람의 기쁨이나 슬픔을 잘 모르면서 살아 갑니다.
(私たちは他人の喜びや悲しみをよく分からないまま生きています。)

어젯밤 꿈 속에서 어머니를 보았지요.
(昨夜夢の中で母を見ましたよ。)

어렵지만 그래도 즐거움을 느끼며 하루하루를 보냅니다.
(貧しいけれども楽しみを感じながら日々を過ごしています。)

아마 사람들은 모두 죽음을 두려워할 겁니다.
(恐らく人は皆死を恐れるでしょう。)

第十四章

補助用言

제 14 장

補助用言

補助用言は、本来の意味が変わるか、弱くなって単独で動詞の機能を発揮することができず、本用言の後に付いて補助する動詞をいう。補助用言は本用言の後に特定の補助的連結語尾が付いてからその後に連結される。補助用言は次のように分類することができる。

〈表 21〉 補助用言

分　類	形　　態
進行の補助用言	가다, 오다, 있다, 들다
終結の補助用言	내다, 나다, 버리다, 말다, 빠지다, 치우다
奉仕の補助用言	주다, 드리다
試みの補助用言	보다
反復の補助用言	대다
保有の補助用言	놓다, 두다, 가지다
希望の補助用言	싶다
状態の補助用言	있다, 지다
否定の補助用言	말다, 않다, 아니하다
不能の補助用言	못하다
'하다'類の補助用言	-게 하다, -어(아,여)야 하다, -기는 하다 -(으)ㄴ/는 체하다, -(으)ㄴ/는 양하다, -(으)ㄴ/는 척하다, -(으)ㄹ 듯하다, -(으)ㄹ 뻔하다, -(으)ㄹ 만하다, -곤 하다, -는가 하다, -(으)ㄹ까 하다

1. 進行の補助用言

Vst어(아, 여) 가다 / 오다

'가다/오다'は、本来場所の移動を表す動詞であるが、補助用言として用いられると動作の連続的な反復を表す。また、話し手を基準として話し手に向かう動作には '－어(아, 여) 오다'が用いられ、話し手から離れていく動作には '－어(아, 여) 가다'が用いられる。

例文 그 일이 잘 되어 간다.
(その仕事がうまくいっている。)

문제를 거의 다 풀어 갑니다.
(問題をほとんど全部解きました。)

버스가 이쪽으로 달려 옵니다.
(バスがこちらへ走ってきます。)

저는 그 할머니를 어머니처럼 모셔 왔어요.
(私はそのおばあさんを母親のようにお世話してきました。)

앞으로는 혼자의 힘으로 살아 갈 겁니다.
(これからは自力で生きていきますよ。)

次は、上のような構成の文ではあるが、二つの動作が対等に連結されたものであり、本用言と補助用言の構成ではない。

例文 바빠서 숙제를 해 오지 못했어요.
(忙しくて宿題をして来れませんでした。)

음료수 좀 사 올까요?
(飲み物をちょっと買って来ましょうか。)

이 대화는 다 **외워 오세요**.
(この対話は全部覚えて来てください。)

땅에 떨어진 신문 좀 **집어 오세요**.
(地面に落ちた新聞をちょっと拾って来てください。)

옆집 아주머니가 떡을 **해 왔습니다**.
(隣の家のおばさんが餅を作って来ました。)

Vst고 있다

進行を表し、本動詞は動作動詞に限られる。主体を高めるときには'－고 계시다'を用いる(参照204頁)。

例文 지금 무엇을 **하고 계십니까?**
(今何をしていらっしゃいますか。)

누구를 **기다리고 있군요**.
(誰かを待っていますね。)

저는 그 시간에 잠을 **자고 있었어요**.
(私はその時間に寝ていました。)

일을 **하고 있을 때가** 가장 행복해요.
(仕事をしているときが最も幸せです。)

내가 빨래할 때 뭘 **하고 있었어?**
(私が洗濯しているとき、何をしていたの。)

Vst(으)러 가다 / 오다

目的を表す連結語尾'－(으)러'に移動の意味を持つ動詞が連結され、 移動の意図や目的を表す。動作動詞とのみ用いることができる。

例文 그 사람은 도서관에 책을 **빌리러 갔다**.
(その人は図書館に本を借りに行った。)

너 여기에 누구 **만나러 왔니?**
(君ここに誰に会いに来たの。)

아침에는 **일하러 가는 사람들로** 지하철이 만원이에요.
(朝は仕事をしに行く人たちで地下鉄が満員です。)

그 학생은 학교에 **공부하러 온 게** 아니에요.
(その学生は学校に勉強しに来たのではありません。)

나는 점심을 **먹으러** 식당에 **가다가** 친구를 만났습니다.
(私はお昼を食べに食堂に行く途中で友達に会いました。)

Vst(으)러 들다

本動詞は動作動詞に限られ、大体'-(으)러 들면 어떠하다'という構成で用いられる。先行動作をなす目的で行為の積極性を表す。

例文 종일 놀다가도 **일하러 들면** 아주 잘해요.
(1日じゅう遊んでいても仕事にかかるととてもよく働きます。)

아이들 하는 일을 **간섭하러 들면** 끝이 없어요.
(子どもたちのすることを干渉しようとすると、きりがありません。)

그 남자가 **말하러 들면** 그녀가 말하지 못하게 막아요.
(その男が話そうとすると、彼女が話せないように止めます。)

문제를 **삼으러 들면** 아닌 게 없는 것 같습니다.
(問題にしようとしたら問題ないものはないようです。)

물건 값을 **깎으러 들면** 왜 못 깎겠습니까?
(品物代を値切ろうとしてどうして値切れませんか。)

2. 終結の補助用言

本動詞の動作が完了したことを表す。用法によって他の様態的意味が加わることもある。

Vst어(아, 여) 내다

'難しくともその動作を成し遂げる'という主観的な意味が加わる。

例文 철수는 그 책을 끝까지 읽어 냈어요.
(チョルスはその本を最後まで読み通しました。)

경찰이 그 물건을 찾아 냈습니다.
(警察がその品物を捜し出しました。)

그 사람은 결국 그 일을 해 냈어요.
(その人は結局その仕事をやり遂げました。)

그 회사가 좋은 물건을 만들어 냈어요?
(その会社が良い品物を作り上げましたか。)

그 범인이 어디로 도망갔는지 꼭 알아 내고 말 거에요.
(その犯人がどこへ逃げたのか、必ず捜し出して見せますよ。)

Vst고 나다

本動詞の動作が終わったことを表すが、本動詞は動作動詞に限られ、大体、後に連結語尾 '－어(아, 여)서, －(으)니까, －(으)면'が付いて '－고나서, －고 나니까, －고 나면'の形で用いられる。

例文 지금 막 청소를 끝내고 나서 쉬는 참이었어요.
(今ちょうど掃除を終えてから休むところです。)

부모님과 의논하고 나서 결정할 거에요.

(両親と相談してから決めますよ。)

소리를 치고 나면 좀 시원할 것 같아요.
(大声を出してしまえばちょっとすっきりしそうです。)

그 약을 먹고 나니까 진통이 좀 멎는 것 같아요.
(その薬を飲むと陣痛がちょっと止むようです。)

하고 싶었던 말을 하고 났는데도 화가 풀리지 않아요.
(言いたいことを言ったのに怒りがおさまりません。)

Vst어(아, 여) 버리다

(1) 本動詞の動作が完了してそれ以上の余地がないことを表し、動作動詞に限られる。

例文 오늘 지하철에서 지갑을 잃어 버렸어요.
(今日地下鉄で財布を無くしてしまいました。)

이 서류는 불에 태워 버리겠습니다.
(この書類は燃やしてしまいます。)

그 종이를 다 써 버리고 또 달라고 합니다.
(その紙を全部使ってしまって、またくれと言います。)

돈을 다 써 버리기 전에 은행에 갖다 넣으세요.
(お金を全部使ってしまう前に銀行に預けてください。)

내가 할 말을 그가 다 해 버려서 난 잠자코 있었습니다.
(私が言うべきことを彼が全部言ってしまったので私は黙っていました。)

(2) 本動詞の動作に対して期待していたものとは異なる状態や結果が生じたという意味で用いられる。

例文 그 친구는 미국에 가 버렸어요.
(その友達はアメリカに行ってしまいました。)

동생이 과자를 다 **먹어 버렸어요**.
(弟がお菓子を全部食べてしまいました。)

친구와의 약속을 **잊어 버렸습니다**.
(友達との約束を忘れてしまいました。)

그 사람이 내 공책을 **찢어 버렸어요**.
(その人が私のノートを破ってしまいました。)

어항 속의 고기가 다 **죽어 버렸어요**.
(金魚鉢の中の魚が全部死んでしまいました。)

(3) 一つの動作が終わったので、話し手が感じていた負担がなくなったことを表す場合もある。

例文 어제 숙제를 **끝내 버렸어요**.
(昨日宿題を済ませてしまいました。)

그 사람과 이제 **헤어져 버렸어요**.
(その人ともう別れてしまいました。)

어제 원고를 다 **써 버렸습니다**.
(昨日原稿を全部書いてしまいました。)

그 미운 사람이 다른 곳으로 **이사가 버렸습니다**.
(その憎い人が他の所に引っ越してしまいました。)

무더운 여름이 **지나가 버렸습니다**.
(蒸し暑い夏が過ぎてしまいました。)

Vst고 말다

ある動作が完了したことを意味するが、 話し手にその意志がなかった場合や結果に対して惜しむ場合に用いられる。しかし、'ー고야 말다'は強い意志を表す。

例文 너무 슬퍼서 **울고 말았습니다**.
(あまり悲しくて泣いてしまいました。)

동생이 그 꽃병을 **깨고 말았어요**.
(弟がその花瓶を割ってしまいました。)

그 분은 자기의 소망을 **이루고 말았어요**.
(その方は自分の望みを叶えてしまいました。)

제가 그 일을 꼭 **하고야 말겠습니다**.
(私がその仕事を必ずやってみせます。)

그녀는 화가 나서 밖으로 **나가 버리고 말았어요**.
(彼女は腹が立って外に出て行ってしまいました。)

Vst어(아, 여) 빠지다

本動詞には、大体、状態動詞が多く用いられるが、状態が悪化したことをさらに強調する。本動詞は主に、否定的な意味を持つものが用いられる。

例文 그 기계는 **낡아 빠졌어요**.
(その機械は老朽化しました。)

그 아이는 **게을러 빠져서** 성공하기는 글렀어요.
(その子は怠け者すぎて成功する見込みはありません。)

그런 **썩어 빠진** 생각으로는 이 세상을 살아 가기가 어렵겠지요.
(そんな腐り切った考えではこの世の中を生きていくことは難しいでしょう。)

시어 빠진 김치는 김치찌개를 해도 맛이 없습니다.
(とてもすっぱくなったキムチはキムチ鍋にしてもおいしくありません。)

너무 **말라 빠져서** 보기가 흉해요.
(あまりやせ細って見苦しいです。)

Vst어(아, 여) 치우다

本動詞の動作の内容に'余すところなくすべて'という意味が加えられる。 この場合、本動詞は'하다, 먹다, 팔다'などいくつかの動作動詞に限られる。

例文 쓸 데 없는 책들은 다 집어 치우세요.
(要らない本は全部放り出してください。)

아주머니께서 그 많은 빨래를 단숨에 해 치웠습니다.
(おばさんがあのたくさんの洗濯物を一気にやってのけました。)

그 남자는 노름에 빠져서 집까지 팔아 치웠대요.
(その男は賭博におぼれて家まで売りとばしたそうです。)

불고기 2인분 먹어 치우는 건 식은 죽 먹기죠.
(焼肉2人前を平らげるのは朝飯前ですよ。)

밥 한 그릇을 눈 깜짝할 사이에 먹어 치우고는 또 달라고 한다.
(ご飯1膳を瞬く間に平らげては、またくれと言う。)

3. 奉仕の補助用言

Vst어(아, 여) 주다 / 드리다

本動詞に奉仕の意味を加える。'드리다'は'주다'の敬語である(参照215頁)。

例文 철수는 동생의 숙제를 도와 주었습니다.
(チョルスは弟の宿題を手伝ってあげました。)

과학은 인간의 생활을 편리하게 해 주었습니다.
(科学は人間の生活を便利にしてくれました。)

김 선생님은 우리에게 노래를 가르쳐 주십니다.

(金先生は私たちに歌を教えてくださいます。)

저는 어제 집에서 어머니를 도와 드렸어요.
(私は昨日家で母を手伝って差し上げました。)

바쁘실텐데 와 주셔서 고맙습니다.
(お忙しいでしょうに、お越しくださってありがとうございます。)

Vst어(아, 여) 드릴까요? / Vst어(아, 여) 주십시오

話し手の奉仕的な行動に対して、 聞き手に許諾や許可を求めようとする場合'-어(아, 여) 드릴까요?'と尋ねるが、これに対する肯定的な答えは普通'-어(아, 여) 주십시오'となる。

例文 가) 수학을 가르쳐 드릴까요?
(数学を教えて差し上げましょうか。)
나) 예, 가르쳐 주십시오.
(はい、教えてください。)

가) 제가 그리로 안내해 드릴까요?
(私がそちらへ案内して差し上げましょうか。)
나) 예, 그렇게 해 주십시오.
(はい、そうしてください。)

가) 이 책을 빌려 드릴까요?
(この本を貸して差し上げましょうか。)
나) 예, 빌려 주십시오.
(はい、貸してください。)

Vst어(아, 여)주시겠습니까? / Vst어(아, 여) 드리겠습니다

聞き手にある行動をするよう要請するか、期待するときには'-어(아, 여) 주시겠습니까?'の形で相手の意向を尋ねるが、この質問に対する肯定的な敬

語表現の答えは'－어(아, 여) 드리겠습니다'である。したがって'－어(아, 여) 주시겠습니까?'は、敬語の命令形'－(으)십시오'よりもっと丁寧な命令の表現である。

例文 가) 이것을 설명해 주시겠습니까?
(これを説明してくださいますか。)
나) 예, 설명해 드리겠습니다.
(はい、説明して差し上げます。)

가) 그 친구에게 내 안부 좀 전해 주시겠습니까?
(その友達に私の安否を伝えてくださいますか。)
나) 예, 만나면 전해 드리죠.
(はい、会ったらお伝えいたしましょう。)

가) 저 대신 회의에 참석해 주시겠습니까?
(私の代わりに会議に出席してくださいますか。)
나) 아니오, 그렇게 해 드릴 수 없습니다.
(いいえ、そうして差し上げることはできません。)

4. 試みの補助用言

Vst어(아, 여) 보다

本動詞の動作について、一度やってみるという試みや経験、知覚、悟りなどを表す。

例文 이 문제를 잘 생각해 보세요.
(この問題をよく考えてみてください。)

그 사람의 말을 들어 봅시다.
(その人の話を聞いてみましょう。)

설악산에는 올라가 보았습니다.
(雪岳山には登ってみました。)

전 고생을 많이 해 보았어요.
(私は苦労をたくさんしてきました。)

하라고 하시면 이 일을 맡아 보겠습니다.
(やれとおっしゃるならこの仕事を引き受けてみます。)

Vst어(아, 여) 볼까요?

1人称単数または複数を主語にして、動作に対する相手の同意や許諾を要請する疑問文である。これに対する肯定の答えは、'예, －어(아, 여) 보십시오'と'예, －(으)ㅂ시다'が普通である。

例文 제가 이 노래를 한번 불러 볼까요?
(私がこの歌を一度歌ってみましょうか。)
예, 불러 보십시오.
(はい、歌ってみてください。)

무대에 나가 볼까요?
(舞台に出てみましょうか。)
예, 나가 보십시오. 잘 하실 겁니다.
(はい、出てみてください。上手くなさることでしょう。)

우리 미식축구를 해 볼까요?
(私たち、アメリカンフットボールをしてみましょうか。)
예, 그럽시다.
(はい、そうしましょう。)

이번에는 항공편으로 보내 볼까요?
(今度は航空便で送ってみましょうか。)
예, 그럽시다.
(はい、そうしましょう。)

그 사람에게 이 일을 시켜 볼까요?
(その人にこの仕事をやらせてみましょうか。)
예, 시켜 봅시다.
(はい、やらせてみましょう。)

Vst어(아, 여) 본 일이 있다 / 없다

これは '－어(아, 여) 보다'に過去の経験の有無を表す '－(으)ㄴ일이 있다 / 없다'が付いた形態で、試みや経験の有無を意味する(参照77頁)。

例文 동남아에 가 본 일이 있습니다.
(東南アジアに行ったことがあります。)

회사를 경영해 본 일이 있습니까?
(会社を経営したことがありますか。)

어려움을 겪어 본 일이 없어요.
(困難を経験したことがありません。)

추첨에 당첨돼 본 일이 없대요.
(抽選に当籤したことがないそうです。)

그를 만나 본 일은 없지만 말은 많이 들었지요.
(彼に会ったことはありませんが、話はよく聞きましたよ。)

5. 反復の補助用言

動作を反復的に継続して程度が甚だしいという意味を表す。

Vst어(아, 여) 대다

例文 왜 그렇게 떠들어 대니?
(なぜそんなに騒ぎ立てるの。)

그 사람은 괜히 웃어 댑니다.
(その人はいだすらに笑いこけます。)

아이가 계속해서 울어 대는데 어디가 아픈가?
(赤ちゃんがずっと泣きわめいているが、どこか具合が悪いのか。)

며칠 동안 책을 읽어 댔더니 눈이 아파요.
(数日間本を読みまくったら目が痛いです。)

며칠 굶었는지 계속 먹어 대요.
(何日食べてないのかずっと食べまくります。)

Vst곤 하다

過去に同じ動作が何度も起きたか、規則的に反復したことを表す。

例文 김 선생님을 만나면 다방에 가곤 했습니다.
(金先生に会うと喫茶店に行ったりしました。)

아프면, 이 약방에서 약을 사곤 했어요.
(具合が悪いとこの薬局で薬を買ったりしました。)

수업이 끝나면 도서관에 가곤 합니다.
(授業が終わると図書館に行ったりします。)

기회가 있을 때마다 그 친구를 만나곤 했어요.

(機会がある度にその友達に会ったりしました。)

전에는 감기에 걸리면 그냥 쉬곤 했었는데…
(以前は風邪を引いたらそのまま休んだりしたのに…)

6. 保有の補助用言

ある動作が完了した後、その状態が持続することを表す。動作の結果の状態を保持しているという意味が加えられる。

Vst어(아, 여) 놓다

本動詞の動作が完了していることを表す。これは動作動詞に限られる。

例文 책을 책꽂이에 꽂아 놓았습니다.
(本を本立てに立てておきました。)

그 사람이 편지를 써 놓았습니다.
(その人が手紙を書いておきました。)

나는 부산에 여행갈 계획을 세워 놓았어요.
(私は釜山に旅行する計画を立てておきました。)

나의 충고를 마음 속에 새겨 놓으세요.
(私の忠告を肝に銘じておいてください。)

그 사람이 피아노를 곧 고쳐 놓을 거예요.
(その人がピアノをすぐ直しておくでしょう。)

Vst어(아, 여) 두다

新しい状態に変わらず、 現在のその状態をそのまま保存するという意味を表す。

例文 이 나무를 옮기지 말고 그대로 **심어 두세요**.
(この木を動かさないでそのまま植えておいてください。)

이 책은 책상에 **놓아 두세요**.
(この本は机に置いておいてください。)

제 말을 잘 **들어 두십시오**.
(私の話をよく聞いておいてください。)

버릇 나쁜 아이를 그냥 **내버려 두면** 안 돼요.
(行儀の悪い子をそのまま放っておくといけません。)

이런 것을 **알아 두면** 좋습니다.
(こんなことを知っておくといいです。)

Vst어(아, 여) 가지다.

動作に対する保有の意味が強くて文の終結語尾とは用いられず、 主に連結語尾'-고'を付けて'-어(아, 여) 가지고'の形で用いられる。前の動作を終え、その状態を維持しつつ後の動作に連結するという意味である。したがって、動作が時間的順序でつながることを表すか、先行文が後続文の理由や原因になることを表す場合もある。

例文 집에서 숙제를 **해 가지고** 오세요.
(家で宿題をして来てください。)

집을 잘 **지어 가지고** 같이 삽시다.
(家を立派に建てて一緒に住みましょう。)

한국어를 **배워 가지고** 좋은 자리에 취직할 거예요.
(韓国語を習って良い職場に就職しますよ。)

너무 **놀라 가지고** 그 자리에서 넘어지고 말았어요.
(あまりに驚いてその場で倒れてしまいました。)

뜻밖에 일등을 **해 가지고** 기뻐서 어쩔 줄 모르고 있어.

(意外にも一等をとって、嬉しくてどうしていいか分からないでいるよ。)

7. 希望の補助用言

本動詞の行動や状態に対して、話し手や主体がそうなることを望むという意味がある。また、本動詞に付く語尾によって意味が変わることがある。

Vst고 싶다

(1) 希望を表す。叙述文では1人称、疑問文では2人称が主語になる。

例文 요즘 나는 그림을 그리고 싶다.
(この頃私は絵を描きたい。)

지금 추워서 밖에 나가고 싶지 않습니다.
(今は寒くて外に出たくありません。)

가을이 되면, 설악산에 여행을 가고 싶어요.
(秋になったら雪岳山に旅行したいです。)

커피 마시고 싶지 않니?
(コーヒー飲みたくないの?)

지금도 그 사람을 만나고 싶습니까?
(今もその人に会いたいですか。)

3人称の主語には'-고 싶어하다'を用いる。

例文 철수는 김 선생님을 만나고 싶어합니다.
(チョルスは金先生に会いたがっています。)

제 친구가 영화를 보고 싶어합니다.

(私の友達が映画を見たがっています。)

아이들이 책을 **읽고 싶어하지 않아요**.
(子どもたちが本を読みたがりません。)

학생들이 일찍 집에 **가고 싶어합니다**.
(学生たちが早く家に帰りたがっています。)

동생은 고향에 계신 어머님을 무척 **보고 싶어합니다**.
(弟は故郷にいる母にとても会いたがっています。)

Vst었(았, 였)으면 싶다

先行文が表す事実全体に対する話し手の希望を表す。'-었(았, 었)으면 좋겠다'と同じ意味である。

例文 오늘은 학교에 **가지 않았으면 싶다**.
(今日は学校に行かなくていいならと思う。)

때론 **여행갔으면 싶을** 때가 있어요.
(時には旅行に行けばと思うときがあります。)

이제 비가 그만 **왔으면 싶다**.
(もう雨が止めばと思う。)

그 사람을 만날 수 **있었으면 싶다**.
(その人に会えればと思う。)

그런 나쁜 일은 빨리 **잊어 버렸으면 싶어**.
(そんな悪いことは早く忘れてしまえばと思う。)

Vst나 싶다

確認されてない事実に対する推定を表す。

例文 손님들이 **오나 싶어서** 밖에 나가 봤어요.
(お客さんが来るのかと思って外に出てみました。)

하나를 보면 전체를 알 수 **있지 않나 싶다**.
(一つを見れば全体を知ることができるのではないかと思う。)

내가 **언제 그랬나 싶었습니다**.
(私がいつそうしたのかと思いました。)

철수가 벌써 **그렇게 컸나 싶었어요**.
(チョルスがもうそんなに大きくなったのかと思いました。)

대구에 **도착했나 싶어서** 차창 밖을 내다 보았습니다.
(大邱に到着したのかと思って車窓の外を見ました。)

'싶다'は、いろいろな語尾'−나, −(으)ㄹ까, −(으)ㄹ 성, −구나, −지'などと結合して、話し手の推測や事実に対する判断を表す。

例文 음식이 맛이 **있나 싶어** 먹어 보았습니다.
(食べ物がおいしいのかと思って食べてみました。)

오늘은 친구한테서 전화가 **오지 않을까 싶다**.
(今日は友達から電話が来るのではなかろうかと思う。)

그 사람이 **화를 낼 성싶어서** 그 말을 하지 않았어요.
(その人が腹を立てそうなのでその話をしませんでした。)

그런 예쁜 여자도 **있구나 싶었다**.
(そんなきれいな女の人もいるんだなと思った。)

아마 그 친구는 학교에 **갔지 싶어요**.
(多分その友達は学校に行っただろうと思います。)

8. 状態の補助用言

ある事実の存在を表す。

Vst어(아, 여) 있다

既になされた先行動詞の動作状態が継続して存在するか、 持続することを表す。これは動作動詞と共に用いられるが、動作動詞の中でも主に自動詞に付く。

例文 할머니는 아직 **살아 계십니다**.
(おばあさんはまだ生きていらっしゃいます。)

그 사람이 문 앞에 **서 있었어요**.
(その人が門の前に立っていました。)

칠판에 글씨가 **써 있어요**.
(黒板に文字が書いてあります。)

벽에 그림이 **걸려 있습니다**.
(壁に絵が掛かっています。)

책상에 책이 **놓여 있습니다**.
(机に本が置かれています。)

Vst어(아, 여) 지다

大体、状態を表す状態動詞に付いて状態の度合が段々増していくことを表し、このとき動作自動詞に変わる。一部の動作動詞に付くと、受身の意味が表れることもあり(参照371～372頁)、ある場合には前にある動作動詞の基本形態が形を変えて完全に一つの単語になったものもある。

(1) 状態動詞に'－어(아,여)지다'が付いて動作動詞に変わる場合、その状態

動詞が意味する状態の程度が段々増していく変化の過程を表現する。

例文 이젠 날씨가 점점 **추워집니다**.
(もう段々寒くなります。)

그렇게 열심히 연습하면 발음이 **좋아질 겁니다**.
(そのように一生懸命練習すれば発音が良くなるでしょう。)

배우면 배울수록 **어려워지는군요**.
(学べば学ぶほど難しくなりますね。)

자주 만나지 못하니까 **멀어지는 것 같습니다**.
(よく会えないので疎遠になるようです。)

그런 환경에서 자라면 누구나 성격이 **달라질 겁니다**.
(そんな環境で育つと誰でも性格が変わるでしょう。)

(2) '－어(아,여)지다'が動作動詞に付くと、受身の意味を表す動作自動詞になる(参照371頁)。

例文 소나기가 **쏟아지다가** 금방 해가 났어요.
(にわか雨が降り注いでいましたがすぐに日が出ました。)

숨이 **끊어졌다가** 다시 살아났어요.
(事切れてから再び生き返りました。)

그 일이 **알려지기 전에** 발표하십시오.
(その事が知られる前に発表してください。)

어렸을 때의 추억이 점점 **잊혀져 가고 있어요**.
(幼い時の思い出が段々忘れられていきます。)

옥수수가 잘 **삶아져서** 먹기가 좋은데요.
(とうもろこしがよく茹でられて食べやすいですね。)

9. 否定の補助用言

Vst지 말다

(1) 本動詞が意味する行動や状態に対する禁止を表す(参照220, 223頁)。

例文 과자 줄게, **울지 말아라**.
(お菓子あげるから、泣くな。)

길에서 **놀지 말고** 집안에서 놀아.
(道で遊ばないで家の中で遊びなさい。)

여기서는 담배를 **피우지 마십시오**.
(ここではタバコを吸わないでください。)

우리 오늘 집에 **들어가지 말까?**
(私たち今日家に帰らないことにしようか。)

쉬지 말고 기도해야 해요.
(休まないで祈らなければなりません。)

(2) －어(아,여) 말다

状態動詞に付いて'하지 말다'の意味を表す。同じ意味で、行動を表す名詞の後に'말다'を用いる場合もある。

例文 너무 **슬퍼 마시오**.
(あまり悲しまないでください。)

괴로워 말고 힘을 내세요.
(苦しまないで元気を出してください。)

염려 말고 하고 싶은 대로 해 보세요.
(心配しないでやりたいようにやってみてください。)

그런 사람과는 상대 마세요.
(そんな人とは相手にしないでください。)

가 버린 사람은 생각 말고 새 사람을 찾아 봅시다.
(行ってしまった人は考えないで、新しい人を探してみましょう。)

(3) '말다'にいろいろな語尾が付いて活用するが、'－거나 말거나, －거니 말거니, －나 마나, －든지 말든지, －(으)ㄹ지 말지'などのように重複する形の後の方に用いられて'아니하다(しない)'の意味を表す(参照56, 245, 248頁)

例文 내가 놀거나 말거나 참견하지 마.
(私が遊ぼうが遊ぶまいが干渉しないで。)

두 사람이 일을 하거니 말거니 말다툼하고 있어요.
(二人が仕事をするだのしないだの口論をしています。)

영수라면 보나 마나 꼼꼼하게 계획을 세웠을거야.
(ヨンスなら見るまでもなく几帳面に計画を立てただろう。)

그 사람이 반대하든지 말든지 일을 진행시키세요.
(その人が反対しようがしまいが仕事を進めてください。)

그 모임에 갈지 말지 생각중입니다.
(その集まりに行くか行くまいか考えているところです。)

Vst지 않다 / 아니하다

動詞に付いて否定の意味を表す。'－지 않다'は'－지 아니하다'の短縮形である。

例文 토요일은 학교에 가지 않습니다.
(土曜日は学校に行きません。)

네 것은 쓰지 않고 남의 것을 쓰니?
(君のものは使わないで、人のものを使うの?)

그 아이는 엄마의 말을 영 듣지 않아요.
(その子はお母さんの話を全く聞きません。)

머리는 그리 아프지 않아요.
(頭はそれほど痛くありません。)

그녀는 마음이 예쁘지 얼굴은 예쁘지 않을 거에요.
(彼女は心がきれいなのであって顔はきれいではないでしょう。)

10. 不能の補助用言

Vst지 못하다

十分に及ばないことを表す。

例文 노래는 잘 하지만 그림은 잘 그리지 못해요.
(歌は上手ですが、絵は上手に描けません。)

자주 만나지 못하니까 더욱더 보고 싶어요.
(よく会えないので、より一層会いたいです。)

돈이 없어서 공부하지 못했습니다.
(お金がなくて勉強できませんでした。)

그 분이 왼손을 쓰지 못하니까 좀 도와 드리세요.
(その方が左手を使えないので、ちょっと手伝ってあげてください。)

이 나라 말을 하지 못하니까 얼마나 답답한지 모르겠어요.
(この国のことばを話すことができないので、どんなにもどかしいか分かりません。)

第十五章

受身と使役

제 15 장

受身と使役

受身は'泥棒が警察に捕まりました'のように泥棒の行為があり、泥棒を捕まえる警察の行為が自然に行われる場合をいう。これに比べ、使役は'先生が学生に本を読ませました'のように人に動作をさせること、すなわち、先生の影響を受けて学生が読む動作が可能になったことをいう。

受身と使役は、それぞれ二つの方法で形成される。

1 受身形は動詞の語幹に受身の接尾辞 '－이、－히、－리、－기'が付き、使役形は動詞の語幹に使役の接尾辞 '－이、－히、－리、－기、－우、－추'が付いて形成されるが、このような方法で形成されるものを短形という。

2 長形は受身と使役によって異なるが、まず受身の場合は動詞の語幹に補助連結語尾である '－어(아, 여)지다'が付く。使役の場合は動詞の語幹に補助連結語尾である '－게 하다'が付く。短形よりは長形の用いられる範囲が広い。

受身と使役の短形と長形をもう少し分かりやすいように、 ＜表22＞から＜表25＞まで例を挙げて説明する。

1. 受 身

1 短形受身

短形の受身は他動詞に受身の接尾辞'ー이,ー히,ー리,ー기'が付くが、どの接尾辞が付くかは動詞によって異なる。

〈表 22〉 短形受身

受身接尾辞	例
ー이	꺾이다, 보이다, 섞이다, 쌓이다, 쓰이다, 파이다
ー히	닫히다, 먹히다, 묻히다, 뽑히다, 얹히다, 업히다, 잡히다
ー리	걸리다, 눌리다, 들리다, 뚫리다, 물리다, 밀리다, 빨리다, 열리다, 풀리다
ー기	감기다, 끊기다, 빼앗기다, 씻기다, 안기다, 쫓기다

例文 저기 남산이 **보입니다**.
(あそこに南山が見えます。)

철수가 반장으로 **뽑혔습니다**.
(チョルスが学級委員に選ばれました。)

문이 저절로 **열렸어요**.
(ドアが自然に開きました。)

아이가 엄마 품에 **안겨 있습니다**.
(子どもがお母さんの胸に抱かれています。)

도둑이 경찰에게 **잡혔어요**.
(泥棒が警察に捕まりました。)

2 長形受身

長形の受身は動作動詞に'ー어(아, 여)'が連結される形態であるが、す

べての動詞に連結されるものではない。

〈表 23〉 長形受身

補助連結語尾	例
－어(아, 여)지다	깨지다, 밝혀지다, 써지다, 이루어지다, 풀어지다

例文 이 연필은 글씨가 잘 써집니다.
(この鉛筆は字がよく書けます。)

아이들이 던진 공에 유리창이 깨어졌어요.
(子どもたちが投げたボールでガラス窓が割れました。)

범인이 누구인지 언젠가는 밝혀지겠지요.
(犯人が誰なのかいつかは明らかにされるでしょう。)

잘 묶이지 않아서 매듭이 풀어졌어요.
(よく結ばれてなくて結び目が解けました。)

모든 사람의 소망이 이루어진다면 얼마나 좋겠어요.
(みんなの望みが叶えられるとしたらどんなにいいでしょう。)

2. 使 役

1 短形使役

短形の使役は自動詞、他動詞、状態動詞に使役の接尾辞'－이,－히,－리,－기,－우,－추'などが付くが、どの接尾辞が付くかは動詞によって異なる。

例文 고양이가 쥐를 죽였습니다.
(猫がネズミを殺しました。)

어머니가 아이에게 예쁜 옷을 입혀 줍니다.
(お母さんが子どもにかわいい服を着せてあげます。)

음식을 남기지 말고 다 드세요.
(食べ物を残さないで全部召し上がってください。)

철수는 그만 아기를 울리고 말았습니다.
(チョルスはつい赤ちゃんを泣かせてしまいました。)

잠자는 사람을 깨우지 말아요.
(寝ている人を起こさないでください。)

〈表 24〉 短形使役

使役接尾辞	動詞の種類	例
−이	自＊	녹이다, 붙이다, 속이다, 죽이다, 줄이다
	他＊	먹이다, 보이다
	状＊	높이다
−히	自＊	앉히다, 익히다
	他＊	묻히다, 얽히다, 입히다
	状＊	넓히다, 밝히다, 좁히다
−리	自＊	날리다, 놀리다, 돌리다, 살리다, 얼리다, 울리다
	他＊	들리다, 알리다, 열리다, 물리다
−기	自＊	남기다, 숨기다, 웃기다
	他＊	감기다, 맡기다, 벗기다
−우	自＊	깨우다, 비우다, 세우다, 재우다, 채우다
	他＊	새우다, 지우다
−추	自＊	낮추다, 늦추다, 맞추다

＊自：自動詞、他：他動詞、状：状態動詞

2 長形使役

長形の使役は自動詞、他動詞、状態動詞に'－게 하다'が付くが、短形の使役より用いられる範囲が広い。

〈表 25〉 長形使役

補助連結語尾	例
－게 하다	가게 하다, 먹게 하다, 밝게 하다, 보게 하다, 슬프게 하다, 쓰게 하다, 읽게 하다, 푸르게 하다, 하게 하다

例文 선생님이 그 학생을 일찍 집에 **가게 하셨어요**.
(先生がその学生を早く家に帰らせました。)

어머니가 아이에게 예쁜 옷을 **입게 하셨습니다**.
(お母さんが子どもにかわいい服を着させました。)

그 분의 죽음이 우리를 **슬프게 합니다**.
(その方の死が我々を悲しませます。)

의사가 동생에게 안경을 **쓰게 했어요**.
(医者が弟に眼鏡をかけさせました。)

방을 너무 **춥게 해서** 감기가 들었어요.
(部屋をあまりに寒くして風邪を引きました。)

同じ動詞に短形の使役と長形の使役の両方を用いることができるが、両者の間には意味上の違いがある。すなわち、短形の使役は主体の行為が直接的であるが、長形の使役の場合にはその行為が間接的である。次の二つの文の意味を比較してみると理解できる。

例文 어머니가 아이에게 예쁜 옷을 **입히셨어요**.
(お母さんが子どもにかわいい服を着せました。)
어머니가 아이에게 예쁜 옷을 **입게 하셨어요**.
(お母さんが子どもにかわいい服を着させました。)

할머니께서 동생에게 감기약을 **먹이셨어요**.

(おばあさんが弟に風邪薬を飲ませました。)

할머니께서 동생에게 감기약을 **먹게 하셨어요**.

(おばあさんが弟に風邪薬を飲むようにさせました。)

의사가 환자를 의자에 **앉혔습니다**.

(医者が患者を椅子に座らせました。)

의사가 환자를 의자에 **앉게 하였습니다**.

(医者が患者を椅子に座るようにさせました。)

선생님께서 철수에게 책을 **읽히셨습니다**.

(先生がチョルスに本を読ませました。)

선생님께서 철수에게 책을 **읽게 하셨습니다**.

(先生がチョルスに本を読むようにさせました。)

그 친구가 우리들을 **웃겼습니다**.

(その友達が私たちを笑わせました。)

그 친구가 우리들을 **웃게 하였습니다**.

(その友達が私たちを笑うようにさせました。)

第十六章

話 法

제 16 장

話　法

話法とは、他人または自分のことばや文を時間的、空間的な間隔を置いて引用し、他人に伝達する言語の形式をいう。そして話法は引用法ということばでも通用する。

話法は大きく直接話法と間接話法に分けられる。前者は話し手が他人のことばや文をそのまま引用して書き写すか、話す場合を意味し、後者は話し手が伝達者の立場に合うように文を変えて表現する場合といえる。

ここで私たちが覚えておかなければならないことは、 他人のことばをそのまま書き写すか、話す場合だけではなく、話し手が自分の考えや主張を強く表現しようとする場合にも引用の形式をとることができるということである。例を挙げると次のとおりである。

他人のことばや文を引用する場合

어떤 외국인이 "미국 대사관이 어디 있습니까?"라고 물었다.
(ある外国人が「アメリカ大使館はどこにありますか」と尋ねた。

철수가 자기 형이 새 자전거를 샀다고 나한테 말했다.
(チョルスが自分の兄が新しい自転車を買ったと私に言った。)

自分の考えや主張を表現する場合：

나는 그의 말이 옳다고 생각한다.
(私は彼の話が正しいと思う。)

우리는 그 사고가 부실 공사에서 비롯되었다고 생각한다.
(私たちはその事故が手抜き工事から始まったと思う。)

1. 直接話法

直接話法とは、他人のことばや文をそのまま引用するもので、この場合引用された部分には引用符(“ ”)を付けなければならず、引用文の次には‘-라고’、‘-하고’などの引用助詞が付き、その次に叙述語が来る。‘-라고’と‘-하고’は少し異なるが、‘-하고’は被引用文を語調まで原形そのままを真似て書き写すことによって強調しようとするとき用いる。

直接話法の文章構造は次のとおりである。

영희가	철수에게	“이번 주말에 영화를 볼 거야”	라고	했습니다.
주어	피전달자	피인용문	인용조사	서술어(전달동사)
ヨンヒが	チョルスに	「今週末に映画を見るよ」	と	言いました。
主語	被伝達者	被引用文	引用助詞	叙述語(伝達動詞)

この場合、 主語は被伝達文の元来の話し手であり被伝達者は元来の聞き手であるが、主語や被伝達者は省略されることもある。被引用文の種類によって異なる伝達動詞が用いられることがあるが、‘－말하다’、‘－하다’などはすべての文の伝達動詞として用いられ、‘묻다’などは被伝達文が疑問文であるとき、‘명령하다’などは命令文であるとき、‘제안하다’などは勧誘文で

あるとき用いられる。もう少し例文を挙げてみることにする。

例文 이 선생이 나에게 "매일 신문을 읽습니까?" 하고 묻더군요.
(李先生が私に「毎日新聞を読んでいますか」と尋ねましたよ。)

동생이 갑자기 "엄마!" 하고 소리쳤어요.
(弟が急に「お母さん」と叫びました。)

교회의 종소리가 "뎅, 뎅" 하고 울렸습니다.
(教会の鐘の音が「ごんごん」と鳴りました。)

아나운서는 "내일은 눈이 올 것입니다."라고 했습니다.
(アナウンサーは「明日は雪が降るでしょう」と言いました。)

어머니가 저에게 "저녁을 먹어라"라고 말하셨습니다.
(母が私に「夕飯を食べなさい」とおっしゃいました。)

그 동상 앞에는 "소년들이여! 야망을 가져라!"라고 써 있더군요.
(その銅像の前には「少年たちよ、大志を抱け！」と書いてありましたよ。)

2. 間接話法

直接話法と間接話法は非常に密接な関係にあるが、異なる点も多い。すなわち、直接話法は被引用文をそのまま伝達するが、間接話法は話し手が伝達者の立場から文を変形させるため、直接話法に比べていろいろな異なる現象が起こる。

1 間接話法の特徴

直接話法では、引用助詞 '－라고'や '－하고'を用いたが、間接話法では引用助詞 '－고'が用いられる。すなわち、'主語－被伝達者－被引用

文ー고ー叙述語'の形式になる。

(1) 영희가	철수에게	이번 주말에는 뭘 하느냐	고	했습니다.
주어	피전달자	피인용문	인용조사	서술어(인용동사)
ヨンヒが	チョルスに	今週末に何をするのか	と	言いました。
主語	被伝達者	被引用文	引用助詞	叙述語(引用動詞)

(2) 直接話法を間接話法に変える場合は、引用助詞'ー고'に連結される語尾の変化が現れる(参照＜表26＞)。

(3) 被引用文の終結語尾に現れる対者敬語は中和される。したがって、間接話法の被引用文では敬語のランクがなくなり、その形態が簡略化される。

〈表 26〉 間接話法での終結語尾の変化

文章の種類	動詞類	語尾変化	主語＋被伝達者＋被引用文＋引用助詞＋引用動詞
叙述文	A Vst	ーㄴ/는다	철수가 나에게 비가 온다고 했어요. (チョルスが私に雨が降ると言いました。)
	D Vst	ー다	철수는 배가 고프다고 말했어요. (チョルスはお腹がすいたと言いました。)
	ー이다	(이)라	철수가 이건 책이라고 말했습니다. (チョルスがこれは本だと言いました。)
疑問文	A Vst	ー(느)냐	어머니가 비가 오냐고 물으셨습니다. (お母さんが雨が降るのかと尋ねられました。)
	D Vst	ー(으)냐	어머니가 날씨가 더우냐고 하셨습니다. (お母さんが暑いのかとおっしゃいました。)
	ー이다	ー(이)냐	어머니가 이게 무슨 책이냐고 하셨습니다. (お母さんがこれは何の本かとおっしゃいました。)
命令文	A Vst	ー(으)라	친구가 빨리 오라고 말했습니다. (友達が早く来いと言いました。)
勧誘文	A Vst	ー자	친구가 식사를 같이 하자고 말했습니다. (友達が食事を一緒にしようと言いました。)

注意：感嘆文の間接話法形態は叙述文と同じであるため、省略することにする。

〈表 26〉の間接話法の終結語尾の変化を基に、もう少し具体的な例文を挙げてみる。

叙述文

例文 영희는 어머님께 내일부터는 방학이라고 말했습니다.
(ヨンヒは母に明日からは休みだと言いました。)

친구가 저에게 그 분이 약혼자라고 소개했습니다.
(友達が私にその方が婚約者だと紹介しました。)

가족들은 내일부턴 연휴라고 좋아했습니다.
(家族たちは明日からは連休だと喜びました。)

그는 친구한테 자기가 날마다 두 시간씩 한국말을 배운다고 했습니다.
(彼は友達に自分が毎日2時間ずつ韓国語を習うと言いました。)

일기 예보에서 금년 여름은 무덥다고 했습니다.
(天気予報で今年の夏は蒸し暑いと言いました。)

疑問文

例文 친구가 철수에게 이번 주말엔 뭘 하느냐고 물었습니다.
(友達がチョルスに今週末には何をするのかと聞きました。)

어머니가 아들에게 배가 고프냐고 물었습니다.
(お母さんが息子にお腹がすいているかと聞きました。)

선생님은 학생에게 왜 한국말을 배우냐고 했습니다.
(先生は学生にどうして韓国語を習うのかと言いました。)

순경이 사람들에게 이 자동차는 누구의 차냐고 물었습니다.
(巡査が人々にこの自動車は誰の車かと聞きました。)

선생님이 학생들에게 오늘은 며칠이냐고 물었습니다.
(先生が学生たちに今日は何日かと聞きました。)

命令文

例文 부모님께서 아이들에게 길을 건널 때 조심하라고 하십니다.
(両親が子どもたちに道を渡るとき気をつけなさいとおっしゃいます。)

할머님이 손자에게 밥을 천천히 잘 씹어 먹으라고 말씀하셨습니다.
(おばあさんが孫にご飯をゆっくりよく噛んで食べなさいとおっしゃいました。)

저는 밤마다 부모님께 안녕히 주무시라고 인사합니다.
(私は毎晩両親におやすみなさいとあいさつします。)

교통 질서를 지키라고 하지만 많은 사람들이 이를 어깁니다.
(交通秩序を守れと言うが、多くの人々がこれを破ります。)

의사가 환자에게 약을 시간에 맞춰 먹으라고 지시했습니다.
(医者が患者に薬を時間に合わせて飲みなさいと指示しました。)

勧誘文

例文 그 분이 저를 만나자고 했습니다.
(その方が私に会おうと言いました。)

친구가 여름 휴가를 같이 보내자고 했지만 바빠서 못 했습니다.
(友達が夏休みを一緒に過ごそうと言いましたが、忙しくてできませんでした。)

그 남자는 그녀에게 결혼하자고 청혼했습니다.
(その男は彼女に結婚しようとプロポーズしました。)

남편이 아내에게 오 년 후엔 아파트로 이사하자고 말했습니다.
(夫が妻に5年後にはアパートに引っ越そうと言いました。)

영철이는 주말에 자기 생일에 친구를 초대하자고 졸랐습니다.
(ヨンチョルは週末に自分の誕生日に友達を招待しようとせがみました。)

(4) 直接話法を間接話法に変えると、人称や時間、場所、尊卑法を表すことばは、 実際の発話の状況によって伝達者を中心に変えなければならない。

例文 철수가 선생님께 "제가 숙제를 했어요." 라고 말했습니다.
(チョルスが先生に「私が宿題をしました」と言いました。)

→철수가 선생님께 자기가 숙제를 했다고 말했습니다.
(チョルスが先生に自分が宿題をしたと言いました。)

그 친구는 나에게 "너 오늘 나한테 전화했니?" 하고 물었어요.
(その友達は私に「君、今日私に電話したか」と聞きました。)

→그 친구는 나에게 오늘 자기한테 전화를 했냐고 물었어요.
(その友達は私に今日自分に電話をしたかと聞きました。)

선생님은 "내가 하겠다."라고 말씀하셨습니다.
(先生は「私がする」とおっしゃいました。)

→선생님은 당신이 하시겠다고 말씀하셨습니다.
(先生はご自分がなさるとおっしゃいました。)

그 분은 손님에게 "여기 앉으십시오."라고 했습니다.
(その方はお客さんに「ここにお座りください」と言いました。)

→그 분은 손님에게 여기 앉으시라고 했습니다.(앉을 자리에서 가까이 있을 때)
(その方はお客さんにここにお座りなさいと言いました。(座る席の近くにいるとき))

그 분은 손님에게 저기 앉으시라고 했습니다.(앉을 자리에서 멀리 있을 때)
(その方はお客さんにあちらにお座りなさいと言いました。(座る席の遠

くにいるとき))

그는 "여기가 서울이냐?" 하고 물었어요.
(彼は「ここがソウルか」と聞きました。)

→그는 여기가 서울이냐고 물었어요.(서울에서)
(彼はここがソウルかと聞きました。(ソウルで))

그는 거기가 서울이냐고 물었어요.(서울이 아닌 곳에서)
(彼はそこがソウルかと聞きました。(ソウルではない所で))

친구는 어제 "내일 한국을 떠나겠다."라고 했습니다.
(友達は昨日「明日韓国を発つ」と言いました。)

→친구는 어제 오늘 한국을 떠나겠다고 했습니다.
(友達は昨日今日韓国を発つといいました。)

존은 "한국의 여름이 이렇게 더울 줄 몰랐다." 하고 말했어요.
(ジョンは「韓国の夏がこんなに暑いと思わなかった」と言いました。)

→존은 한국의 여름이 이렇게 더울 줄 몰랐다고 했어요.(한국에서)
(ジョンは韓国の夏がこんなに暑いと思わなかったと言いました。(韓国で))

존은 한국의 여름이 그렇게 더울 줄 몰랐다고 했어요.(한국이 아닌 곳에서)
(ジョンは韓国の夏がそんなに暑いとは知らなかったと言いました。(韓国ではない所で))

次は、外国人がよく混同して間違いやすいものである。

−지 말라고 하다

例文 손 대지 마십시오.

(手を触れないでください。)

→손 대지 말라고 써 있습니다.
(手を触れるなと書いてあります。)

실내에선 담배를 피우지 마십시오.
(室内ではタバコを吸わないでください。)

→실내에선 담배를 피우지 말라고 주의를 주었습니다.
(室内ではタバコを吸うなと注意しました。)

잔디밭엔 들어가지 마십시오.
(芝生には立ち入らないでください。)

→잔디밭엔 들어가지 말라고 합니다.
(芝生には立ち入るなと言います。)

그 문제에 대해서 더 이야기하지 마십시오.
(その問題についてもう話さないでください。)

→그 문제에 대해서 더 이야기하지 말라고 합니다.
(その問題についてもう話すなと言います。)

손 들지마.
(手をあげるな。)

→손을 들지 말라고 말했습니다.
(手をあげるなと言いました。)

－을/를 달라고

－어(아, 여) 달라고

例文 미안하지만 소금을 좀 **주세요**.
(すみませんが、塩をちょっとください。)

→미안하지만 소금을 좀 **달라고 합니다**.
(すまないが塩をちょっとくれと言います。)

저에게 한국말을 **가르쳐 주세요**.
(私に韓国語を教えてください。)

→자기에게 한국말을 **가르쳐 달라고 합니다**.
(自分に韓国語を教えてくれと言います。)

자동차를 12시까지 서울역으로 **보내 주십시오**.
(自動車を12時までにソウル駅に送ってください。)

→자동차를 12시까지 서울역으로 **보내 달라고 하십니다**.
(自動車を12時までにソウル駅に送ってくれとおっしゃいます。)

애기를 좀 **봐 주세요**.
(子守りをちょっとしてください。)

→애기를 좀 **봐 달라고 합니다**.
(子守りをちょっとしてくれと言います。)

신세계 백화점 앞에서 **내려 주십시오**.
(新世界デパートの前で降ろしてください。)

→신세계 백화점 앞에서 **내려 달라고 합니다**.

(新世界デパートの前で降ろしてくれと言います。)

－에게－을/를 주라고/드리라고

－에게 －을/를 －어(아, 여)주라고/드리라고

例文 이 과자를 저 아이에게 주십시오.

(このお菓子をあの子にあげてください。)

→이 과자를 저 아이에게 주라고 합니다.

(このお菓子をあの子にあげろと言います。)

이 서류를 사무직원에게 주십시오.

(この書類を事務職員にあげてください。)

→이 서류를 사무직원에게 주라고 합니다.

(この書類を事務職員にあげろと言います。)

이 물을 손님에게 드리십시오.

(この水をお客さんに差し上げてください。)

→이 물을 손님에게 드리라고 하셨습니다.

(この水をお客さんに差し上げろとおっしゃいました。)

내 말을 그 분께 전해 주십시오.

(私の話をその方に伝えてください。)

→자기 말을 그 분께 전해 주라고 합니다.

(自分の話をその方に伝えてあげろ(伝えてくれ)と言います。)

이걸 김 선생님께 보내 드리십시오.

(これを金先生に送って差し上げてください。)

→이걸 김 선생님께 보내 드리라고 합니다.
(これを金先生に送って差し上げろと言います。)

2 引用助詞と形式動詞の省略

引用の助詞'－고'と引用の形式動詞'하－'が省略され、'하－'の後の語尾が引用の内包文に直接つながる構造になるのが普通である。しかし、'－고 하－'が省略された文をもう一度復元してみると、その復元が可能な場合もあるが、そうでない場合もある。それは、形式動詞'하－'がある具体的な意味がなく話し手自信の感じや感情、判断を引用する機能を持っているからである。

〈表 27〉 引用助詞と形式動詞の省略

文章の種類	語尾変化	格式体の省略形	非格式体の省略形
叙述文	－ㄴ/는다	간다고 합니다 → 간답니다	간대요
	－다	좋다고 합니다 → 좋답니다	좋대요
	－(이)라	책이라고 합니다 → 책이랍니다	책이래요
疑問文	－(느)냐	보냐고 합니다 → 보냡니다	보내요
	－(으)냐	비싸냐고 합니다 → 비싸냡니다	비싸내요
	－냐	신문이냐고 합니다 → 신문이냡니다	신문이내요
命令文	－(으)라	앉으라고 합니다 → 앉으랍니다	앉으래요
勧誘文	－자	쉬자고 합니다 → 쉬잡니다	쉬재요

例文 그 친구는 (나에게)* 배가 아프답니다.
(その友達は(私に)*お腹が痛いと言います。)

철수는 그게 자기 가방이래요.
(チョルスはそれが自分のかばんですって。)

그 사람은 내일은 날씨가 추울 거랍니다.
(その人は明日は寒いだろうと言います。)

김 선생님이 (나한테) 언제 부산에 가내요.

(金先生が(私に)いつ釜山に行くのかですって。)

홍 선생이 (그 학생에게) 한국말이 **어려우내요**.
(洪先生が(その学生に)韓国語が難しいかですって。)

어머님께서 (저에게) 그 사람이 **누구냡니다**.
(お母さんが(私に)その人が誰かと言っています。)

제가 동생에게 빨리 학교에 **가랬어요**.
(私が弟に早く学校に行けと言いました。)

저는 그 친구에게 내일 등산이나 **가잤습니다**.
(私はその友達に明日登山にでも行こうと言いました。)

그 분은 한국이 참 **아름답답니다**.
(その方は韓国が本当に美しいと言います。)

＊(　)の中は省略が可能である。

学習者が完全に理解して用いることができるように被引用文に付く語尾の種類によってどのように省略されるかを説明する。

(1) 終結語尾が付く場合

引用の内包文(被引用文)の次に終結語尾が付く構造がある。

N(이)랍니다, N(이)랍니까?

これは、引用の内包文が'N(이)다'で終わる場合、'－(이)다'が'－(이)라'に変わり、'N(이)라고 합니다'の構造から'－고 하－'が省略された形態である。引用文のすべてに現れる現象であるが、被引用文が必ずしも他人(もしくは自分自身)のことばを伝達するだけではない。時にはある事実に対する話者の感情、感じ、認知内容を引用対象にすることができる。それ故に直接引用と間接引用は必ずしもお互いに対応しつつ変わるものではない。

例文 이 아이가 우리 **아들이랍니다.**
(この子が私の息子ですよ。)

저 학생이 **최우수생이랍니까?**
(あの学生が最優秀生なんですか。)

윷놀이는 누구나 다 좋아하는 **놀이랍니다.**
(ユンノリは誰でも皆好きな遊びだそうです。)

이것은 둘도 없는 귀한 **책이랍니다.**
(これは二つとない貴重な本だそうです。)

전 낫 놓고 기역자도 모르는 **바보랍니다.**
(私はイロハのイの字も知らない馬鹿ですよ。)

그 사람은 없어서는 안 될 좋은 **일꾼이랍니다.**
(その人はいなくてはならない良い働き手だそうです。)

ーㄴ/는답니다, ーㄴ/는답니까?

これは、引用の内包文'ーㄴ/는다고 합니다'から'ー고 하ー'が省略された形態である。この場合にも話し手が他人から聞いた内容のみならず事実に対する自分の感じ、感情を表すか、再度言及する場合に用いられる。

例文 내일부터는 온도가 영하로 **내려간답니다.**
(明日からは気温が零下に下がるそうです。)

그는 우리와 같이 떠날 생각이 **없답니까?**
(彼は私たちと一緒に出発するつもりがないと言いますか。)

저는 학교 다닐 때 열심히 **공부하지 않았답니다.**
(私は学校に通うとき一生懸命勉強しませんでしたよ。)

어디에 그리 급히 **가냡니다.**
(どこへそんなに急いで行くかと言っています。)

요즘도 계속 약을 **복용하냡니다.**

(この頃もずっと薬を服用しているかと言っています。)

그 옷을 손수 만드신 것이냡니다.
(その服を手ずからお作りになったものかと言っています。)

이 약은 식후 30분에 먹으랍니다.
(この薬は食後30分に飲めと言います。)

이 일을 저 혼자서 하랍니까?
(この仕事を私一人でしろと言いますか。)

이 방을 내일까지 비워 달랍니다.
(この部屋を明日まで空けてくれと言います。)

후배들이 우리와 운동 시합을 하잡니다.
(後輩たちが私たちと運動の試合をしようと言います。)

수업 후에 영화구경 가잡니까?
(授業後に映画を見に行こうと言いますか。)

경음악은 시끄러우니까 고전음악을 듣잡니다.
(軽音楽はうるさいので古典音楽を聞こうと言います。)

(ーㄴ/는)대요

これは本来引用文の内包文の終結語尾'ーㄴ/는다'に'고　해(요)'が連結されたものであるが、ここから'ー고 하ー'が省略された形態である。したがって、用いる場合は'ー대(요), ㄴ/는대(요), 래(요), 재(요)'などを付けて用いる。また引用される内包文が名詞叙述語'N(이)다'であれば、'N(이)래(요)'の構成になる。

例文 그 분이 뭐래?
(その方が何と言っているの。)

그 사람이 여당이래요? 야당이래요?
(その人は与党ですって？野党ですって？)

박 선생 내외가 이혼했다는 건 헛소문이래요.

(朴先生夫婦が離婚したというのは根も葉もないうわさですって。)

내일이 무슨 날이내요.

(明日は何の日かですって。)

두 사람이 어떤 사이내요.

(2人はどんな間柄かですって。)

저기서 열심히 일하고 있는 사람이 누구내.

(あそこで一生懸命働いている人は誰かって。)

내일은 날씨가 추워진대.

(明日は寒くなるって。)

그 사람은 중매결혼을 했대요.

(その人はお見合い結婚をしたんですって。)

밤 말은 쥐가 듣고 낮 말은 새가 듣는대요.

(夜のことばはネズミが聞き、昼のことばは鳥が聞く(壁に耳あり障子に目あり)んですって。)

누가 학비를 대내요?

(誰が学費を出すのかですって。)

아직도 애인이 없내요?

(まだ恋人がいないのかですって。)

어디에서 학위를 받았내요.

(どこで学位を取ったのかですって。)

내일부터 한 시간 일찍 출근하래요.

(明日から1時間早く出勤しろですって。)

정부에서는 모든 의식을 간소화하래.

(政府ではすべての儀式を簡素化しろって。)

농촌 일손이 모자란다고 좀 도우래요.
(農村の人手が足りないからちょっと手伝えですって。)

생각이 있으면 일을 같이 해 보재.
(やる気があるなら仕事を一緒にやってみようって。)

그 안을 받아들이기로 하재요.
(その案を受け入れることにしようですって。)

그 일은 없던 것으로 하재요.
(そのことはなかったことにしようですって。)

(2) いろいろな引用動詞が付く場合

間接話法は、'被引用文＋고＋引用動詞'の形を取るが、後に続く引用動詞の種類がかなり多様であるため、 被引用文と上位文の引用動詞(または動詞句や節)の意味的連結関係もいろいろな形態で現れる。

被引用文の後にくる上位文の要素は動詞の場合もあるが、動詞句、時には文になる場合もある。いくつかの例を挙げてみる。

－(이)라고＋引用動詞(句)

被引用文が名詞叙述語'N이다'で終わる場合には、'－이다'が'－이라'に変わり、引用の助詞'－고'が付く。もちろん前で説明したように、被引用文の内包文は必ずしも他人または自分自身の発話内容だけを再度引用するのではなく、話し手の感じや感情または判断を叙述することもある。

例文 저는 김영수라고 합니다.
(私はキムヨンスといいます。)

저는 그것이 최선의 방법이라고 생각합니다.
(私はそれが最善の方法だと考えます。)

그 분의 졸업식이 다음 주 토요일이라고 들었습니다.
(その方の卒業式が来週の土曜日だと聞きました。)

이것은 나라의 발전을 가져다 주는 **좋은 사업이라고 봅니다**.
(これは国の発展をもたらしてくれる良い事業だと思います。)

남북통일은 꼭 **이루어질 거라고 봅니다**.
(南北統一は必ず叶うだろうと思います。)

말이 서툴러서 **실수한 것이라고 양해를 구하는 것이 좋겠습니다**.
(話が下手で失敗したのだと了解を求めるのが良いでしょう。)

−(ㄴ/는)다고+引用動詞(句)

例文 김 선생님은 언제 **귀국하신다고 하셨습니까?**
(金先生はいつ帰国なさるとおっしゃいましたか。)

모든 사람이 그 의견이 **좋다고 생각합니다**.
(すべての人がその意見が良いと思っています。)

저는 그 분이 학위를 **받았다고 들었습니다**.
(私はその方が学位を取ったと聞きました。)

저는 그 회사의 기반이 **든든하다고 봤습니다**.
(私はその会社の基盤がしっかりしていると考えました。)

한국은 유교사상의 영향을 많이 **받았다고 할 수 있습니다**.
(韓国は儒教思想の影響を多く受けたと言えます。)

저는 아내에게 앞으로는 술을 입에 **대지 않겠다고 약속했습니다**.
(私は妻に今後は酒を口にしないと約束しました。)

눈이 나빠서 빨리 알아보지 **못했다고 사과하세요**.
(目が悪くて早く分からなかったと謝ってください。)

−(ㄴ/는)다고+引用節

間接引用の内包文'(ㄴ/는)다고'の次に上位文がくると、先行する被引用文が後続の上位文に対する理由や意図を表す。すなわち、理由を表す内包

文の構成であり、'(ㄴ/는)다고＋하(引用の形式動詞)＋어(아, 여)서(理由の連結語尾)'の'(ㄴ/는)다고 해서'から形式動詞'해서'が省略された形態であるといえる。

例文 좋은 남편 만났다고 모두들 너를 부러워한다.
(良い夫に巡り会ったと皆あなたをうらやんでいる。)

아버님의 뜻을 따르지 않는다고 화가 나셨습니다.
(お父さんの意に従わないと怒っていらっしゃいます。)

학교에 늦는다고 아침밥도 안 먹고 갔어요.
(学校に遅れると朝ごはんも食べずに行きました。)

너도 나도 일류 대학에 가겠다고 모두들 열심히 합니다.
(誰も彼も一流大学に行くとみんな一生懸命やっています。)

학비가 모자란다고 어머니께서 하루 종일 걱정하시더군요.
(学費が足りないとお母さんが一日中心配していらっしゃいましたよ。)

－(으)라고＋引用節

引用の内包文が命令形のときは終結語尾'－(으)라'の次に引用の助詞'－고'が付く。次のような文は、引用の内包文が上位文の内容に対する具体的な理由や原因を表す。また上位文に提示されている名詞の内容を指示する。

例文 어머님께서는 시간이 늦지 않게 일찍 떠나라고 재촉하셨습니다.
(お母さんは時間に遅れないように早く出発しろと催促なさいました。)

글씨를 바르게 쓰라고 여러 번 주의를 받았습니다.
(字を正しく書けと何回も注意されました。)

서류에 도장을 찍어 달라고 사람이 왔습니다.
(書類にはんこを押してくれと人が来ました。)

좋은 일꾼을 추천해 달라고 편지가 왔습니다.
(良い働き手を推薦してくれと手紙が来ました。)

잔디밭에 들어가지 말라고 푯말을 써 붙였어요.
(芝生に立ち入るなと書いた標識を立てました。)

－(ㄴ/는)다고 그래(요)

この類型で'그래(요)'の原形は'그렇다'と考えることができるが、それ自体に特別な意味があるというよりは他の動詞(例えば、'말하다, 전하다, 부탁하다'などの伝言性の動詞)の機能をし、終結語尾によって叙述、命令、意見、勧誘などが可能である。

例文 서대문에 사는 친구한테서 전화가 왔다고 그래.
(西大門に住んでいる友達から電話が来たと言って。)

내일 약속을 못 지키겠다고 그러더냐?
(明日の約束を守れないと言ったの？)

오늘 회의에 늦지 말라고 그래.
(今日の会議に遅れるなと言って。)

그를 만나면 나한테 편지 좀 쓰라고 그래요.
(彼に会ったら私にちょっと手紙を書けと言ってください。)

기분 전환을 위해서 여행 떠나자고 그래.
(気分転換のため旅行に行こうと言って。)

(3) 連結語尾が付く場合

引用の内包文の終結語尾に引用助詞'－고'と引用の形式動詞'하－'が付き、さらに動詞の活用によって種々の連結語尾が付いている構成から'－고 하'が省略されるのが普通である。また、時にはこのような省略された構成に'－고 하－'を戻すと却って変な文になる場合もある。それは前に説明したように、引用の形式動詞'하－'は、その意味が具体的に明示され得ない機能を主とする動詞であるためである。すなわち、引用の内包文が'(－ㄴ/는)다'で終わり、さらに'－고 하－'が連結され後に連結語尾が付く構成は'(－ㄴ/

는)다고 하－＋連結語尾'になり、さらに'－고 하－'が省略されると'(－ㄴ/는)다＋連結語尾'の構成になる。

大部分の連結語尾は、ほとんどこのような構成にすることができる。そして場合によっては前後の文の意味によってその意味が変わって用いられることもある。

例文 시간이 없다면서 놀기만 합니다.
(時間がないといいながら、遊んでばかりいます。)

모르겠다니까 왜 자꾸 물어?
(知らないと言うのに、なぜ何度も聞くの。)

시간을 꼭 지키겠다더니 왜 이렇게 늦었어?
(時間を必ず守ると言ったのに、なぜこんなに遅れたの。)

그 분이 바쁘시다기에 도와 드렸지요.
(その方がお忙しいと言うので手伝ってあげましたよ。)

월급만으로 생활하기가 어렵다면 부업을 가지세요.
(給料だけで生活するのが難しいというなら副業を持ってください。)

그 사람이 최선을 다 했다지만 결과는 좋지 않았습니다.
(その人が最善を尽くしたといいますが、結果は良くありませんでした。)

외국에서 귀한 손님이 오신다는데 왜 이러고들 있습니까?
(外国から大事なお客さんが来られるというのに、なぜみんなこうしているのですか。)

그 건강한 사람이 쓰러지다니 믿을 수가 없군요.
(その健康な人が倒れるとは信じられませんね。)

공부를 잘 한다고 모든 것을 다 잘하는 것은 아닙니다.
(勉強がよくできるからといって、すべてが上手くできるものではありません。)

석유값이 내린다던데 그게 사실인가?

(石油の値段が下がるといっていたが、それは本当か。)

내가 오늘은 왜 이렇게 실수를 많이 한다지?
(私が今日はどうしてこんなに失敗をたくさんするんだろう。)

－자면

(1) '－고자 하다'(参照176ページ)に'－(으)면'(参照204ページ)が付いた'고자 하면'の省略形である。

例文 외국에 가서 공부하자면 돈이 많이 필요합니다.
(外国に行って勉強しようとしたらお金がたくさん必要です。)

남의 밑에서 일하자면 힘든 것도 참아야 합니다.
(人の下で仕事をしようと思えば辛いことも我慢しなければなりません。)

좋은 직업을 구하자면 실력이 있어야 합니다.
(良い職業を求めようとするなら実力がなければなりません。)

6층까지 걸어 올라가자면 땀 좀 흘릴 겁니다.
(6階まで歩いて上がろうとしたら汗をちょっとかくでしょう。)

솔직히 말씀드리자면 언론의 자유가 없는 것 같더군요.
(率直に申し上げますと言論の自由がないようでしたね。)

(2) 間接話法'－자고 하다'(参照254ページ)に'－(으)면'が付いた'－자고 하면'の省略形で、動作動詞に付いて用いられる。

例文 마시기 싫어도 네가 마시자면 마셔야지 뭐.
(飲みたくなくても君が飲もうと言うなら飲まないとねえ。)

친구가 가자면 천리 길도 따라 갈거야.
(友達が行こうと言うなら千里の道もついて行くよ。)

웃사람이 하자면 하자는 대로 해야겠지요?
(目上の人がやろうと言うなら言うとおりにしなければならないでしょう?)

아내가 하자면 하고 하지 말라면 말아야 애처가라구요.
(妻がやろうと言ったらやって、やるなと言ったらやめてこそ愛妻家ですよ。)

동창들이 모두 돈을 거두자면 너도 낼거니?
(同窓生たちが皆お金を集めようと言ったら君も出すの？)

(－ㄴ/는)다지 않습니까?

これは、引用の要素'－고 하－'が省略された構成で、後に続く否定疑問表現は、肯定を強調するための説疑的な表現方法である。すなわち、否定疑問形が聞き手に肯定を強調する感じを持たせる。

例文 옛말에 암탉이 울면 집안이 망한다지 않습니까?
(昔のことばにめんどりが鳴けば家が滅びる(めんどり歌えば家滅ぶ)と言うではありませんか。)

신부가 결혼식날 웃으면 첫 딸을 낳는다지 않습니까?
(新婦が結婚式の日に笑うと最初に娘を産むと言うではありませんか。)

속담에 말만 잘하면 천 냥 빚을 갚는다지 않아요?
(諺に、 話さえ上手ければ千両の借金を返済することができると言うではありませんか。)

일하기 싫으면 먹지도 말라지 않았습니까?
(働きたくなければ、食べもするなと言ったではありませんか。)

이웃 사촌이라지 않았습니까?
(隣近所の人が遠くの親戚より良いと言ったではありませんか。)

本来は、連結語尾が付いた構成であるが、後続文が省略されたまま文が終結される場合がある。この場合、尊敬の意図があれば尊敬表現の文の終結要素'－요'を付ければ良い。

(ーㄴ/는)다고(요)?

疑問形で用いられれば、 相手のことばを確認しようという意図で繰り返す場合に用いる。また、相手のことばに同意しないという意味が含まれている場合もある。

例文 이번에 장학금을 받았다고요?
(今回奨学金をもらったんですって？)

수출 목표액을 달성하기 어렵다고요?
(輸出の目標額を達成するのが難しいですって？)

이혼했던 사람들이 다시 화해했다고요?
(離婚した人たちがまた和解したんですって？)

이 비행기가 북한에서 넘어온 비행기라고요?
(この飛行機が北朝鮮から越えて来た飛行機ですって？)

내가 부자라고요? 그러면 얼마나 좋겠습니까?
(私が金持ちですって？それならどんなにいいでしょう。)

그 분이 선량한 사람이라고요? 전 믿을 수 없습니다.
(その方が善良な人ですって？私は信じられません。)

(ーㄴ/는)다니요?

疑問形で終わって相手のことばに同意しないか、 それに対して驚きを表す場合に用いる。

例文 가 : 어제 폐가 많았습니다.
(昨日いろいろご迷惑をおかけいたしました。)

나 : 폐라니요?
(ご迷惑だなんて。)

가：이거 수입품이지요?

(これ輸入品でしょう？)

나：**수입품이라니요?** 국산이에요.

(輸入品だなんて。国産です。)

가：이건 번역하기는 쉽지요?

(これは翻訳するのは容易いでしょう？)

나：**쉽다니요?** 그럼 직접 해 보세요.

(容易いだなんて。では直接やってみてください。)

가：오늘은 그만합시다.

(今日はこれまでにしましょう。)

나：**그만하자니요?** 오늘 끝내야 해요.

(これまでにしようだなんて。今日終えなければなりません。)

가：숙제 좀 해주세요.

(宿題をちょっとしてください。)

나：숙제를 **해달라니요?**

(宿題をしてくれだなんて。)

(4) 冠形詞形語尾が付く場合

引用の内包文語尾'(－ㄴ/는)다'に'－(으)ㄴ, －는, －던'などの冠形詞形語尾が付くこともある。もちろんこの場合も'－고 하'が省略されたものとして扱われる。

例文 **민주주의란** 개념을 확실히 모르고들 있습니다.
(民主主義という概念をみんなはっきりと分かっていません。)

발 없는 말이 천리 **간단** 말을 들어 보셨습니까?
(足のないことばが千里を行くということばをお聞きになられましたか。)

원숭이도 나무에서 **떨어진다는** 속담 몰라요?
(猿も木から落ちるという諺を知りませんか。)

폭우가 쏟아져서 수재민이 많이 **생겼다는** 뉴스를 들었습니다.
(暴雨が降り注いで水害による被災者が多く出たというニュースを聞きました。)

그 운동은 이 마을을 **근대화시키자는** 운동입니다.
(その運動はこの村を近代化しようという運動です。)

평생을 같이 **하자던** 약속은 수포로 돌아갔군.
(一生を一緒に過ごそうと言っていた約束は水泡に帰したね。)

(5) 名詞形語尾が付く場合

引用の内包文語尾'(ー ㄴ/는)다'に名詞形語尾 'ー기'が付くこともある。

例文 **좋은 사람이라기에** 만나 보았을 뿐입니다.
(いい人だというので、会ってみただけです。)

그 친구가 내일 여행을 **떠나자기에** 그러기로 약속했습니다.
(その友達が明日旅行に行こうというので、そうすることに約束しました。)

이사를 **한다기에** 도우러 왔습니다.
(引っ越すというので、手伝いに来ました。)

한국에 왜 **왔냐기에** 공부하러 왔다고 했습니다.
(韓国にどうして来たのかというので、勉強しに来たと言いました。)

사업에 투자해 **보라기에** 했더니 결과가 괜찮더군요.
(事業に投資してみろというのでしたら、結果がよかったですね。)

(ー ㄴ/는)다는 것이

引用の内包文語尾'(ー ㄴ/는)다'に冠形詞形語尾'ー는'と'것이'が付いて、話し手が意図したものが後続文に相反する結果で表れる場合に用いられる。

例文 동생 바지를 **산다는 것이** 내 것만 샀습니다.
(弟のズボンを買うはずが自分のだけ買いました。)

바닷가로 **간다는 것이** 산으로 발길을 옮기고 있었습니다.
(海辺に行くはずが山に足を運んでいました。)

음식을 **남긴다는 것이** 야금야금 다 먹어 버렸습니다.
(食べ物を残すはずがちょびちょび全部食べてしまいました。)

그 사람을 **웃긴다는 것이** 울리고 말았습니다.
(その人を笑わせるはずが泣かせてしまいました。)

고양이를 **그린다는 것이** 호랑이를 그렸어?
(猫を描くはずが虎を描いたの？)

(6) 間接話法による再確認または強調

他の人のことばを第3者に伝えるか、対話の中で相手のことばを間違って理解した場合に再確認するとき、間接話法によって表現する。また場合によっては、話し手が自分の動作や状態を客観化して間接話法で表現することもある。これは被伝達文を強調するものである。また2人称を主語とする疑問文は、相手のことばを再確認しようとする意図を表す。

N 말이다

'말이다'の前に名詞や名詞的な構成がくるとその部分をもう一度繰り返して述べるものであり、疑問文においてはもう一度確認して尋ねるものである。時には文が続くとき構成の要素の間に特別な意味なく用いられることもある。

例文 언제 **말입니까?**
(いつのことですか。)

내일 **말입니다.**
(明日のことです。)

누구 **말이에요?**

(誰のことですか。)

어제 말이에요, 김 선생님이 말이에요, 왔다 가셨어요.
(昨日ですね、金先生がですね、見えて帰られました。)

일하지 않으면 말이에요, 가족들이 말이에요, 고생을 해요.
(働かなければですね、家族たちがですね、苦労をしますよ。)

(-ㄴ/는)단 말이다

被引用文が文章で終結したときは、被引用文の種類により '(-ㄴ/는)다, -냐, -(으)라, -자'などの語尾が選択されるが、その後に '-고 하는'が加えられ、ここから '-고 하느-'が省略されて'-ㄴ-'だけが残っている形態である。これも被伝達文の内容を繰り返すか、疑問文においては再確認しようとする意図で用いられる。

例文 미국으로 아주 가신단 말입니다.
(アメリカに永久に行かれるということです。)

학교에 가지 말고, 놀러 가잔 말입니다.
(学校に行かないで遊びに行こうということです。)

누가 오신단 말이에요?
(誰が来られるということですか。)

요즘 무슨 생각을 그렇게 하시냔 말이에요.
(この頃何をそんなに考えていらっしゃるのかということですよ。)

시간도 없는데, 버스를 타란 말입니까?
(時間もないのにバスに乗れということですか。)

第十七章

接頭辞と接尾辞

제 17 장

接頭辞と接尾辞

単語の形成において、 語根(実質的な意味を表す中心部分)に接辞が付き、語根の意味を制限する場合がある。語根の前に付く接辞を接頭辞といい、語根の後に付く接辞を接尾辞という。接辞には限定的な接辞、すなわち意味だけを付け加える接辞と支配的な接辞、すなわち品詞を変える接辞がある。このような単語の中からよく用いられるものをここで紹介することにする。

1. 接頭辞

接頭辞は、後にくる語根の意味を制限するが、語根の品詞を変えることはできず(すべてが限定的な接辞)、体言の前の接頭辞は冠形詞と似ており、用言の前の接頭辞は副詞と似ている。冠形詞と副詞は、ほとんどすべての被修飾語と連結することができるが、 接頭辞はいくつかの語根にのみ結合する。

例 갓-, 군-, 날-, 덧-, 되-, 들-, 맏-, 맞-, 매-, 맨-,
빗-, 새-, 생-, 선-, 설-, 숫-, 시-, 알-, 애-, 엇-,

외-, 잔-, 짓-, 첫-, 총-, 최-, 치-, 풋-, 한-, 햇-, 홀-, 휘-……

V갓-

'今すぐ、やっと'の意味を表す。

例 갓스물, 갓졸업, 갓결혼, 갓시집
갓낳다

例文 이제 **갓스물난** 처녀여서 한창 피어오르는구나!
(今ちょうど二十歳になったばかりの娘なので花盛りだね。)

갓난 아기를 안으려니까 어떻게 안아야 할지 모르겠어요.
(赤ちゃんを抱こうとするとどのように抱けばいいのか分かりません。)

대학을 **갓졸업**해서 사회를 너무 몰라요.
(大学を卒業したばかりなので社会をあまりにも知りません。)

갓결혼한 새아씨가 떡을 가지고 왔어요.
(結婚したばかりの新婦がお餅を持ってきました。)

갓시집와서 시부모님이 어렵기만 하답니다.
(お嫁に来たばかりで舅と姑に気兼ねをするばかりだそうです。)

덧-

さらに加えるという意味がある。

例 덧문, 덧버선, 덧니, 덧신
덧칠하다, 덧붙다, 덧붙이다, 덧나다

例文 겨울에 너무 추우니까 **덧문**을 달아야겠어요.
(冬はあまり寒いので二重窓を付けなければなりません。)

이 더운 때 **덧버선**은 왜 신습니까?
(この暑いときに上足袋はなぜ履きますか。)

그 분의 **덧니**는 매력이 있는데요.
(その方の八重歯は魅力がありますね。)

덧신을 신었더니 구두가 하나도 젖지 않았어요.
(オーバーシューズを履いたら靴が少しも濡れませんでした。)

벽지가 더러워져서 그 위에 덧붙여야겠어요
(壁紙が汚くなったので、その上に重ね貼りしなければなりません。)

되－

'もとに、再び'の意味がある。

例 되돌이표, 되새김질
되돌아가다, 되돌아보다, 되묻다, 되받다
되살아나다, 되새기다, 되씹다, 되찾다, 되풀이하다

例文 되돌이표가 있으니까 여기는 반복해서 불러야 해요.
(反復記号があるので、ここは繰り返して歌わなければなりません。)

한국에 나왔다가 고향에 계신 어머님이 편찮으셔서 되돌아갔어요
(韓国に来てから故郷にいる母の具合が悪くて引き返しました。)

고등학교 시절을 되새겨 보세요.
(高校時代を反芻してみてください。)

내가 물었는데 되물으면 어떻게 해?
(私が聞いたのに聞き返してどうするの。)

내가 보기에 이 나무는 되살아나기 힘들 것 같아요.
(私が見たところ、この木は生き返るのが難しそうです。)

맞－

'向き合って'の意味がある。

例 맞벌이, 맞선, 맞절
맞대다, 맞들다, 맞바꾸다, 맞서다, 맞잡다, 맞장구치다

例文 우린 맞선을 보고 결혼했답니다.
(私たちは見合いをして結婚しましたよ。)

머리를 맞대고 앉아 뭘 하고 있어요?
(頭を突き合わせて座って何をしていますか。)

어린 것이 형과 맞서서 힘을 겨루겠대.
(幼い子が兄に立ち向かって力を競うんだって。)

그 선물이 마음에 안 들면 우리 맞바꿀까요?
(そのプレゼントが気に入らないなら私たち交換しましょうか。)

요즘은 맞벌이 부부가 많아 아이들 문제가 심각합니다.
(この頃は共働きの夫婦が多くて子どもの問題が深刻です。)

매－

'一つ一つ、－毎、各々'の意味がある。

例 매년, 매달, 매번, 매사, 매시간, 매학기

例文 매년 성묘에 가는데도 가는 길을 찾기가 힘들어요.
(毎年墓参りに行くのに道を探すのが難しいです。)

매달 전기세가 얼마나 됩니까?
(毎月の電気代がどのくらいになりますか。)

그는 매번 야단맞아도 그 버릇을 고치지 못해요.
(彼は毎回叱られてもその癖を直すことができません。)

매사에 부지런한 사람이 오늘은 웬일일까?
(何事にも勤勉な人が今日はどうしたことだろうか。)

오늘은 매시간 졸기만 했어요.
(今日は毎時間居眠りばかりしました。)

새－

色彩がとても濃くて鮮やかであることを表す。

例 새까맣다, 샛노랗다, 새빨갛다, 새파랗다, 새하얗다

例文 한국사람은 머리가 **새까맣습니다**.
(韓国人は髪が真っ黒です。)

샛노란 옷을 입으니까 너무 눈에 띈다.
(真っ黄色な服を着ているからあまりにも目立つ。)

새빨간 구두에는 어떤 옷이 어울릴까요?
(真っ赤な靴にはどんな服が似合うでしょうか。)

가을 하늘은 높고 **새파랗습니다**.
(秋の空は高くて真っ青です。)

담이 **새하얘서** 깨끗하기는 하지만 금방 더러워질 겁니다.
(塀が真っ白できれいではありますが、すぐに汚れるでしょう。)

생－

'熟していないか、 加工していない'、'何の理由もない無理強い'や'徒に'、'関係のある人が死なずに生きていること'などを表す。

例 생굴, 생매장, 생쌀, 생맥주, 생고생, 생과부, 생이별

例文 김장김치에 **생굴**을 좀 넣으면 맛이 훨씬 낫지요.
(越冬用のキムチに生牡蛎をちょっと入れると味がずっといいですよ。)

생맥주를 시킬까요? 보통 맥주를 시킬까요?
(生ビールを注文しましょうか。普通のビールを注文しましょうか。)

거짓말로 **생사람** 잡으면 못써요.
(嘘で濡れぎぬを着せてはいけません。)

능력 있는 사람이 노동판에 가서 **생고생**하고 있어요.
(能力のある人が肉体労働者の現場に行って余計な苦労をしています。)

남편이 출장을 가서 요즘은 **생과부** 노릇을 하고 있지요.
(夫が出張に行ってこの頃は別居中の身の上ですよ。)

알－

'丸い形になっている'、'何も表面を覆っていない'、'何も持っているのがない'などの意味がある。

例 알밤, 알사탕, 알약, 알몸, 알거지

例文 그 **알밤** 참 먹음직스럽군.
(その(いがが取れた)栗、本当においしそうに見えるね。)

아이들은 대개 **알사탕**을 좋아해.
(子どもたちは大体、飴玉が好きだよ。)

이 **알약**은 너무 커서 먹기가 힘들겠는데요.
(この錠剤は大き過ぎて飲みづらいでしょうね。)

알몸으로 삼팔선을 넘어 온 사람이 많습니다.
(素っ裸で38度線を越えて来た人が多いです。)

사업에 실패하여 **알거지**가 되고 말았어요.
(事業に失敗して無一文の乞食になってしまいました。)

외－

ただ一つだけという意味である。

例 외길, 외나무다리, 외딸, 외아들, 외톨이

例文 여긴 **외길**이어서 차가 다니기에는 너무 좁습니다.
(ここは一本道なので車が往来するには狭すぎます。)

외나무다리에 앉아 있으면 난 어떻게 지나가지?
(一本橋に座っていたら私はどう通る?)

그녀는 **외딸**로 귀여움을 독차지하고 있어요.
(彼女は一人娘で愛を独り占めしています。)

같이 다니던 친구가 결혼해서 **외톨이**가 되었습니다.
(いつも連んでいた友達が結婚して独りぼっちになりました。)

잔－

細かい、細いという意味である。

例 잔기침, 잔글씨, 잔돈, 잔돌, 잔병, 잔소리, 잔심부름, 잔일, 잔주름, 잔털

例文 너무 잔글씨라 보기가 어렵습니다.
(あまりにも細字なので読み難いです。)

만원짜리를 잔돈으로 바꿔 주시겠습니까?
(1万ウォン札を小銭に両替してくださいますか。)

크게는 앓지 않지만 잔병이 많아요.
(ひどい病気にはなりませんが、病気がちです。)

어머니의 잔소리가 듣기 싫어 집에 늦게 들어간답니다.
(お母さんの小言が聞きたくなくて家に遅く帰るそうです。)

잔심부름은 언제나 막내가 하기 마련이지요.
(雑多なお使いはいつも末っ子がすることになっていますよ。)

첫－

'初め'を意味する。

例 첫걸음, 첫날, 첫눈, 첫사랑, 첫인상

例文 무엇을 하든지 첫걸음이 중요합니다.
(何をするにも第一歩が重要です。)

개학하는 첫날부터 공부를 합니까?
(始業の初日から勉強をしますか。)

첫눈에 반한 사람과 결혼했습니다.
(一目惚れした人と結婚しました。)

그 사람에 대한 첫인상이 어땠습니까?
(その人に対する第一印象はどうでしたか。)

누구에게나 첫사랑은 잊을 수 없는 추억일 것이다.
(誰にでも初恋は忘れられない思い出だろう。)

총-

'すべて'の意味である。

例 총계, 총선거, 총액, 총예산, 총인구, 총재산, 총책임

例文 국회의원 **총선거**가 언제 있습니까?
(国会議員の総選挙はいつありますか。)

동상을 건립하는 데 **총예산**을 얼마나 잡았습니까?
(銅像を建立するのに総予算をどのくらい見積もりましたか。)

총인구의 몇 분지 몇이 기독교인인가요?
(総人口の何分のいくつがキリスト教徒ですか。)

실례지만 선생님 댁의 **총재산**이 얼마나 됩니까?
(失礼ですが、先生のお宅の総財産はどのくらいになりますか。)

이 작업의 **총책임자**는 누구입니까?
(この作業の総責任者は誰ですか。)

최-

'最も、一番'の意味である。

例 최고, 최근, 최다수, 최상급, 최선두, 최소, 최신식, 최첨단

例文 그 분의 솜씨는 **최고**에요.
(その方の腕前は最高です。)

최근에 나온 책으로 어떤 책이 좋아요?
(最近出た本でどんな本が良いですか。)

최다수가 선생님의 의견에 동의를 했습니다.
(最多数が先生の意見に同意しました。)

저 행렬의 **최선두**에 선 사람이 누구입니까?
(あの行列の一番先頭に立っている人は誰ですか。)

그 분은 유행의 최첨단을 걷고 있다고 할 수 있지요.
(その方は流行の最先端を行っていると言えますよ。)

풋－

'慣れていない、新しい、まだ熟していない'の意味である。

例 풋고추, 풋나물, 풋내기, 풋사과, 풋사랑

例文 그 작은 풋고추가 꽤 매운데요.
(その小さい青唐辛子がかなり辛いですね。)

봄에는 풋나물을 먹어야 입맛이 돌아요.
(春には新芽でつくったナムルを食べなければ食欲が出ません。)

회사에 들어온 지 얼마 안 된 풋내기가 여간 당당하지 않은데요.
(会社に入ってからいくらも経たない新米が堂々としているのが並大抵ではないですね。)

풋사과라 아직 맛이 덜 들었습니다.
(十分に熟していないりんごなので、まだうまみが出ていません。)

풋사랑에 빠져 갈팡질팡하고 있어요.
(はかない恋に落ちてまごついています。)

햇－

新しく出たという意味である。

例 햇감자, 햇곡식, 햇과일, 햇나물, 햇사과, 햅쌀(注意：햇쌀ではない)

例文 햇감자라 입에서 살살 녹아요.
(新じゃがなので口で知らないうちに溶けます。)

추석에는 햇곡식으로 밥을 지어요.
(秋夕には新穀でご飯を炊きます。)

햇과일이 나올 때가 되었는데 금년에는 좀 늦나봐요.
(初物の果物が出る時期になったのに、今年にはちょっと遅れるみたいですね。)

햇나물은 더 부드럽고 맛도 좋지요.
(初物のナムルはもっとやわらかくて味もいいですよ。)

햅쌀로 빚은 떡 좀 맛보세요.
(新米で作ったお餅をちょっと召し上がってみてください。)

한－

'真っ盛り'や'ど真ん中'または'大きい'、'同じ'の意味である。

例 한길, 한밤중, 한가운데, 한겨울, 한여름, 한마음, 한날 한시

例文 한길에 나가 썰매 타던 시절이 언제죠?
(大通りに出てそりに乗った時代はいつですか。)

한밤중에 전화가 와서 잠을 깨웠어요.
(真夜中に電話が来て目を覚ましました。)

그 상은 방 한가운데 놓으면 어때요?
(そのお膳は部屋の真ん中に置いたらどうですか。)

한겨울인데 그렇게 춥지 않아요.
(真冬なのにそんなに寒くありません。)

우리는 한날 한시에 태어난 동갑입니다.
(私たちは同じ日同じ時間に生まれた同い年です。)

홀－

対の片方がなく、一つだけという意味である。

例 홀몸, 홀수, 홀아비, 홀어머니, 홀시어머니

例文 홀몸도 아닌데 몸을 잘 돌봐야 해요.
(自分一人の体ではないのだから体に気を付けなければなりません。)

홀수는 홀수끼리, 짝수는 짝수끼리 손을 잡으세요.

(奇数は奇数同士、偶数は偶数同士手をつないでください。)

홀아비는 이가 서말이라는 말이 있는데 무슨 뜻인지 아세요?
(男やもめはしらみが三斗ということばがありますが、何の意味か分かりますか。)

홀어머니를 모시고 살아요.
(未亡人になった母と一緒に住んでいます。)

홀시어머니 모시기가 얼마나 어려운지 알아요?
(未亡人になった姑のお世話がどんなに難しいか分かりますか。)

2. 接尾辞

接尾辞には語根の意味だけを制限するものもあり、ある品詞に一定の資格を与え、名詞、動詞、副詞に派生させるものもある。受身、使役も接尾辞に属するが、すでに他の章で扱ったのでここでは触れないことにする。

例 名詞：－감, －경, －군, －껏, －꾸러기, －끼리, －님, －들, －뱅이, －보, －새, －씨, －씩, －어치, －장이, －중, －질, －짜리, －쯤, －치, －기, －개, －(으)ㅁ, －이

動詞：－거리다, －대다, －뜨리다, －만하다, －치다

状態動詞：－다랗다, －답다, －롭다, －스럽다, －쩍다

副詞：－로, －이

－간

'二つの間、－間'を意味する。

例 부자간, 형제간, 서울과 부산간, 며칠간

例文 부자간에 무슨 문제가 있는 것 같아요.

(父と息子の間に何か問題があるようです。)

형제간이 얼마나 좋은지 모릅니다.
(兄弟の仲がどんなにいいか分かりません。)

서울과 부산간의 거리가 어떻게 되죠?
(ソウルと釜山間の距離がどれくらいになりますか。)

며칠간의 여유만 주시면 빌린 돈을 갚겠습니다.
(何日間かの余裕さえいただければ、借りたお金を返します。)

삼일간의 휴가로 바닷가에 갔다 왔습니다.
(三日間の休暇で海辺に行ってきました。)

―감

'遊びの道具、ある仕事の材料、先行名詞が意味する身分や地位にふさわしい資格を備えている人'を表す。また感じを表す漢字語の接尾辞もある。

例 장난감, 일감, 국거릿감, 사윗감, 며느릿감, 신부감, 산랑감, 책임감, 우월감, 비굴감, 열등감

例文 오늘 우리 아이 생일이니까 장난감을 사 가지고 가지.
(今日は我が子の誕生日だからおもちゃを買って行くよ。)

일감이 너무 많아, 해도 해도 끝이 안 나요.
(仕事があまり多くてやってもやっても終わりません。)

좋은 며느릿감이 있으면 중매 서세요.
(いい嫁候補がいたら仲立ちをしてください。)

우리 회사에는 자신있게 소개할 만한 신부감이 많아요.
(うちの会社には自信を持って紹介できる花嫁候補が多いです。)

그 분은 책임감이 강해서 저렇게 늦게까지 일하고 있어요.
(その方は責任感が強くてあんなに遅くまで働いています。)

－거리다

先行名詞と同じ動作を相次いで何度も行う場合に用いられる。'－대다'を代わりに用いることができる。

例 굽실거리다, 기웃거리다, 깜빡거리다, 꼬불거리다, 더듬거리다, 두근거리다, 반짝거리다, 북적거리다, 비쭉거리다, 얼씬거리다, 재잘거리다, 중얼거리다, 출렁거리다, 투덜거리다, 헐떡거리다, 화끈거리다, 흐느적거리다

例文 남의 밑에 가서 일하자면 **굽실거려야** 해요?
(人の下に行って働こうとするならぺこぺこしなければなりませんか。)

낯선 사람이 우리 집을 **기웃거리고** 있어요.
(見知らぬ人が我が家をしきりにのぞいています。)

무엇이 불안한지 눈을 **깜빡거리고** 있습니다.
(何が不安なのか目を瞬いています。)

더듬거리지 말고 천천히 이야기 해 봐요.
(どもらないでゆっくり話してみなさい。)

남대문시장엔 사람들이 **북적대요**.
(南大門市場には人々がごったがえしています。)

－다랗다

状態動詞の語幹に付いてその意味をより明確に表す。

例 굵다랗다, 높다랗다, 커다랗다, 길다랗다, 가느다랗다

例文 나무들이 **굵다랗게** 잘 자랐습니다.
(木々がよく育ってとても太くなりました。)

저 **높다란** 하늘 좀 보세요.
(あのとても高い空をちょっと見てください。)

동그라미를 **커다랗게** 그려서 무얼 하려고 합니까?
(円を非常に大きく描いて何をしようとしていますか。)

길다란 나무 가지 하나 가져다 주시겠어요?
(長々とした木の枝を一本持ってきてくださいますか。)

허리가 너무 가느다래서 어디 힘을 쓰겠어요?
(腰があまり細くて一体どうやって力を出すことができますか。)

－답다

名詞の後に付いて、その名詞が持つ性質や特性があるという意味の状態動詞となる。

例 학생답다, 여자답다, 군인답다, 신사답다, 교육자답다

例文 학생은 **학생답게** 행동해야 한다.
(学生は学生らしく行動しなければならない。)

그녀는 **여자다운** 데가 하나도 없어요.
(彼女は女らしいところが一つもないです。)

군인답다고 하면 씩씩하고 용감한 것을 말합니다.
(軍人らしいといえば、りりしくて勇敢なことを言います。)

신사답지 않게 여성에게 그런 행동을 하다니……
(女性に紳士らしくないそんな真似をするとは…)

그는 **교육자답게** 조언을 해 주셨습니다.
(彼は教育者らしく助言をしてくださいました。)

－답시고

用言の後に付いて'－だと、－だからといって'の意味を表し、状態や言行を皮肉るときに用いる。

例文 그 일을 자기가 **한답시고** 앞장 서서 나갔습니다.
(それを自分がやるからといって先頭に立って行きました。)

잘 **고쳐본답시고** 한 것이 더 못 쓰게 만들었어요.

·(うまく直してみるからといってやったのが、さらに使えなくしました。)

일을 혼자 한답시고 가져가더니 왜 도로 가져왔습니까?
(仕事を一人でやるからといって持って行って、どうしてまた持ってきましたか。)

돈을 좀 벌었답시고 마구 써 버리고 있습니다.
(お金をちょっと儲けたからといってやたらに使ってしまっています。)

힘깨나 쓴답시고 어깨에 힘을 주고 다닙니다.
(ちょっとした力があるからといって肩で風を切って歩いています。)

−롭다

一部の名詞に付いて、そうであることを認めるという意味の状態動詞となる。

例 자유롭다, 신기롭다, 해롭다, 공교롭다, 슬기롭다, 이롭다, 향기롭다

例文 어디에도 얽매이지 않고 자유롭게 살고 싶다.
(どこにも縛られずに自由に生きたい。)

롹키산맥이야말로 웅장하고 신비로워.
(ロッキー山脈こそ雄壮で神秘的だよ。)

몸에 해로운 담배를 왜 피우지?
(体に有害なタバコをなぜ吸うの。)

본의는 아니었는데 공교롭게 두 분에게 실망을 주게 되었습니다.
(本意ではなかったのにあいにくお二方を失望させることになりました。)

부부간의 문제는 슬기롭게 잘 넘겨야 해요.
(夫婦間の問題は賢く乗り越えなければなりません。)

−만하다

先行名詞を基準にする大きさ、数、量または価値判断の程度の水準を表すか、ある程度にとどまりそれ以上ではないことを表す。

例文 그 개는 송아지만하다.
(その犬は子牛ぐらいだ。)

병세가 그만한 것 같습니다.
(病状がまずまずというところのようです。)

형만한 아우도 없는 것 같아요.
(兄ほどの弟もいないようです。)

아무리 보아도 우리 집만한 집이 없어요.
(いくら見ても我が家ほどの家がありません。)

주먹만한 돌에 맞았어요.
(こぶしほどの石に当たりました。)

ー스럽다

名詞の後に付いて、'見るからにそうらしい'という意味の状態動詞となる。

例 사랑스럽다, 자랑스럽다, 걱정스럽다, 조심스럽다, 별스럽다, 변덕스럽다

例文 그 아이 정말 사랑스럽게 생겼어요.
(その子本当に愛らしい顔をしています。)

자랑스러운 우리 딸! 금메달을 따다니.
(誇らしい我が娘!金メダルを取るとは。)

그는 걱정스러운 표정으로 나를 쳐다 본다.
(彼は心配そうな表情で私を見つめる。)

마음이 상할까봐 조심스럽게 타일렀습니다.
(心が傷つくかと思って慎重に言い聞かせました。)

그의 성격은 변덕스러워 어떻게 맞추어야 할지 모르겠습니다.
(彼の性格は気まぐれなので、どう合わせればいいか分かりません。)

－쩍다

感じを表す抽象名詞の後に付いて、そのような感じがあるという意味の状態動詞となる。

例 겸연쩍다, 미심쩍다, 수상쩍다

例文 자기가 잘못했으니까 **겸연쩍은가** 봐요.
(自分が悪かったので、きまりが悪いみたいです。)

그 분이 여기 책임자인지 **미심쩍어** 물어봤어요.
(その方がここの責任者なのか不審に思い尋ねてみました。)

수상쩍은 사람이 나타나면 바로 연락하세요.
(何か怪しい人が現れたら、すぐ連絡してください。)

■ 参考

文章符号

次の＜表28＞は韓国語で用いられる文章符号の中から一般的によく用いられるものを選んで示したものである。

〈表 28〉 文章符号

符号	符号名	説　明	例
·, 。	終止符	叙述、命令、勧誘文で一つの文の終わりに用いる	철수가 온다. 가라. 같이 공부합시다.
		·略字や年、月、日の省略符号として用いる	R.O.K. U.S.A. 1997.2.8
,	休止符	対等節や従属節の場合	한국말은 어렵고, 시간이 많이 걸린다
		単語や句を羅列するとき	공책, 연필, 가방을 샀다.
		接続語や句を用いるとき	그러나, 그는 오지 않았다.
		独立語の後に	아, 숙제를 잊었군!
		同格のことばが繰り返されるとき	고독, 그것은 가을에 느낄 수 있는 정취다.
		叙述語を省略するとき	아침엔 학교에서, 저녁엔 집에서 공부했다.
?	疑問符	疑問文の終わりに用いる	한국 사람입니까?
		一つの文の中で問いが重なるときは、終わりにだけ用いる	공부를 할 것인가, 돈을 벌 것인가?
!	感嘆符	感じや驚きを表すとき	날씨가 좋구나! 아!
		人や動物を呼ぶとき	철수야!
: ;	コロン セミコロン	例を挙げるとき(：)	음료수 : 콜라, 사이다
		ある状況を説明するとき(；)	자전거 ; 바퀴가 두 개 달린 차
		時間表示(：)	오전 10:30
		章、節の表示(：)	창세기 5 : 6

“ ” 「 」	引用符	文を引用するとき	“시작이 반이다”란 말이 있다.
		強調するとき	「6.25」를 상기하자.
( )	括弧	説明やことばを挿入するとき	8월 15일(광복절)에…….
		単語、語句を注解するときや挿入するとき	돌아가다(죽다) 이름(名)
……	省略符号	ことばを省略するとき 沈黙を表すとき	날씨가 참 좋은데……. “왜 거짓말을 했니?”“…….”

索 引

ㄱ

-가 144-147, 170
-간에 418
-감 419
갓 409
-거나 245
-거나 간에 246
-거나 말거나 246, 364
-거늘 247
-거늘 하물며 247
-거니 말거니 364
-거니와 249
-거니 (하다) 248, 249
-거든 250
-거든(요) 251
-거들랑 251
-거리다 420
-건 245
-건대 252
-건마는 253
-걸 23
것 22
-것은/건 23
-것을/걸 23
-것이/게 23
-게 16
-게끔 254
-게시리 254
-게 하다 370, 374
-겠- 201
-겠구나 235
-겠군(요) 236
겸 29
-고 16, 254, 255, 256
-고 계시다 202, 344
-고 나니까 346
-고 나다 346
-고 나면 346
-고 나서 346
-고는 257
-고도 257
-고 말다 186
-고 보다 258
-고서 258
-고서라도 260
-고(서)야 259
-고 싶다 358
-고 싶어하다 358
-고야 말다 186, 348

－고 있다 202, 344
－고자 260
－고 해서 261
－곤 하다 355
－과 17, 144, 161
－관계 65
－관계로 65, 66
－구나 229, 235, 236
－구나 싶다 360
－군(요) 229, 236
그래도 133
그래서 132
그러나 130
그러니까 134
그러면 131
그러면서 134
그런데 132
그렇지 않아도 135
그리고 129
－기 321, 322, 334
－기가 322
－기(가) 쉽다 322, 323
－기(가) 일쑤(이)다 332, 333
－기 그지없다 331
－기 나름이다 31
－기는 323
－기는(요) 324, 325
－기는 커녕 190, 324
－기는 하다 323, 324
－기도 하다 303, 325, 326
－기도 하려니와 303
－기 때문에 335
－기란 328
－기로 328
－기로 하다 328
－기로서니 330
－기를 323
－기 마련이다 333
－기만 하다 326
－기야 (하다) 329
－기에 327, 330
－기에는 323
－기에 망정 44
－기 위하여 335
－기 위해서 335
－기 전에 334
－기 짝이 없다 331
－기 한이 없다 332
길 66
－길래 327, 330
김에 30
－까지 164
－깨나 165
－께 144, 145, 150, 151
－께서 145, 146
끝에 67

ㄴ

－ㄴ 12, 318, 319
－ㄴ가 보다 237
－ㄴ가(요)? 236
－ㄴ가 하다 262
－ㄴ가 하면 261
－는 건가(요)? 24
－ㄴ 걸(요) 233
－ㄴ 걸 보니 28
－ㄴ 것 23
－ㄴ 것 같다 26
－ㄴ 것 같던데요 27
－ㄴ 것이다 23
－ㄴ 관계로 66
－ㄴ 김에 30
－ㄴ 끝에 67
－ㄴ다고 395
－ㄴ다고(요)? 401
－ㄴ다고 그래(요) 397, 398
－ㄴ다고 하다 398
－ㄴ다는 것이 403
－ㄴ다는 대로 36
－ㄴ다니요(?) 401, 402
－ㄴ다든지 293
－ㄴ다지 않습니까 400
－ㄴ단 말이다 405
－ㄴ담 238
－ㄴ답니까 389, 391, 392
－ㄴ답니다 389, 391, 392
－ㄴ대로 34
－ㄴ대서야 269
－ㄴ 대신 37
－ㄴ대요 392, 393
－ㄴ데 269, 270
－ㄴ데도 271
－ㄴ둥 38
－ㄴ들 171, 286
－ㄴ듯 만 듯 39
－ㄴ 듯이 39
－ㄴ 듯 싶다 41
－ㄴ 듯하다 40
－ㄴ 만큼 43
－ㄴ 모양이다 71
－ㄴ 바 46
－ㄴ 반면에 72
－ㄴ 법이다 73
－ㄴ 사이에 75
－ㄴ 셈이다 76
－ㄴ 셈치다 76
－ㄴ 수가 있다 51
－ㄴ 양 52
－ㄴ 일이 있다 77
－ㄴ 적이 있다 54
－ㄴ 정도 78
－ㄴ 줄 알다 55
－ㄴ 즉 187
－ㄴ 지 56

-ㄴ지 알다 56
-ㄴ 채 59
-ㄴ 체하다 59
-ㄴ 탓이다 60,61
-ㄴ 편이다 64
-ㄴ 후 81
-나 166, 167, 168
-나(요) 236
-나 -ㄴ 264
-나 -나 263
나름 31
-나름이다 31
-나마 169
-나 마나 265
-나 보다 237
-나 싶다 359, 360
나위 31
날 68
-냡니다 389
-난 말이다 405
-내(요) 392, 393
-느냡니다 389
-느니 266
-느니 만큼 44
-느라고 267
-느라니까 267, 268
-느라면 267, 268
-는(조사) 165, 195
-는 319
-는가 하다 262
-는가 하면 261
-는 걸(요) 233
-는 걸 보니 28
-는 것 23
-는 것 같다 26
-는 것 같던데요 27
-는 것이다 23
-는 고사하고 189
-는 관계로 66
-(는)구나 235, 236
-(는)군(요) 235, 236
-는 길이다 66
-는 김에 30
-는 날에는 68
-는다 381
-는다고 395
-는다고 그래(요) 397
-는다고(요) 401
-는다고 하다 389
-는다기에 327
-는다는 것이 403
-는다는 대로 36
-는다니요(?) 401, 402
-는다던데 398
-는다든지 293
-는다면 398
-는다지 않습니까? 400
-는단 말이다 405

－는담 238
－는답니까? 389, 391
－는답니다 389, 391
－는 대로 34, 35
－는대서야 269
－는 대신 37
－는대요 392, 393
－는데 269, 270
－는데도 271
－는 도중에 70
－는 동안에 38
－는 둥 38
－는 듯 마는 듯 39
－는 듯싶다 41
－는 듯이 39
－는 듯하다 40
－는 마당에 70, 71
－는 만큼 43
－는 모양이다 71
－는 바 46
－는 바람에 72
－는 반면 72
－는 법이다 73
－는 법이 있다 73, 74
－는 사이에 75
－는 셈치다 76, 77
－는 수가 있다 51
－는 양 53
－는 일이 있다 78
－는 정도 78, 79
－는 줄 알다 55
－는지 알다 56
－는 척하다 59
－는 체하다 59
－는 탓 60
－는 통에 80
－는 편 64
－는 한 65
－니 272
－니까 271
－니 만큼 273
－니 망정 44

ㄷ

"ㄷ" 不規則動詞 110
－다가 274
－다가는 275
－다가도 276
－다든지 293
－다랗다 420
－다 못해 279
－다(가) 보니 277
－다(가) 보면 276
－다 뿐이다 49, 50
－다손 치더라도 280
－다시피 280, 281
－담 238
－답다 421

-답니다 389, 391, 392
-답시고 421
-대다 355
대로 33
대신 37
-더 199, 200
-더니 282
-더니만 283
-더라도 284
-던 12, 320
-던가(요) 238
-던걸(요) 234
-던 끝에 67
-던데 285
-던 적이 있다 54
-던지 287, 288
덧- 409
-데(요) 239
-도 169, 170
-도 -(이)려니와 303
-도록 16, 289
-도록 하다 290
-도중에 70
동안 37
되 410
-되 290
두다 356
둥 38
-든지 170, 292
-든지 말든지 292, 364
-듯 39, 293
따름 32
때 69

ㄹ

"ㄹ" 불규칙동사 111
-ㄹ 320
-ㄹ래(요) 241
-ㄹ 거에요 200
-ㄹ 건가요 24
-ㄹ 걸 233
-ㄹ 걸 (그랬다) 234
-ㄹ 걸요 25, 233
-ㄹ 것 23
-ㄹ 것 같다 26
-ㄹ 것 같으면 27
-ㄹ 것 없다 26
-ㄹ 것이다 23
-ㄹ 게요 235
-ㄹ 겸 29
-ㄹ까 말까 232
-ㄹ까 싶다 360
-ㄹ까요? 230
-ㄹ까 하다 233
-ㄹ 나위가 없다 32
-ㄹ 대로 34
-ㄹ 둥 38
-ㄹ 듯 말듯 39

-ㄹ 듯싶다 41
-ㄹ 듯이 39
-ㄹ 듯하다 40
-ㄹ 따름이다 32
-ㄹ 때 69
-ㄹ라 240
-ㄹ라치면 294
-ㄹ락 말락 (하다) 240
-ㄹ랑 176
-ㄹ래요 241
-ㄹ 리가 있다 41
-ㄹ 만큼 43
-ㄹ 모양이다 71
-ㄹ 무렵 45
-ㄹ 바 46
-ㄹ 바에야 46
-ㄹ 법하다 74
-ㄹ 뻔했다 47
-ㄹ 뿐더러 49, 295
-ㄹ 뿐만 아니라 48
-ㄹ 뿐이다 47
-ㄹ 사이에 75
-ㄹ 성싶다 360
-ㄹ 셈이다 76
-ㄹ 셈치다 76
-ㄹ 수가 있어야죠 51, 52
-ㄹ수록 295
-ㄹ 수 있는 대로 36
-ㄹ 수 있다 50
-ㄹ 양 52
-ㄹ 적 54
-ㄹ 정도 78
-ㄹ 줄 알다 55
-ㄹ 지경이다 79
-ㄹ지라도 296
-ㄹ지 알다 56
-ㄹ지언정 297
-ㄹ진대 297
-ㄹ 참이다 57
"ㄹ" 탈락현상 113, 114
-ㄹ 테니까 62
-ㄹ 테면 63
-ㄹ 테야 61
-ㄹ 테지요 63, 64
-ㄹ 텐데 62
-라고 396, 394
-라고요? 401
-라고 하다 381, 383, 394
-라니요? 401, 402
-라도 172
-라든지 173, 293
-라서 174
-랍니까? 391
-랍니다 389, 391
-랍시고 175, 421
-랑 161
-래(요) 393
-랴? 241

-랴 -(으)랴 242, 298
-러 가다 344
-러 들다 345
-러 오다 344
-려거든 300
-려고 298
-려고 하다 299
-려는데 299
-려니 301
-려니까 299
-려니와 302, 303
-려다가 277, 299
-려다가 말고 278
-려던 299
-려던 참이다 58
-려면 299
-려무나 242
-련마는 304
-렴 242
-로 128, 156, 157ff
-로되 291
-로 보나 264
-로 부터 155
-로서 159
-로써 159
-롭다 422
"르" 불규칙동사 106, 111, 112
-를 144, 170
-를 달라고 387
리 41
-리 126, 127
-리라 242

ㅁ

-ㅁ 336, 338, 339
-ㅁ에 337
-ㅁ으로 309
-ㅁ으로써 309
-ㅁ을 337
-ㅁ이 336
-마다 144, 176, 177
마당 70
-마저 177
-만 42, 144, 178
-만이다/-만에 42
만큼 43
-만하다 422
-말이다 404
망정 44
맞- 410
매- 411
-며 163, 307
-면 304, 305, 306
-면서 306
-면서도 306
-면야 305
모양 71
못- 220

무렵 45
-므로 308

ㅂ

-ㅂ니다 228, 229
"ㅂ" 不規則動詞 108, 109
바 45, 46
바람 72
-밖에 179
반면 72
-버리다 347
법 73
-보고 180
-보다 352
-보다 (더) 181
-부터 144, 181, 182ff
-부터-까지 183
-부터 -까지라도 173
-빠지다 349
-뻔하다 47
-뿐 47, 144, 184
뿐(만) 아니라 48, 49
-뿐이다 49, 50

ㅅ

"ㅅ" 不規則動詞 106, 107, 108
사이 75
-사이에 75,76
새- 411
생- 412
셈 76
-셔라 243
수 50
-스럽다 423
-습니다 229
-싶다 358

ㅇ

-아 160
아니다 102
-아니하다 101, 102, 220
안- 220
알- 413
-야 160
양 52
-어(아,여)가다 343
-어(아,여) 가지고 357
-어(아,여) 내다 346
-어(아,여) 놓다 356
-어(아,여)다가 279
-어(아,여) 달라고 (하다) 387
-어(아,여) 대다 355
-어(아,여)도 309
-어(아,여)도 좋다/괜찮다 309
-어(아,여) 두다 356
-어(아,여) 드리겠습니다 351, 352
-어(아,여) 드리다 350
-어(아,여) 드릴까요 351

−어(아,여) 버리다 347, 348
−어(아,여) 보니 352, 353
−어(아,여) 보았댔자 317
−어(아,여) 보았자 316
−어(아,여) 본 일이 없다 354
−어(아,여) 볼까요 353
−어(아,여) 빠지다 349
−어(아,여)서 311
−어(아,여)서라도 173
−어(아,여)야 312, 313
−어(아,여)야만 313
−어(아,여)야 하다 313
−어(아,여)오다 343
−어(아,여)요 213, 214
−어(아,여) 있다 361
−어(아,여) 주다/드리다 350, 351, 352
−어(아,여) 주시겠습니까 351, 352
−어(아,여) 주십시오 351
−어(아,여) 지다 361
−어(아,여) 치우다 350
얼마나−(으)ㄴ 지 알다 57
−었(았,였) 197, 198
−었(았,였)구나 235
−었(았,였)구나 싶자 316
−었(았,였)는지 알다 56, 57
−었(았,였)다가 275
−었(았,였)더니 283
−었(았,였)더라도 284
−었(았,였)더라면 284
−었(았,였)던 321
−었(았,였)던가(요) 238
−었(았,였)던들 287
−었(았,였)던 적이 있다 54
−었(았,였)던지 287, 288
−었(았,였)으면 싶다 359
−었(았,였)었 199
−에 144, 151, 152, 153, 154
−에게 144, 148, 150, 151
−에게든지 171
−에게서 144, 154
−에게 −을/를 −어(아,여)드리라고 388
−에게 −을/를 −어(아,여)주라고 388
−에(다가) 162
−에서 144, 145, 146, 154, 155, 156
−에서부터 182
−에서라도 172
−여 160
−와 161
외− 413
위하여/위해서 335
−은 165
−(으)는 319
−(으)ㄴ가 보다 237
−(으)ㄴ가 하다 262
−(으)ㄴ가 하면 261

-(으)ㄴ걸 28
-(으)ㄴ걸 보니 28
-(으)ㄴ걸요 233
-(으)ㄴ 것 같다 26
-(으)ㄴ 것 같던데요 27
-(으)ㄴ 관계로 66
-(으)ㄴ 김에 30
-(으)ㄴ 끝에 67
-(으)ㄴ 대로 34
-(으)ㄴ 대신 37
-(으)ㄴ데 269, 270
-(으)ㄴ데도 271
-(으)ㄴ 둥 38
-(으)ㄴ들 171, 286
-(으)ㄴ 듯싶다 41
-(으)ㄴ 듯이 39
-(으)ㄴ 듯하다 40
-(으)ㄴ 만큼 43
-(으)ㄴ 모양이다 71
-(으)ㄴ 바 46
-(으)ㄴ 반면에 72
-(으)ㄴ 법이다 73
-(으)ㄴ 사이에 75
-(으)ㄴ 셈이다 76
-(으)ㄴ 셈치다 76
-(으)ㄴ 수가 있다 51
-(으)ㄴ양 52
-(으)ㄴ 일이 있다 77
-(으)ㄴ 적이 있다 54
-(으)ㄴ 정도 78
-(으)ㄴ 줄 알다 55
-(으)ㄴ 지 56
-(으)ㄴ 지 알다 56, 57
-(으)ㄴ 채 59
-(으)ㄴ 척하다 59
-(으)ㄴ 체하다 59
-(으)ㄴ 탓 60
-(으)ㄴ 편이다 64
-(으)ㄴ 후 81
-(으)나 263
-(으)나 -(으)ㄴ 264
-(으)나 -(으)나 263
-(으)나마 265
-(으)나 마나 265
-(으)니 16, 272
-(으)니까 271, 272
-(으)니 만큼 44, 273
-(으)ㄹ 12, 318, 320
-(으)ㄹ 걸(요) 233
-(으)ㄹ 걸 (그랬다) 234
-(으)ㄹ 것 없다 26
-(으)ㄹ게요 235
-(으)ㄹ까 말까 232
-(으)ㄹ까 싶다 360
-(으)ㄹ까요? 230, 231
-(으)ㄹ까 하다 233
-(으)ㄹ 나위가 있다 32
-(으)ㄹ 대로 34

-(으)ㄹ 둥 38
-(으)ㄹ 듯 말 듯하다 39, 40
-(으)ㄹ 듯싶다 41
-(으)ㄹ 듯이 39
-(으)ㄹ 듯하다 39, 40
-(으)ㄹ 따름이다 32
-(으)ㄹ 때 69
-(으)ㄹ라 240
-(으)ㄹ라치면 294
-(으)ㄹ락 말락 (하다) 240
-(으)ㄹ래(요) 241
-(으)ㄹ 리가 있다 41, 42
-(으)ㄹ 만큼 43
-(으)ㄹ 모양이다 71
-(으)ㄹ 무렵 45
-(으)ㄹ 바에야 46
-(으)ㄹ 법하다 74
-(으)ㄹ 뻔하다 47
-(으)ㄹ 뿐더러 49, 295
-(으)ㄹ 뿐(만) 아니라 48
-(으)ㄹ 뿐이다 47
-(으)ㄹ 사이에 75
-(으)ㄹ 성싶다 360
-(으)ㄹ 셈이다 76
-(으)ㄹ 셈치다 76
-(으)ㄹ 수가 있어야죠 51, 52
-(으)ㄹ수록 295
-(으)ㄹ 수 없다 50
-(으)ㄹ 양으로 52
-(으)ㄹ 적에 54
-(으)ㄹ 정도 78
-(으)ㄹ 줄 알다 55
-(으)ㄹ 지경이다 79
-(으)ㄹ지라도 296
-(으)ㄹ지 말지 364
-(으)ㄹ지 알다 56
-(으)ㄹ지언정 297
-(으)ㄹ진대 297
-(으)ㄹ 참이다 57
-(으)ㄹ 테니까 62
-(으)ㄹ 테면 63
-(으)ㄹ 테야 61
-(으)ㄹ 테지요 63
-(으)ㄹ 텐데 62
-(으)라고 380, 381, 396
-(으)라고 하다 381, 383, 394
-(으)라는 대로 36
-(으)란 말이다 405
-(으)랍니다 391, 392
-(으)라지 않습니까 400
-(으)래요 389,393
-(으)랴 241
-(으)랴 -(으)랴 242, 298
-(으)러 가다 344
-(으)러 들다 345
-(으)러 오다 344
-(으)려거든 300
-(으)려고 298

-(으)려고 하다 299
-(으)려니 301
-(으)려니까 299
-(으)려니와 302
-(으)려다가 299
-(으)려다가 말고 278
-(으)려던 299
-(으)려던 참이다 58
-(으)려면 299
-(으)려무나 242
-(으)련마는 304
-(으)렴 242
-(으)로 144, 156, 157ff
-(으)로 보나 264
-(으)로서 159
-(으)로써 159
-(으)리라 242
-(으)ㅁ 336, 338, 339
-(으)ㅁ에 337, 338
-(으)ㅁ에도 불구하고 337
-(으)ㅁ으로 159, 309
-(으)ㅁ으로써 159, 309
-(으)ㅁ을 337
-(으)ㅁ이 336
-(으)며 307
-(으)면 16, 304
-(으)면 -(으)ㄹ수록 296
-(으)면서 306
-(으)면서도 306
-(으)면 안되다 310
-(으)면야 305
-(으)면 좋겠어요 305
-(으)므로 308
-(으)시 204, 205, 206, 207
-(으)나 263
-(으)나 -(으)ㄴ 264
-(으)나 -(으)나 263
-(으)나마 169, 265
-(으)나 마나 265
-(으)s 319
-은(는) -대로 33
-(으)ㄹ 144, 147, 170, 320
-을 달라고 387, 388
-의 11, 144, 149
-이 144-145, 170
-(이)ㄴ들 171
-(이)ㄴ 즉 187
-(이)나 즉슨 187
-(이)나 166, 167ff
-(이)나마 169
-(이)든지 170
-(이)ㄹ랑 176
-(이)라고 390, 394
-(이)라고 하다 390
-(이)라니요(?) 402
-(이)라도 172
-(이)라든지 173, 174
-(이)라서 174, 175

-(이)라야 185
-(이)랍니까? 390
-(이)랍니다 390
-(이)랍시고 175
-(이)랑 161
-(이)려니와 302
-(이)로되 291, 292
-(이)며 16, 163, 307
-(이)야 184
-(이)야 말로 185
-(이) 아니고서야 186
-(이)야 160
-(이)여 160
-이다 100, 101, 102, 220
-이자 314, 315
-인즉 187
일 77
-있다/없다 103, 220

ㅈ

-자 314, 315, 316
-자고 하다 381, 383
-자니 315
-자니요? 402
-자마자 314
-자면 399
잔- 414
-잡니다 389
-재요 389
적 54
전 81
-정도 78
-조차 187
줄 55
즉 136
-지 17,318
지경 79
-지마 386
-지 말다 363
-지 말라고 하다 385, 386
-지 못하다 220, 365
-지 싶다 360
-지 아니하다 364
-지 않다 220, 364
-지(요) 244
-짹다 424

ㅊ

참 57
채 59
-처럼 188
첫- 414
총- 415
최- 415
-치고 188, 189

ㅋ

-커녕 189

ㅌ

탓 60
-탓이다 60
터 61
통 80

ㅍ

편 64
픗- 416

ㅎ

“ㅎ”不規則動詞 106, 112, 113
-하고 161
한 65
한- 417
-한테 144, 150, 151
-한테서 144, 154
햇- 416
홀- 417
후 81
-히 127

韓国語文法索引

依存名詞　22
一般副詞　122
引用助詞と形式動詞の省略　389
受身と使役　371, 372
格式体　209
格助詞　145
過去形　196
下待形　211
活用語尾　228
活用語尾による特殊表現　228
活用と接尾語　105
活用の種類　104
活用の方法　104
冠形格助詞　149
冠形詞　10, 116
冠形詞形語尾　318
韓国語の品詞　2
韓国語の文法的特?　4
韓国語文章構造の形態　14
韓国語文章の基本構造　6
漢字語の序数詞　95, 96
漢字語の量数詞　94
間接話法　380
間接話法の特徴　380
感嘆詞　140, 141
基本文章の形式　6
希望の補助用言　358
擬声副詞　136
敬語法　204
現在形　194, 195, 196
呼格助詞　160
試みの補助用言　352
固有語の序数詞　94
固有語の量数詞　91
語彙による高低の表現　215, 216
指示冠形詞　116
指示代名詞　86
終結語の活用語尾　197
終結語尾　228
終結語尾と対者敬語法　230
終結の補助用言　346
主格助詞　7, 145
主語　7
主体敬語法　204
進行形　202
進行の補助用言　343
時間副詞　121
時制　194

従属的関係の複文　16
状態同士　99
状態の補助用言　361
助詞　144
叙述語　8
序数詞　95
数冠形詞　117
数詞　90
性状冠形詞　117
接頭辞　408
接続助詞　161
接続副詞　129
接尾辞　105, 418
尊待形　209, 212
対者敬語法　207
対等的関係の複文　16
短形受身　371
短形使役　372
代名詞　84
中立形　210
長形受身　371
長形使役　374
直接話法　379, 384, 385
程度副詞　123
特別な用法の終結語尾　230
動作動詞　98
動詞　98
動詞の活用　104
独立語　13
人称代名詞　84
派生副詞　125
反復の補助用言　355
非格式体　212
非格式体下待形　212
非格式体尊待形　212
否定　220
否定の補助用言　363
品詞の分類　4
頻度副詞　122
不規則動詞　106－114
副詞　120
副詞格助詞　150
副詞語　12
副詞の位置　138
付属成分　10
不能の補助用言　365
文章構成の成分　7
文章符号　425
奉仕の補助用言　350
補格助詞　149
補語　10
補助詞　164
補助用言　342
保有の補助用言　356
本来の副詞　124
母音調和　214
未知称副詞　128
未来形　200

名詞　20
名詞形語尾　321
名詞の機能　20
名詞の種類　21
命令文と?誘文の否定　223
目的格助詞　147
目的語　9
量数詞　90
連結語尾　244
話法　378

日本人の ための 韓国語文法

2007年 7月 5日 1版 1刷

2012年 7月 5日 1版 5刷

著 者 任瑚彬・洪璟杓・張淑仁

發 行 延世大學校 出版部

서울 特別市 西大門區 延世路 50

電 話 02) 2123-3380~2

FAX 02) 2123-8673

e-mail ysup@yonsei.ac.kr

http : //www.yonsei.ac.kr/press

登 錄 1955年 10月 13日 第9-60號

印刷 (株)東國文化

ISBN 978-89-7141-775-1(03710)

定價 20,000원